Anständige Mädchen
und selbstbewusste Rebellinnen

»Substanz«

Marta press

Julia Haas

„Anständige Mädchen" und „selbstbewusste Rebellinnen"

Aktuelle Selbstbilder identitärer Frauen

Marta press

Die Deutsche Bibliothek verzeichnet diese Publikation
in der Deutschen Nationalbibliografie.
Detaillierte bibliografische Daten sind im Internet abrufbar unter
http://dnb.d-nb.de

Die Schreibweisen in den Zitaten
sind die Originalschreibweisen.

Marta Press im Internet:
www.marta-press.de

1. Auflage März 2020

Printed in Germany.
ISBN 978-3-944442-95-2

Danksagung

Ich bedanke mich bei den vielen feministischen Aktivist*innen und Wissenschaftler*innen, die bereits seit Jahren und Jahrzehnten zu Frauen in der extremen Rechten forschen und deren Wissen dieses Buch erst ermöglicht hat. Durch den Zuspruch und die fachliche sowie freundschaftliche Unterstützung von Kolleginnen, die sich schon länger im Feld bewegen, habe ich den Entschluss gefasst, diese Arbeit zu veröffentlichen. Vielen Dank für das solidarische Teilen eurer Fachexpertise und die gemeinsamen Diskussionen, die meine Analyse weiterbrachten und schärften.

Ein herzlicher Dank gilt zudem Prof. Silke van Dyk für die großartige Betreuung und Begleitung meiner Forschungsarbeit von ihren Anfängen bis zur Fertigstellung und darüber hinaus.

Ich bedanke mich bei Jana Reich für ihr Interesse, ihre Unterstützung und die Möglichkeit, die Arbeit in ihrem Verlag zu veröffentlichen.

Außerdem danke ich all den lieben Menschen in meinem Umfeld, meiner Familie, meinen Freund*innen, Mitbewohner*innen und Kolleg*innen, die mir nicht nur emotional zur Seite standen und für entspannte Momente sorgten, sondern auch auf anderen Wegen ein unbefangenes Arbeiten ermöglichten.

Nicht zuletzt möchte ich mich bedanken für all die anregenden Diskussionen, die kritischen Anmerkungen und die solidarischen Stimmen, die mich auf meinem Weg durch den akademischen Dschungel begleitet und bestärkt haben.

Julia Haas, im März 2020

Vorwort I

Wir leben in Zeiten, in denen organisierte rechtsextreme Kräfte in Deutschland und vielen anderen Ländern rasant an Einfluss gewinnen; in Zeiten, in denen Rassismus, Nationalismus, Antisemitismus und Chauvinismus in neuer Weise Einzug in die Parlamente gefunden haben; in Zeiten, in denen Aktivist*innen und Politiker*innen, die ihre Stimme dagegen erheben, bedroht und angegriffen werden. In diesen Zeiten ist eine kritische, sozialwissenschaftliche Forschung zur erstarkenden extremen Rechten unverzichtbar. Mit ihrer hervorragenden, kenntnis- wie erkenntnisreichen empirischen Studie „»Anständige Mädchen« und »selbstbewusste Rebellinnen«. Aktuelle Selbstbilder identitärer Frauen“ leistet Julia Haas hierzu einen zentralen Beitrag.

In einer Zeit der Zeitdiagnosen, der Konjunktur eher tentativer als empirischer Betrachtungen von politischen Konstellationen der Gegenwart, schafft Julia Haas mit der wissenssoziologischen Analyse der Selbstbilder identitärer Frauen einen profunden empirischen Beitrag zum Verständnis der extremen Rechten. Zugleich adressiert sie eine zentrale Lücke der aktuellen politischen, medialen und wissenschaftlichen Auseinandersetzung mit der extremen Rechten – nämlich ihre weitgehende Geschlechtsblindheit. Weder auf der inhaltlichen noch auf der personellen Ebene stehen geschlechterpolitische Fragen im Zentrum der Debatten, obwohl der Kampf gegen Feminismus und Geschlechtergerechtigkeit, die Beschwörung der traditionellen Familie und die Ablehnung eines offenen Umgangs mit sexueller Vielfalt zentrale Pfeiler rechtsextremer Ideologien bilden.

Personell stechen zugleich zentrale Frauenfiguren der extremen Rechten ins Auge, die – wie Julia Haas eindrücklich zeigt – sehr unterschiedliche Formen von Weiblichkeit verkörpern und propagieren: vom „anständigen Mädchen“ über die „angepasste Unterstützerin“ bis hin zur „selbstbewussten Rebellin“. Allen gemeinsam ist jedoch, so das zentrale und außerordentlich wichtige Ergebnis der Studie, eine *wehrhafte Femininität*, die Selbstbewusstsein, Stärke und Widerständigkeit mit der gleichzeitigen Betonung von identitätsstiftender weiblicher Essenz verbindet.

Die Untersuchung von Julia Haas trägt dazu bei, Stereotype und allzu einfache Bilder zu überwinden, die einem profunden Verständnis rechtsextremer Strukturen und Akteur*innen – und damit ihrer wirksamen Bekämpfung – entgegenstehen.

Als Gutachterin der Masterarbeit, aus der dieses Buch hervorgegangen ist, freue ich mich außerordentlich, dass die brillante Untersuchung von Julia Haas nicht einsam in den Archiven der Friedrich-Schiller-Universität Jena ihr Dasein fristet, sondern das Licht der Welt erblickt und hoffentlich die ihr gebührende breite Leser*innenschaft findet.

Silke van Dyk, Jena im November 2019

Vorwort II

Frauen in der extremen Rechten sind nicht, wie häufig angenommen, nur das „Anhängsel“ oder die „Freundin von“ männlichen Neonazis. Auf manche mag dies zutreffen, doch daneben besetzen rechte Aktivistinnen durchaus auch prominente Positionen in rechten Parteien, sind Liedermacherinnen, Rednerinnen oder Geschäftsfrauen innerhalb der Szene. Das Klischee des „Heimchen am Herd“ ist längst überkommen und führt in der Betrachtungsweise von rechten Frauen immer noch häufig zu einer Unterschätzung der eigenständigen politischen Motivation. Bereits in den 1990er und 2000er Jahren zeigten sich die durchaus unterschiedlichen Positionen von rechten Frauen, wie etwa die Veröffentlichung „Selbstbilder rechter Frauen. Zwischen Antisexismus und völkischem Denken“ aufzeigte. Bezugnehmend auf diese Forschung untersucht Julia Haas in ihrer aktuellen Studie die Selbstbilder identitärer Aktivistinnen und stellt bemerkenswerte Parallelen, Kontinuitäten und auch Neuerungen fest. Sie stellt das Spannungsfeld verschiedener rechter Frauenbilder auf detaillierte Art und Weise heraus und betrachtet diese widersprüchlich erscheinende Beobachtung im Kontext bisheriger Forschungsergebnisse. Die Ergebnisse der Studie werden auf gelungene Weise dargestellt und diskutiert sowie kritisch in eine strategische Ausrichtung der *Neuen Rechten* eingeordnet. Es ist erfreulich zu beobachten, dass Forschungsergebnisse der letzten Jahrzehnte noch heute einen Erkenntniswert für jüngere Leute, die sich mit aktuellen Entwicklungen befassen, haben und ihren Anteil zur weiteren Analyse im Feld „Frauen und Rechtsextremismus“ beitragen. In diesem Sinne freue ich mich über den Zugewinn von fähigen und reflektierten Nachwuchsforscherinnen wie Julia Haas und wünsche eine spannende und interessante Lektüre.

Renate Bitzan, Nürnberg im Dezember 2019

Inhalt

1. Einleitung 13

2. Erläuterung zu verwendeten Begriffen und Konzepten 23

2.1 Extreme Rechte 23
2.2 Relevante geschlechterpolitische Begrifflichkeiten 25

3. Bisherige Forschung: Erkenntnisse zu extrem rechten Frauen, der Neuen Rechten und dem geschlechterpolitischen Denken der Identitären 32

3.1 Extrem rechte Frauen 32
3.2 Die Neue Rechte und die Identitären 45
3.3 Geschlechterpolitisches Denken der Identitären 55

4. Methodologie und methodische Anlage 61

4.1 Online-Diskurse 61
4.2 Exkurs: Social Media-Kanäle als Plattform für rechte Propaganda 64

5. Darstellung der Ergebnisse: Positionen-Analyse 66

5.1 Geschlechterverhältnis 67
5.2 Vorstellungen von Beziehung und Liebe 74
5.3 Weiblichkeit 79
5.4 Mutterschaft 95
5.5 Zur/in der Bewegung 107
5.6 Feminismus 115
5.7 Sexismus/sexualisierte Gewalt 153

6. Exkurs: Die theoretischen Impulsgeberinnen Ellen Kositza und Birgit Kelle 166

6.1 Ellen Kositza 167
6.2 Birgit Kelle 175
6.3 Neurechte Argumentationsmuster von Theorie zur Praxis 180

7. Analytische Erkenntnisse 187

7.1 Das Konzept der wehrhaften Femininität 187
7.2 Die drei Formen von Weiblichkeiten 196

8. Zusammenfassende Diskussion der Ergebnisse im Hinblick auf die Forschungsfragen, weitere theoretische Konzepte und bisherige Forschung 201

8.1 Die Ergebnisse im Kontext der Forschungsfragen und bisheriger Forschung 201

8.2 Pluralisierte Weiblichkeitsvorstellungen als Strategie.................206
8.3 Rechte Frontfrauen – die Verhandlung eines Widerspruchs.......210

9. Ausblick 219

Anhang 231

1. Einleitung

„Wir wollen zeigen, dass die klassischen Rollenbilder von Mann und Frau alles andere als veraltet sind! Sie sind vielmehr eine Herausforderung, der sich heute kaum noch jemand stellen kann oder möchte."[1]

Annika Stahn[2]

„Und da bin ich wieder so halb bei den Feministen: ich möchte gerne mit den Jungs mitlaufen, Ich möchte den ganzen Tag rauchen und Hosen tragen, ohne dass man mit [sic!] unterstellt ‚unfeminin' zu sein."[3]

Melanie Schmitz

Diese unterschiedlichen und widersprüchlichen Aussagen sind von zwei Frauen getroffen worden, die beide in der *Identitären Bewegung* (IB) aktiv sind und über ihre Social Media-Accounts für eine breite Öffentlichkeit sicht- und wahrnehmbar sind. Während Annika Stahn für eine Rückbesinnung auf traditionelle Werte steht, steht Melanie Schmitz sinnbildlich für ein modernes, fast schon emanzipatives Frauenbild innerhalb extrem rechter Organisationen. Die *Identitären* oder

---

[1] radikal feminin 2018b, Was ist radikal feminin?

[2] Der Name der *radikal feminin*-Aktivistin variiert zwischen Franziska, Berit oder Annika. Laut dem Antifa-Recherche Portal *Tübingen Rechtsaußen* heißt sie Annika Stahn, die in den meisten Fällen jedoch Franziska genannt wird. Um Verwirrungen zu vermeiden, wird sie im Folgenden als Annika Stahn angeführt (mehr dazu im Anhang: Verzeichnis der Aktivistinnen und Projekte). (Tübingen Rechtsaußen 2018b).

[3] Schmitz 2018b, 18.02.2018.

auch die *Identitäre Bewegung* (IB)[4] sind eine aktionsorientierte Gruppierung im Feld der *Neuen Rechten*, die sich etwa seit 2012 auch in Deutschland durch vermehrte öffentlichkeitswirksame Aktionen bemerkbar macht und sich als Jugendbewegung inszeniert. Anfang 2018 starteten die *Identitären* eine Kampagne mit dem Namen #120db. In „Ergänzung" zu dem viral gegangenen Hashtag #MeToo aus den USA, der auf sexualisierte Gewalt an Frauen zunächst in Hollywood aufmerksam machte, pochten die identitären Frauen vor allem auf eine „importierte" Gewalt durch geflüchtete, vorrangig muslimische Männer, die sie erkannt zu haben meinten.[5] Nicht nur durch diese kampagnenför-

[4] Über eine hohe Tätigkeit im Netz durch beispielsweise Videoblogs und Podcasts und eine vermeintlich hohe AktivistInnenzahl, generieren sich die *Identitären* selbst als soziale Bewegung von rechts. Forscher*innen sehen die Verortung als „soziale Bewegung" jedoch skeptisch (vgl. Hentges/ Kökgiran/ Nottbohm 2014). Die IB Deutschland weist laut eigener Homepage 20 Regionalgruppen auf (vgl. IB Deutschland 2018). In einem Artikel bei ZEIT ONLINE von April 2017 wird die Zahl der fördernden Mitglieder, d.h. Personen, die regelmäßig Geld spenden, in der IB Deutschland auf ca. 400 geschätzt. Es sei jedoch nur ein Bruchteil, etwa 100 vorrangig männliche Personen, tatsächlich aktiv (Biermann et al. 2017; auch Naumann 2017). Rechtsextremismus-Forscher Matthias Quent geht lediglich von einer Gruppe von 40 Personen aus, die zum harten Kern der IB Deutschland zählen (vgl. Dinger/Unger 2017). Diese Schätzungen gehen auf die Beobachtung der IB-Aktionen zurück, in denen wiederholt gleiche AktivistInnen zu sehen sind, die teils gezielt länder- oder regionsübergreifend anreisen, um eine größere Masse darzustellen (vgl. Biermann et al. 2017; Bruns/Glösl/Strobl 2014: 69).
Um die Selbstinszenierung als Bewegung nicht weiter zu stützen, werde ich nach Möglichkeit von den *Identitären* oder der IB und weniger von der *Identitären Bewegung* sprechen.

[5] #120db Blog 2018, Startseite.

mige Aktion erhielten die weiblichen Aktivistinnen der *Identitären* mediale Aufmerksamkeit. Wie die Autor*innen[6] Bruns, Glösl und Strobl[7] feststellen, ist den *Identitären* eine Professionalität im Umgang mit sozialen Medien wie Facebook, Twitter, YouTube und weiteren gemein, durch die sie ihre Selbstinszenierung und Öffentlichkeitsarbeit vorantreiben. So fanden die weiblichen Aktivistinnen bereits vor der #120db-Kampagne einen Weg in bekannte Mainstream-Medien, wie beispielsweise ein Porträt über Melanie Schmitz (ehemals IB-Ortsgruppe Kontrakultur Halle; jetzt Essen) im Spiegel zeigt.[8] Überschriften wie „Postergirls der Neuen Nazis"[9] oder „rechtsextreme Grinsekatzen"[10] stehen exemplarisch für die „Faszination", die die identitären Frauen auf die Journalist*innen ausüben.[11] Dabei wird ein Aspekt berücksichtigt, der bisher in den Medien wenig Beachtung fand: Frauen als Aktivistinnen und treibende Kräfte in der extremen Rechten. Forscher*innen im Bereich *Frauen in der extremen Rechten* weisen bereits seit langem auf die mangelnde Wahrnehmung und Beachtung von Frauen in extrem rechten Strukturen hin. Sie kritisieren die mediale Darstellung von Neonazis, die von journalistischer Seite vornehmlich als gewalttätige männliche Subjekte gedacht und gezeichnet werden. Nicht zuletzt

---

[6] Mit der Trennung von *sex* und *gender* bzw. einer Diskussion darum, hat sich eine geschlechtliche Vielfalt, die über das binäre Konzept von Mann und Frau hinausgeht und plurale Geschlechtsidentitäten einschließt, etabliert. Vor diesem Hintergrund verwende ich in diesem Buch das *Gender*-Sternchen. Zum einen kennzeichnet es die soziale Konstruiertheit von Geschlecht und zum anderen soll es alle Menschen miteinschließen, die sich nicht in einem binären Geschlechtersystem wiederfinden. Die häufig zu Wort kommenden identitären Frauen und Theoretikerinnen verweisen strikt auf ein zweigeschlechtliches Modell, daher wird an Stellen, die die Meinung der Aktivistinnen oder der Gruppierungen wiedergeben sowie direkte Bezugnahmen, mit Binnen-I gegendert.

[7] Bruns/Glösl/Strobl 2017.

[8] Würger 2017.

[9] Pfahler/Rinderspacher 2017.

[10] Thorwarth 2017.

[11] Vgl. auch Mayrl 2017: 180.

dafür ist die Berichterstattung über Beate Zschäpe ein Beispiel.[12] In öffentlichen Medien als „Mitläuferin“[13] oder „Freundin von“[14] betitelt wird deutlich, wie Zschäpes Aktivitäten innerhalb des NSU-Kerntrios verharmlost und ihr eine eigenständige Motivation abgesprochen wird. Frauen werden politisch motivierte Verbrechen häufig nicht zugetraut und ihr Wirken in der Szene daher oftmals fälschlicherweise unterschätzt. Gegensätzlich zu dieser eingeschränkten Sichtweise auf Frauen in der rechten Szene ist eine zeitweise relativ hochfrequentierte Berichterstattung über identitäre Frauen zu bemerken. Es scheint, als habe sich die mediale Betrachtung von weitgehender Unterschätzung und Nicht-Beachtung hin zu einer Art erstaunter Überhöhung der identitären Frauen und deren Potential für die extreme Rechte entwickelt. Verfolgt man den Mediendiskurs, in dem durchaus die These der bloßen Anhängsel männlicher Aktivisten als überholt thematisiert und den identitären Frauen eine selbstbestimmte Wehrhaftigkeit attestiert wird, entsteht der Eindruck, es handle sich bei den stark und selbstsicher auftretenden identitären Frauen um eine Neuartigkeit und eine Ausnahmeerscheinung. Es stellt sich dabei die Frage, ob durch einen solchen Exotismus[15] von Seiten der Medien Forschungsergebnisse der letzten Jahrzehnte verkannt werden oder Aktivistinnen der *Identitären* die geschlechterpolitische Ideologie der extremen Rechten tatsächlich revolutioniert haben. Hier verortet sich aus wissenschaftlicher Perspektive ein Themenfeld, das tiefergehender Analyse bedarf. Denn blickt man

---

[12] Der Nationalsozialistische Untergrund (NSU) verübte, soweit bekannt, in der Zeit zwischen 2000 und 2006 neun Morde an migrantischen in Deutschland lebenden Personen. Zudem sind die Mitglieder des NSU für Sprengstoffanschläge 1999 in Nürnberg und 2001 in Köln sowie für das Nagelbomben-Attentat auf der Kölner Keupstraße verantwortlich. Nach fast 14 Jahren, in denen die HaupttäterInnen – Uwe Böhnhardt, Uwe Mundlos und Beate Zschäpe – unbemerkt morden konnten, enttarnte sich der NSU im November 2011 selbst. In kritischen Betrachtungsweisen des NSU wird von diesem als NSU-Komplex gesprochen, um die Ausmaße und Verstrickungen des sogenannten Kerntrios in die rechte Szene hinein deutlich zu machen (vgl. Frindte et al. 2016: 11; Röpke/Speit 2011: 9ff).

[13] Röpke/Speit 2011: 9f.

[14] Radvan 2013: 9.

[15] Vgl. Goetz 2017: 253.

auf bisherige Forschungsergebnisse zu *Frauen in der extremen Rechten* kann einer völligen Neuheit des Phänomens schnell widersprochen werden.

Vor allem seit Ende der 1990er Jahre ist innerhalb des Forschungsfeldes *Frauen und extreme Rechte* unumstritten, dass vielfältige Frauenbilder und Lebensentwürfe von Aktivistinnen in der extremen Rechten denk- und lebbar geworden sind (mehr dazu in Kapitel 3.1.). Was für die Medien mit dem Erscheinen von starken und selbstbewussten identitären Frauen eine Neuheit zu sein scheint, wird in der Wissenschaft zu diesem Thema längst nicht mehr als Kuriosität verhandelt. Doch auch im wissenschaftlichen Feld werfen die Intensität der medialen Präsenz der identitären Aktivistinnen sowie deren selbstbewusstes Auftreten Fragen auf. Insbesondere die scheinbare Akzeptanz eines Frauenbildes innerhalb der *Identitären*, das sich teils feministischer Argumentationen bedient und sich konfrontativ nach außen darstellt, weckt Interesse und kennzeichnet die Notwendigkeit einer genaueren Betrachtung der identitären Frauen. Den Selbstbildern rechter Frauen widmete sich im Jahr 2000 bereits Renate Bitzan und durchbrach mit ihrer Forschungsarbeit das weit verbreitete einheitliche Denken über rechte Frauen als unterwürfiges „Heimchen am Herd". Sie zeigte vielfältige Positionen und Lebensentwürfe der Frauen und darüber hinaus Eingänge feministisch-emanzipatorischer Werte in das Selbstbild der Aktivistinnen auf.[16]

Sind diese Entwicklungen weiter fortgeschritten und haben zu einer tiefgreifenden Veränderung der Geschlechterideologie rechter Gruppen geführt? Haben sie sich womöglich in rechten Strukturen insoweit etabliert, dass jungen rechten Frauen breitere Entfaltungsmöglichkeiten eingeräumt werden oder handelt es sich um einen Trugschluss und hinter einer neu angestrichenen Fassade verbergen sich immer noch die gleichen traditionell-konservativen Geschlechtervorstellungen? Um diesen und weiteren Überlegungen nachgehen zu können, werden in der vorliegenden Forschungsarbeit die Selbstbilder identitärer Frauen und ihre

[16] Vgl. Bitzan 2000.

Selbstinszenierungspraxen näher beleuchtet und kritisch hinterfragt. Die folgende Untersuchung fügt den vorangestellten Überlegungen eine wissenschaftlich-analytische und kritische Perspektive hinzu. Mögliche Veränderungen in Argumentation und Auftreten im Gegensatz zu früheren Erkenntnissen über rechte Frauen können näher beleuchtet werden. Auch der Frage, wie authentisch die identitären Frauen feministische Werte in ihrem Auftreten verkörpern, wie das Zitat der Aktivistin Melanie Schmitz zu Beginn andeutet, kann mit einer Analyse des Selbstbildes – dem Bild, das die Aktivistinnen von sich selbst zeichnen – nachgespürt werden.

Daraus ergeben sich für die vorliegende Studie zunächst die Forschungsfrage nach einem (1) generellen Selbstbild beziehungsweise den Selbstbildern identitärer Frauen, um im Anschluss (2) die Selbstbilder auf Unterschiede oder Gemeinsamkeiten von anderen rechten Frauen und identitären Aktivistinnen hin zu untersuchen. Wie Goetz und auch Mayrl feststellen, sind Forschungen über die *Identitären* und deren Facetten, insbesondere dem geschlechterpolitischen Denken, bislang überschaubar.[17] In den letzten Monaten ist jedoch eine zunehmende wissenschaftliche Auseinandersetzung mit der Thematik zu beobachten. Die Untersuchung liefert somit einen Forschungsbeitrag in der Beobachtung von Modernisierungstendenzen und Entwicklungs-Strategien der extremen Rechten, insbesondere in Bezug auf deren geschlechterpolitische Ideologie.

Die identitären Frauen und Männer haben ein starkes Bedürfnis, sich medial zu inszenieren und ihre Ideen und Vorstellungen einer breiten Öffentlichkeit zugänglich zu machen. Um die eigenen Inhalte möglichst effektiv zu verkaufen, werden diese nicht nur monoton referiert, sondern in die Persönlichkeiten der AktivistInnen eingewoben.[18] Diese,

---

[17] Goetz 2017: 253; Mayrl 2017: 181.

[18] „Beim Influencer (engl. *to influence*: beeinflussen) Marketing werden gezielt Meinungsmacher mit einer reich-weitenstarken Community für Marketing- und Kommunikationszwecke eingesetzt. Ziel ist es, auf Grundlage des Vertrauens der jeweiligen Zielgruppe zu den Influencern, die Wertigkeit und Glaubwürdigkeit der eigenen Markenbotschaft zu steigern“ (Online-Marketing 2018; Herv. i. O.).

vor allem aus Marketing-Abteilungen von Wirtschaftsunternehmen, bekannte Strategie des *Influence Marketing* setzt auf Vertrauen und Sympathie, die eine zukünftige Kundschaft den *Influencer*innen* entgegenbringt und so zugänglich für die Vermarktung der eigenen Produkte wird. Auch die *Identitären* machen sich diese Marketing-Strategie für ihre politischen Zwecke zunutze und vor allem weibliche Aktivistinnen werden zu politischen *Influencerinnen*.[19] Die betrachteten Aktivistinnen geben, wenn auch kontrolliert, auf diese Art sehr viele Details ihres Lebens, über ihren politischen Aktivismus hinaus, preis. Die Profile und Accounts auf den sozialen Medien der identitären Frauen ermöglichen einen Einblick in ihre Denk- und Handlungsweisen und sind somit sehr gut für die Analyse des Selbstbildes geeignet. Eine direkte Befragung der Aktivistinnen in einer Interviewsituation würde vermutlich nicht mehr Datenmaterial hervorbringen als es die Selbstdarstellungen in sozialen Medien bereits tun. Für die Analyse der Selbstbilder, die den Mittelpunkt der Untersuchung bildet, stütze ich mich in der methodischen Anlage auf die Diskursanalyse nach Reiner Keller. Der Datenkorpus besteht zu großen Teilen aus Material aus den Social Media-Kanälen der identitären Frauen, wie Facebook, Twitter, Instagram und weiteren in Deutschland genutzten öffentlichkeitswirksamen Medien. Ich beschränke mich zunächst auf die Sichtung des Materials von Frauen aus der IB Deutschland, wobei immer wieder Überschneidungen zu österreichischen AktivistInnen zu sehen sind. Die Mitglieder der IB Deutschland und Österreich arbeiten, sowohl personell als auch strategisch, auf ihren Social Media-Accounts eng zusammen und eine klare Trennung fällt häufig schwer.

Aus einer feministischen Perspektive und anschließend an Bitzan empfinde ich es als wichtig, Frauen als Subjekte und handelnde Personen ernst zu nehmen „und sie selbst zu Wort kommen zu lassen“[20], ihre Verantwortung für Entscheidungen zu bemerken und sie nicht als bloße Marionetten wahrzunehmen. Wiederholt wurde bei den *Identitären* ein

---

[19] Vgl. Pfahler/Rinderspacher 2017.
[20] Bitzan 2000: 12.

strategischer Umgang, indem insbesondere weibliche Aktivistinnen eine Rolle zu erfüllen haben, wie beispielsweise in der ersten Reihe einer Demonstration zu stehen oder beim Verteilen von Flyern möglichst sichtbar zu sein, beobachtet und auch nachgewiesen[21] (mehr dazu in Kapitel 3.3). Wie auch schon in anderen Organisationen zu beobachten war, scheint hier ein dynamischer Verlauf von Instrumentalisierung weiblicher Aktivistinnen und bewusst ausgesuchter/akzeptierter Rolle der Frauen stattzufinden.[22] Die Selbstdarstellungen der identitären Frauen lediglich auf taktisches Verhalten zurückzuführen, würde deutlich zu kurz greifen und das Phänomen unterbelichten. Die hier vorgestellte Studie widmet sich daher zunächst den vorgestellten Forschungsfragen nach den (1) Selbstbildern identitärer Frauen und (2) auf deren unterschiedlichen Charakter in Bezug zu bisherigen Selbstbildern anderer rechter Frauen. Für die Untersuchung werden die möglichen Strategien und Verhandlungen, die unter Umständen Raum und Akzeptanz für verschiedene Selbstbilder der weiblichen Aktivistinnen geben, zunächst ausgeklammert, da der Fokus auf den identitären Frauen selbst liegt. Die Überlegungen werden jedoch im Forschungsprozess mitgedacht und zu einem späteren Zeitpunkt erneut in die Analyse miteinbezogen. In der zusammenfassenden Diskussion im siebten Kapitel werden die strategischen Überlegungen und Modernisierungstendenzen der *Identitären* auf die erarbeiteten Selbstbilder identitärer Frauen rückgebunden und reflektiert.

Am Beginn, in Kapitel zwei, stehen Erläuterungen und begriffliche Klärungen, die für das weitere Verständnis der Forschungsarbeit tragend sind. Vorbereitend für die Darstellung der Ergebnisse der Diskursanalyse werde ich zunächst in Kapitel drei die bisherige Forschung und Erkenntnisse zu extrem rechten Frauen, zu denen ich ebenfalls identitäre/*neurechte* Frauen zähle, darstellen. Dabei werde ich auf Frauen in der extremen Rechten, zugespitzt auf die Untersuchung zu

---

[21] Im ZEIT Störungsmelder wird über geleakte Strategiepapiere der IB berichtet: Lipp 2017.
[22] Vgl. Bitzan 2000: 352.

Selbstbildern extrem rechter Frauen, eingehen und verschiedene Positionierungen der Frauen darlegen. Im Anschluss werde ich die theoretische Verwurzelung der *Identitären* als Teil der *Neuen Rechten* aufzeigen, wodurch die Zugehörigkeit der *Identitären* zur extremen Rechten unterlegt und deren theoretischer Hintergrund aufgezeigt wird. Um die Wirkungsweise und Strategie der IB zu rahmen, werden in einem nächsten Schritt die grundlegenden Charakteristika der *Identitären* herausgearbeitet. In diesem Kapitel werde ich zudem die für das Verständnis der analytischen Ergebnisse in Kapitel fünf und sechs wichtige Forschung zum spezifisch geschlechterpolitischen Denken der *Identitären* nachzeichnen. Kapitel vier gibt einen knappen Einblick in die methodischen Anlagen dieser Forschungsarbeit. Neben der Grundlage der Diskursanalyse nach Reiner Keller und deren Verbindung zum Forschungsprogramm der *Grounded Theory* gehe ich auf Spezifika von Online-Diskursen, insbesondere in der konkreten Arbeit mit Online-Datenmaterial, ein. Das fünfte Kapitel umfasst die Ergebnisse der Diskursanalyse, die anhand einer Positionen-Analyse dargestellt werden.

Die Untersuchung zu den Selbstbildern identitärer Frauen beinhaltet, dem nachzugehen, wodurch die Aktivistinnen sich selbst definieren und das Bild von sich zeichnen beziehungsweise wie sie gesehen werden wollen. Die sieben Themenfelder, anhand derer die Positionen in diesem Kapitel dargelegt werden, kennzeichnen dabei wichtige Linien und Rahmen in den Selbstbildern der identitären Frauen. Die Themenfelder ergaben sich aus der selbstgewählten Intensität und Frequenz, mit der sich die Aktivistinnen mit den Feldern beschäftigten. Die Positionen der betrachteten Aktivistinnen variieren teils deutlich innerhalb der Themenfelder und auch, mit welcher Intensität sie im jeweiligen Leben der identitären Frauen eine Rolle spielen, unterscheidet sich. Die Analyse zeigt die Positionen zu (1) Geschlechterverhältnis, (2) Beziehung und Liebe, (3) Weiblichkeit, (4) Mutterschaft, (5) Position zur/in der *Bewegung*, (6) Feminismus und (7) sexualisierter Gewalt/Sexismus. Im Anschluss findet sich im sechsten Kapitel ein Exkurs über die *neurechte*

Theoretikerin Ellen Kositza und die antifeministische Journalistin Birgit Kelle, die beide als theoretische Impulsgeberinnen für die identitären Aktivistinnen fungieren. Die ausführliche Positionen-Analyse bietet die Basis, um anschließend im siebten Kapitel das Konzept der *wehrhaften Femininität*, das bei aller Unterschiedlichkeit der Aktivistinnen übergeordnet herausgearbeitet werden konnte, sowie die aus den Positionen abgeleiteten Selbstbilder der identitären Frauen, vorzustellen. Im Kapitel acht werden die Ergebnisse im Hinblick auf die aufgeworfenen Forschungsfragen zusammenfassend diskutiert. Überlegungen über Strategien und Modernisierungstendenzen als Verantwortliche für die Akzeptanz starker und selbstbewusster Frauen bei den *Identitären* werden hier erneut aufgegriffen und besprochen. In einem abschließenden neunten Ausblicks-Kapitel werde ich die Ergebnisse und Positionen zu „Feminismus" meines Forschungsteils im Hinblick auf feministische Politiken beispielhaft diskutieren.

2. Erläuterung zu verwendeten Begriffen und Konzepten

2.1 Extreme Rechte

In der einschlägigen Literatur fehlt bisher eine übergreifende Definition der Begriffe Rechtsextremismus oder extreme Rechte.[23] Bisher fungieren die Begrifflichkeiten, so Richard Stöss, als „Sammelbegriff für verschiedenartige gesellschaftliche Erscheinungsformen, die als rechtsgerichtet, undemokratisch und inhuman gelten“[24]. Grundlegend und einen Minimalkonsens bildend ist die Definition von Wilhelm Heitmeyer, der Rechtsextremismus zum einen durch eine Ideologie der Ungleichheit sowie Gewaltakzeptanz oder gar -bereitschaft charakterisiert.[25]

Weitergehend kennzeichnet Renate Bitzan vier zentrale Grundideologeme für Rechtsextremismus:

1) Ideologie der natürlichen Ungleichheit der Menschen, die als Ungleichwertigkeit interpretiert wird oder zur Festlegung bestimmter Gruppen auf bestimmte Tätigkeiten, Lebensbereiche, Eigenschaften o.ä. führt (Kriterien können sein: „Geschlecht“[26], „Rasse“, „Ethnie“, „Kultur“, Religion, Nationalität u.a.)

2) Hierarchie- und Elite-Denken

[23] Vgl. Radvan 2013: 12.
[24] Stöss 2000: 20.
[25] Vgl. Heitmeyer 1992: 13f.
[26] Auf den Punkt der Geschlechterordnung wird in der Vorstellung bisheriger Forschung zu extrem rechten Frauen ausführlich eingegangen (siehe Kapitel 3.1).

3) Positive Vorstellung von einer homogenen Volksgemeinschaft, die sich entlang vermeintlicher biologischer oder kultureller Merkmale definiert

4) Ausgrenzung der als „anders“ Definierten bis hin zur Vernichtungsbereitschaft.[27]

Das Antifaschistische Frauennetzwerk bezeichnet mit dem Begriff extreme Rechte einerseits ein politisch-organisatorisches Spektrum von Parteien und Gruppen, auch Lifestyle-Strömungen und eher informelle Zusammenhänge und andererseits ein kognitiv weltanschauliches System und eine Orientierung des Individuums, das die von Bitzan benannten Charakteristika aufweist.[28] Ich verwende den Begriff extreme Rechte in Anlehnung an die hier vorgestellten Definitionen von Rechtsextremismus. Ich habe mich für die Verwendung des Begriffs extreme Rechte analog, jedoch abgrenzend zu dem Begriff Rechtsextremismus entschieden. Dieser ist wissenschaftlich wie auch politisch konfliktreich und umstritten im Sinne einer Extremismus-Theorie, die eine vermeintlich „neutrale Mitte“ hervorhebt.[29]

---

[27] Bitzan 2000: 20.
[28] Antifaschistisches Frauennetzwerk 2005: 14.
[29] Ein Überblick: bpb 2018; weitere Kritik beispielsweise: Kopke/Rensmann 2000.

2.2 Relevante geschlechterpolitische Begrifflichkeiten

Die folgend ausgeführten Begriffe werden im Verlauf des Buches immer wieder eine essentielle Rolle spielen und daher ausführlicher behandelt. Identitäre Frauen konstruieren vor allem gegenüber den Terminologien Feminismus, Gender Mainstreaming oder auch Konzepten rund um Gender ein Feindbild und füllen dieses in Gänze oder zu großen Teilen mit unzulässigen Verallgemeinerungen und/oder fälschlichen Inhalten. Zur Kontrastierung und der besseren Einordnung der Aussagen der identitären Aktivistinnen im Verlauf des Buches gebe ich an dieser Stelle kurze und prägnante Erklärungen zu den Begriffen Feminismus, Gender /„Antigenderismus" und Gender Mainstreaming. Die dahinterstehenden Konzepte können nicht erschöpfend erklärt werden, jedoch kann ein grober Einblick gewährt und so in Kontrast gesetzt werden zu den in Kapitel fünf und sechs vorgestellten Verständnissen der identitären Frauen.

Feminismus

Eine einheitliche Definition von „Feminismus" zu finden ist überaus schwierig, da zu viele Verständnisse von Feminismus und daraus hervorgehend unterschiedliche Strömungen und Richtungen innerhalb der feministischen Bewegungen existieren. Die diversen politischen Auslegungen des Begriffs werden zudem, vor allem seit der Etablierung der Frauen- und Geschlechterforschung[30] im Zuge der Zweiten Frauenbewegung, durch wissenschaftliche Konzepte von Feminismus ergänzt.

[30] Weiterführend zur Geschichte und Entwicklung der Frauenforschung bis zu den *Gender Studies*: Degele 2008, Maihofer 2002, Hark 2005 und Lenz 2001.

Wie Nina Degele feststellt, haben sich Frauenbewegungen „im Plural entwickelt, das heißt sie bilden sich in verschiedenen Klassen-, ethnischen und kulturellen Milieus heraus“[31]. Sie teilen, so Degele weiter, jedoch Grundgedanken von „Freiheit, Selbstbestimmung, Gleichheit und Solidarität“[32]. Aus politisch-aktionistischer Perspektive ist ein Minimalkonsens „das Aufbegehren gegen die Identifizierung von Frauen als einer den Männern nachgeordneten Gruppe“[33]. Für mein Verständnis ist dieser Grundprämisse, wie Bitzan es ausdrückt, das Interesse an der „Befreiung ALLER Frauen von Diskriminierung, Benachteiligung und Gewalt“[34] hinzuzufügen und die Kritik an Macht- und Herrschaftsverhältnissen, wie beispielsweise auch Rassismus und Nationalismus, mitzudenken. Zum besseren Verständnis der Angriffspunkte gegen „Feminismus“ von Seiten der identitären Aktivistinnen skizziere ich knapp die geschichtliche Entwicklung von feministischen Politiken beziehungsweise Frauenbewegungen.[35]

Wie Barbara Holland-Cunz erinnert, findet die häufigste „Zählweise“ feministischer Bewegungen in „Wellen“ statt.[36] Eine erste Welle erkennt sie ab der Französischen Revolution bis 1920/1930/1933. Die Französische Revolution, vor allem jedoch deren Anstöße, können, wie Nina Degele beschreibt, als Geburtsstunde des modernen Feminismus gesehen werden.[37] Die Ausweitung der Menschenrechte auf Frauen manifestierte sich in dem 1791 veröffentlichten Manifest *Erklärung der Rechte der Frau und der Bürgerin* von Olympe de Gouges und Schriften des Frühsozialisten Charles Fourier.[38] Während der Begriff Feminismus in Frankreich bereits eine tragende Rolle

---

[31] Degele 2008: 30.
[32] Ebd.; auch Lenz 2018: 20.
[33] Thiessen 2010, 38.
[34] Bitzan 2014; Herv. i. O.
[35] Ausführlicher beispielsweise: Müller 2013.
[36] Holland-Cunz 2018: 6.
[37] Degele 2008: 33.
[38] Vgl. Degele 2008: 33; ausführlicher: Müller 2013: 21ff.

spielte, wurde in Deutschland im 19. und 20. Jahrhundert häufiger die Beschreibung (Frauen-)Emanzipation verwendet, so Degele.[39] Mit Beginn einer zweiten Welle, die sich aus den Studierenden- und Bürgerrechtsbewegungen ab 1968 entwickelte und bis in die 1990er Jahre hinein reichte, nahm der Begriff Feminismus den Platz an der Spitze ein.[40] Die dritte Welle bezeichnet nach Holland-Cunz das Auftreten feministischer Strömungen bis heute und ist (immer noch) von Einflüssen der Zweiten Frauenbewegung beziehungsweise zweiten Welle ab 1968 gekennzeichnet.[41] Feministische Theoretiker*innen wie Holland-Cunz oder Degele weisen auf die Vielfalt unterschiedlicher Feminismen hin und beobachten in den letzten „drei Jahrzehnten [...] eine Vervielfältigung ‚des' Feminismus"[42], beispielsweise durch postkoloniale und queere Politiken oder durch das Instrument des Gender Mainstreaming[43], das institutionell auf lokaler, nationaler, transnationaler und internationaler Ebene greift.[44] In der Literatur wird vor allem zwischen (1) gleichheitsorientierten, (2) differenzorientierten und (3) dekonstruktivistischen Ansätzen unterschieden. Gleichheitsfeministinnen, so Holland-Cunz, betonen ihre „menschenrechtliche Ununterschiedenheit trotz gesellschaftlicher Ungleichheit"[45]. Wie Frey feststellt, schlägt diesem Ansatz der Vorwurf entgegen, Gleichheit in erster Linie als Anpassung von Frauen an die männliche Norm zu denken.[46] Differenzfeministische Strömungen gehen hingegen „von einer sozialen oder soziobiologischen Differenz zwischen Frauen und Männern aus"[47]. Der letzte der drei Ansätze, ein dekonstruktivistischer oder auch postmoderner Feminismus, gewann durch das Buch *Gender Trouble*

---

[39] Degele 2008: 33.
[40] Vgl. Degele 2008: 33; Holland-Cunz 2018: 6.
[41] Vgl. Holland-Cunz 2018: 6; auch Degele 2008: 30f.
[42] Holland-Cunz 2018: 7.
[43] Zum Begriff des *Gender Mainstreaming* siehe unten.
[44] Vgl. Holland-Cunz 2018: 7; auch Lenz 2018: 20.
[45] Holland-Cunz 2018: 6.
[46] Frey 2003: 33.
[47] Holland-Cunz 2018: 6.

von Judith Butler an Bedeutung in feministischen Debatten. Die Autorin stellt darin die These auf, dass sowohl die Kategorie *gender* (Geschlechtsidentität), als auch *sex* (biologisches Geschlecht/ Geschlechtsmerkmale) sozial konstruiert und historisch geformt sind und lässt so die bis dato vermeintlich stabile Kategorie des biologischen Geschlechts wanken.[48]/[49]

Das hier vorgestellte und der Studie zugrundeliegende Verständnis von Feminismus als plurales und ausdifferenziertes Gebilde gewinnt insbesondere im Kontrast zu den in Kapitel 5.6 und 5.7 vorgestellten Positionen der identitären Aktivistinnen an Bedeutung.

Gender/„Antigenderismus“

Ungefähr seit den 1990er Jahren ist der Begriff Gender[50] auch in Deutschland eine gängige Vokabel. Zurück geht das Konzept rund um Gender auf die Unterscheidung zwischen sozial konstruiertem (*gender*) und biologischem Geschlecht (*sex*). Während das biologische Geschlecht auf die genetischen Unterschiede zwischen Männern und Frauen eingeht, unterscheidet das sozial konstruierte anhand von sozialen Zuschreibungen des „typisch Weiblichen“ und „typisch Männlichen“. Normierungen des Verhaltens, Rollenbilder und Vorstellungen wurden so über ein sozial konstruiertes Geschlecht hinweg an das biologische geknüpft und Unterschiede und Abwertungen wurden und werden damit erklärt. Das deutsche Wort Geschlecht weist nur unzureichend auf diese Unterscheidung hin und so fand der englische Be-

---

[48] Vgl. Holland-Cunz 2018: 6; Frey 2003: 33ff.; Smykalla 2006.

[49] Einen guten Überblick liefert beispielsweise der Text von: Carstensen/Groß 2006 oder Lenz 2009. Die Ansätze in Verbindung mit sexismuskritischen Ansätzen extrem rechter Frauen diskutiert: Bitzan 2005.

[50] Entwicklungsgeschichte und verschiedene Auslegungen bei Frey (2003: 25–33).

griff Gender Eingang in einen, zunächst feministischen, Sprachgebrauch. Gender stellt die biologische Beschaffenheit von Geschlecht infrage und damit „eine naive, simplifizierende Vorstellung von Geschlecht als naturhafte, unveränderliche, an-sich-so-seiende Tatsache jenseits sozialer, kultureller und spezifisch historischer Bedingtheiten."[51]

Dem Begriff werde von „antigenderistischer" Seite unterstellt, er stehe für eine nicht-natürliche, damit also post-essentialistische Fassung von Geschlecht (und Sexualität), so Hark und Villa.[52] Der Begriff des „Genderismus" fand, wie Juliane Lang aufzeigt, Eingang in die Sprachpraxis „eines heterogenen Spektrums des ‚organisierten Antifeminismus'"[53] und wird dort als politisches Mittel zur Diskreditierung von Konzepten rund um Gender oder der Gender Studies verwendet. Akteur*innen im Bereich der Geschlechterforschung wird laut Wimbauer, Motakef und Teschlade unterstellt, eine Ideologie durchsetzen zu wollen, „die in der Infragestellung einer heteronormativen Geschlechterordnung ihren Ausgangspunkt nehme und sich gegen Männer, Familie und Heterosexuelle richte"[54]. Der antifeministische Kampfbegriff „Antigenderismus" wendet sich hierbei gegen Gleichstellungspolitik und Geschlechterfragen sowie pluralistische Lebensmodelle. Im Gegensatz zu Gender als wissenschaftliches Konzept, das theoretische Überlegungen und Forschung im Bereich der Geschlechterforschung umfasst, liegt dem Begriff „Antigenderismus" weniger eine inhaltliche Auseinandersetzung zugrunde als vielmehr Behauptungen und Unterstellungen. Er wird so zum politischen Kampfbegriff. Lang und Peters begreifen die Argumentationsstrategie des „Antigenderismus" als „neue Spielart des Antifeminismus"[55] und wie Hark und

[51] Hark/Villa 2015b: 7.
[52] Vgl. ebd.
[53] Lang 2015: 167.
[54] Wimbauer/Motakef/Teschlade 2015: 42.
[55] Lang/Peters 2018b: 17.

Villa bemerken, hätten „antigenderistische" AkteurInnen „im Kern verstanden, wofür der Begriff Gender steht."[56]

Gender Mainstreaming

Ähnlich der Konstruktion eines homogenen Feminismus wettern antifeministische und rechte AktivistInnen gegen das politische Instrument des Gender Mainstreaming[57] und interpretieren in dieses Ideen und Bestrebungen, die das Konzept so nicht beinhaltet. Daher werde ich knapp auf die Intention von Gender Mainstreaming eingehen.

Blickhäuser und von Bargen definieren Gender Mainstreaming zunächst als:

> „die Strategie der Europäischen Union zur Verwirklichung von Chancengleichheit für Frauen und Männer in Institutionen, Organisationen und Politik. Gender Mainstreaming wurde 1997 im Amsterdamer Vertrag mit dem Beschluss der Europäischen Kommission verankert und gilt seitdem für alle Mitgliedsstaaten als verbindliches Prinzip."[58]

Die Definition des Europarates, die Frey als die am häufigsten genutzte beschreibt, lautet[59]:

> „Gender Mainstreaming besteht in der (Re-)Organisation, Verbesserung, Entwicklung und Evaluierung der Entschei-

---

[56] Hark/Villa 2015b: 8.
[57] Auch in feministischen Debatten ist das Konzept umstritten. Einen Überblick über Kritik liefert ein Beitrag von Stiegler (2012).
[58] Blickhäuser/von Bargen 2007a: 1.
[59] Frey 2003: 9.

> dungsprozesse mit dem Ziel, dass die an der politischen Gestaltung beteiligten Akteurinnen und Akteure den Blickwinkel der Gleichstellung zwischen Frauen und Männern in allen Bereichen und auf allen Ebenen einnehmen."[60]

Gender Mainstreaming ist im Zuge der Weltfrauenkonferenz 1995 entstanden und hat zum Ziel, die Gleichstellung von Mann und Frau voranzutreiben, indem die Rechtsgrundlagen für die politische Umsetzung von Gleichstellung auf europäischer Ebene gestärkt werden.[61] Gender Mainstreaming zeichne sich, so Blickhäuser und von Bargen, neben Maßnahmen, die sich auf beide Geschlechter beziehen, auch durch Instrumente der Frauenförderung aus.[62] Gender wird als Analysekategorie wahrgenommen, der „Fokus richtet sich damit auf die Ausgestaltung der Geschlechterverhältnisse, deren Rahmenbedingungen sowie die Veränderung vorhandener geschlechtsspezifischer Machtstrukturen."[63]

In Vorbereitung und zur Einordnung der in Kapitel fünf dargestellten Analyse-Ergebnisse werde ich im Folgenden auf die bereits erarbeitete Forschung zu den Themen Frauen in der extremen Rechten, die *Neue Rechte*, der sich die *Identitären* zugehörig sehen, sowie explizit einem Frauenbild bei den *Identitären* eingehen.

---

[60] Europäische Kommission 2004: 13.
[61] Vgl. Blickhäuser/von Bargen 2007a: 2; vgl. auch Müller 2013: 232f.
[62] Blickhäuser/von Bargen 2007b: 2.
[63] Ebd.

3. Bisherige Forschung: Erkenntnisse zu extrem rechten Frauen, der Neuen Rechten und dem geschlechterpolitischen Denken der Identitären

3.1 Extrem rechte Frauen

Frauen in der extremen Rechten wurden in den letzten Jahren und Jahrzehnten zunehmend in Forschung und Medien thematisiert.[64] Dennoch werden Protagonistinnen häufig als Ausnahmen und Anhängsel ihrer Partner dargestellt und so in ihrer eigenständigen Tätigkeit im politischen Kontext unterschätzt und nicht ernst genommen.[65] In der Forschung zu extrem rechten Frauen wird dem Bild der häuslich-dienenden Frau deutlich widersprochen und dem entgegen ein – wenn auch in geringerer Zahl – aktiver Part an der Ideologieproduktion und zum Teil auch an gewalttätigen Auseinandersetzungen attestiert.[66] Der unterschätzten Rolle von Frauen in der extremen Rechten kann durch einen differenzierten Blick entgegengewirkt und das Bild in Medien und Gesellschaft revidiert werden, was einen veränderten Umgang mit rechten Akteurinnen zur Folge hätte.

Weg zur Erforschung von Frauen in der extremen Rechten

Ende der 1980er Jahre setzten sich erste, meist feministische Wissenschaftler*innen, mit der Rolle von Frauen während des Zweiten Weltkrieges und dem widersprüchlich erscheinenden Phänomen von

---

[64] Vgl. Bitzan 1997a: 9.
[65] Vgl. Sigl 2013; Rommelspacher 2011; Birsl 2011a.
[66] Vgl. Radvan 2013; Bitzan 1997b; Köttig 2006.

aktiven Frauen in der rechten Szene auseinander.[67] Bis zu diesem Zeitpunkt wurde der Bereich der extremen Rechten aufgrund seines inhärenten Sexismus, der patriarchalen und androzentrischen Verhaltensweisen und der hohen Gewaltbereitschaft als Ausdruck männlichen Dominanzverhaltens begriffen. Eine politisch aktive Rolle von Frauen wurde nicht thematisiert.[68] Die These von Christina Thürmer-Rohr von der Mittäterinnenschaft von Frauen im Nationalsozialismus löste dahingehend tiefe Debatten und einen Paradigmenwechsel in den Geschichtswissenschaften aus.[69] Frauen werden dabei nicht mehr länger „nur“ als Opfer einer nationalsozialistischen Politik gesehen, sondern als eigenständige politisch-motivierte Subjekte analysiert.[70] Zudem zeigten sich Ende der 1980er Jahre vermehrt Frauen in extrem rechten Gruppen und ein sich veränderndes, aus dem Schatten von männlichen Neonazis heraustretendes Rollenverständnis in diesen Gruppen wurde sichtbar.[71] Seit den 1990er Jahren schalteten sich Sozialwissenschaftler*innen, Erziehungswissenschaftler*innen und Psycholog*innen in die bis dahin häufig geschichtswissenschaftlich geführte Debatte ein und legten den Fokus auf geschlechtsspezifische Muster und die Rolle von Frauen in der rechten Szene.[72] Untersuchungen zum quantitativen Vorkommen von Frauen zeichnen das Bild einer aufsteigenden Pyramide.[73] Während die Zustimmung von Frauen bei extrem rechten Einstellungen bei ca. 50% liegt, nimmt sie bereits in der Wahlbereitschaft

---

[67] Vgl. Bitzan 1997c und weitere.

[68] Vgl. Birsl 2011a: 12; Radvan 2013: 10.

[69] Überblick zur Frauenforschung zum Nationalsozialismus: Reese/Sachse 1990.

[70] Vgl. Birsl 2011a: 13; Weber 2012: 23; Bitzan 2000: 65ff.

[71] Vgl. Birsl 2011a: 13f.; Weber 2012: 7.

[72] Vgl. Radvan 2013: 20.

[73] Mehrere Autor*innen wie beispielsweise Köttig (2005: 61) weisen zudem auf die Kritik von Birgit Meyer hin: „[Sie] hebt hervor, dass politische Handlungen und politisches Bewusstsein von Mädchen und Frauen nicht mit einem traditionell männlichen Politikbegriff erfassbar seinen, da sich dieser Politikbegriff am institutionellen Rahmen (d.h. an der Mitgliedschaft in Parteien) orientiere. Mädchen und Frauen seien insgesamt weniger in den offiziellen politischen Rahmen eingebun-

von rechten Parteien (ca. ein Drittel Frauen) ab und verringert sich weiter in der Mitgliedschaft von Organisationen oder Cliquen der extremen Rechten (10-33%) sowie politischer Tätigkeit innerhalb rechter Parteien (ca. 20%). Die geringste Beteiligung zeigen Frauen an rechtsextrem motivierten Straftaten (5-10%).[74]/[75] Neben Fragen der geschlechtsspezifischen Einstellungen beschäftigten die Forscher*innen zudem die Beweggründe und Motivationen, Teil der extremen Rechten zu werden beziehungsweise in ihr zu verbleiben.[76]/[77]

---

den, deshalb sei ihnen jedoch keinesfalls ein mangelndes politisches Interesse vorzuwerfen, da sie vielmehr in einem umfassenderen (außerinstitutionellen) Sinne politisch aktiv seien (z.B. in der Friedens- und Ökologiebewegung)".

[74] Vgl. Sigl 2013: 4; Birsl 2011c: 243.

[75] Mit Hilfe von Einstellungsuntersuchungen (beispielhaft Birsl 1994; Stöss 2009; Küpper/Zick 2011) konnte gezeigt werden, dass sich die Zustimmung zu aktiver im Gegensatz zu passiver Gewalt bei Frauen und Männern unterschiedlich ausdrückt. Während Männer eine hohe Akzeptanz von aktiver, beziehungsweise direkter Gewalt aufzeigen, greifen Frauen weniger selbst zu Gewalt. Sie delegieren ihr Aggressionspotential und „lassen kämpfen", aktive Gewalt als Mittel der politischen Auseinandersetzung ist für sie jedoch grundsätzlich legitim (vgl. Stöss 2009: 45; Rommelspacher 2011: 45; auch Weber 2012: 28; Döhring/Feldmann 2005: 18).

[76] Beispielsweise Birsl 2011b; mehr dazu: Schuhmacher 2011; Radvan 2013: 27–29.

[77] Wichtige Theorien sind hierbei der von Birgit Rommelspacher und Christine Holzkamp vertretene Ansatz der *Dominanzkultur* (vgl. Rommelspacher/Holzkamp 1991; Köttig 2005: 58f.) sowie der im Anschluss an die These der *doppelten Vergesellschaftung von Frauen* (Becker-Schmidt) gedachte Erklärungsansatz von Gertrud Siller und Ursula Birsl (vgl. Siller 1997; Birsl 1994; kritisch dazu: Köttig 2005; 2006; Sigl 2013: 9).

Selbstbewusste Weiblichkeit – aktuelle Diskussionen

In dem 2005 vom Antifaschistischen Frauennetzwerk beziehungsweise Forschungsnetzwerk Frauen und Rechtsextremismus herausgegebenen Sammelband *Braune Schwestern? Feministische Analysen zu Frauen in der extremen Rechten* wird die Frage diskutiert, inwiefern feministische Forderungen und Kämpfe der Zweiten Frauenbewegung Einzug in die extreme Rechte gefunden haben und ob es sich hierbei um eine emanzipatorische Entwicklung handle.[78] Anknüpfungspunkt ist die zunehmende Beobachtung von rechten Frauen, die sich gegen das in der Szene dominierende Weiblichkeitsideal stellen und nicht nur radikal und aggressiv auf allen Ebenen mitwirken und Funktionsträgerinnen sind, sondern sich auch selbst als Teil der „kämpfenden Front" sehen.[79]

Der Zusammenschluss in Frauenorganisationen[80] in den 1980er Jahren kann ebenso wie das Erstarken einer Skingirl-Szene (bspw. organisiert im *Skingirl Freundeskreis Deutschland (SFD))* in den 1990er Jahren als mögliches Symptom einer solchen Entwicklung gesehen werden.[81] Der SFD setzte sich beispielsweise für die Anerkennung von Frauen in der Szene ein, kämpfte gegen Gewalt an Frauen und stritt für die Möglichkeit, gleichermaßen wie Männer am politischen Prozess zu

---

[78] Vgl. Antifaschistisches Frauennetzwerk 2005; Döhring/Feldmann 2005: 18; Weber 2012: 125.

[79] Vgl. Röpke/Speit 2011: 18; Radvan 2013: 17f.

[80] Zu nennen sind hier: die *Gesinnungsgemeinschaft der Neuen Front (GdNF),* die zur *Freiheitlichen Deutschen Arbeiterpartei* gehörende *Deutsche Frauenfront (DFF)*, die sich zu einem späteren Zeitpunkt in die *FAP-Frauenschaft* aufspaltete (vgl. Bitzan 2000: 29). Aktuell sind zwei Frauenorganisationen in Deutschland mit einer unterschiedlichen Schwerpunktsetzung von Bedeutung: Die *Gemeinschaft Deutscher Frauen (GDF)* und der *Ring nationaler Frauen (RNF).* (Mehr zu Frauenorganisationen und konkreten Protagonistinnen: Sigl 2013; Weber 2012: 57ff.; Röpke/Speit 2011; Döhring/Feldmann 2005; Antifaschistisches Frauennetzwerk 2005).

[81] Vgl. Bitzan 2000: 29.

partizipieren.[82] Die Aktivistinnen setzten sich für eine Teilnahme an Straßenkämpfen ein, von denen sie bisher aufgrund ihrer zugeschriebenen „weiblichen Verletzbarkeit" (Gefahr der Gebärunfähigkeit) ausgeschlossen waren.[83] Diese Sorge um die weibliche Reproduktionsfähigkeit entstammt einer extrem rechten Argumentation vom „Volkskörper" beziehungsweise einer Paranoia vom „Volkstod", wie Botsch und Kopke darlegen. Angehörige des Volkes sind dabei als Zellen des Körpers zu verstehen, dabei kann der „Wert des Einzelnen [...] nur mit Bezug auf das größere Ganze gesehen werden. Da das ‚Leben' des Volkes, das Leben der einzelnen Zelle überdauert, ist der oder die Einzelne nur als Glied einer ‚Ahnenkette' von Wert"[84]. Die Aufgabe in diesem völkischen Denken, die Verhinderung des „Volkstods", verstanden als Tod der weißen „Rasse" wird Frauen zuteil, die durch eine hohe Geburtenrate für den Fortbestand des „Volkskörpers" sorgen.[85] Trotz der Auseinandersetzung und ihrem Aufbegehren bezüglich „ihrer ideologischen Aufgabe" verbleiben sie meist im Hintergrund.[86] Wie Röpke und Speit beobachten, ist es für Frauen in der rechten Szene heute möglich, sowohl die treusorgende Partnerin und Mutter zu sein, als auch sich selbstbewusst nach außen zu präsentieren, wie beispielsweise der Slogan des *Ring Nationaler Frauen (RNF)* „Politik ist auch Frauensache" verdeutlicht.[87]/[88] Frauen sind durch vielfältige Lebensentwürfe in

---

[82] Vgl. Döhring/Feldmann 2005: 19.
[83] Vgl. Fichte 1997: 132f.; Bitzan 2000: 245f.
[84] Botsch/Kopke 2018: 64.
[85] Vgl. ebd.: 65.
[86] Vgl. Röpke/Speit 2011: 22.
[87] Vgl. ebd.: 42.
[88] Eine ausführliche Recherche über die Zuordnung von aktiven Frauen in der extremen Rechten zu Organisationen und Parteien sowie deren vertretene Meinungen bei Röpke/Speit 2011 und Priester 2009.

der rechten Szene vertreten – als rechte Musikerinnen und Autorinnen[89], Geschäftsfrauen[90], als Parteifunktionärinnen und Straßenkämpferinnen[91] und/oder in der Rolle als treusorgende Mutter. Jedoch verlaufen diese Lebensentwürfe nicht ohne Widersprüche mit dem weiterhin männlich dominierten Auftreten in der Szene und den Parteien.[92] Neben Beobachtungen zum Erscheinungsbild[93] und dem Vorkommen von Frauen in extrem rechten Kontexten ist ein tiefergehender Blick auf die Selbstaussagen und das dadurch gezeichnete Bild von extrem rechten Frauen aufschlussreich.

Selbstbilder rechter Frauen – Forschungsergebnisse von Renate Bitzan

2000 legte Renate Bitzan ein bis zum heutigen Datum viel zitiertes Grundlagenwerk mit dem Titel *Selbstbilder rechter Frauen. Zwischen Antisexismus und völkischem Denken*[94] vor, in dem sie die These des homogenen Selbstbilds rechter Frauen widerlegt. Bitzan kommt in ihrer Studie zu dem Schluss, „daß neben einer Vielzahl ‚klassisch' rechter Positionen in den Zeitschriftenartikeln etliche Einzelaussagen von Autorinnen getroffen werden, die denen feministischer Frauen recht nahe kommen."[95]

---

[89] Vgl. Döhring/Feldmann 2005; auch Bitzan 2005.
[90] Vgl. Kenzo 2005.
[91] Vgl. u.a. Röpke/Speit 2011.
[92] Vgl. Antifaschistisches Frauennetzwerk 2005: 10.
[93] Hierzu: Sigl 2013: 5; Köttig 1997: 148.
[94] Untersucht wurden ca. 500 Artikel aus unterschiedlich ausgerichteten rechtsextremen Zeitungen/Zeitschriften im Zeitraum zwischen 1985–1993 (Bitzan 2000: 11).
[95] Bitzan 2000: 351.

Regine Weber hingegen kommt in ihrer ähnlich angelegten Studie zu einem etwas anderen Ergebnis.[96] Anders als Bitzan erkennt Weber in ihren Ergebnissen keine große Diversität im vertretenen Frauenbild. Alle Autorinnen würden sich stark auf Themen wie Familienpolitik, Erziehung/Bildung und der Gleichsetzung von Frau und Mutter konzentrieren.[97] Sie geht daher davon aus, dass trotz Modernisierungstendenzen innerhalb rechtsextremer Parteien das Bild der Frau als Mutter und für Familie und Erziehung Zuständige geblieben beziehungsweise es zu Rollbacks gekommen ist.[98]

Anschließend an die Theorie von Elverich besteht ein zyklischer Verlauf von Einflüssen und Umsetzungen emanzipatorischer Ansätze in der extremen Rechten und deren Zurückdrängung.[99] Im Hinblick auf mein Datenmaterial ist durchaus eine Heterogenität im Frauenbild erkennbar und so teile ich den Eindruck von Renate Bitzan, dass durch die Arbeit der Frauenbewegungen Inhalte und Forderungen im Diskurs um rechte Frauenbilder eingeflossen sind und eine Ausdifferenzierung von Frauenrollen (zumindest temporär und in bestimmten Abständen) stattfindet.[100] Im Hinblick auf meine Forschungsfrage nach dem Selbstbild identitärer Frauen und wie dieses sich verändert hat im Kontrast zum Selbstbild von Frauen der klassischen extremen Rechten, liefert bereits die Untersuchung von Renate Bitzan aus dem Jahr 2000 wesentliche Erkenntnisse. Um einen Wandel sowie Ähnlichkeiten aufzeigen zu können, werde ich die Ergebnisse ihrer Forschung ausführlicher darlegen.

Bitzan erkennt grundlegend zwei unterschiedliche Geschlechterverständnisse in ihrem Material – ein egalitäres Modell gegenüber ei-

[96] Vgl. Weber 2012: 15.
[97] Vgl. Weber 2012: 117.
[98] Vgl. ebd.: 126.
[99] Vgl. Elverich 2005; auch Bitzan 2011: 124.
[100] Vgl. Bitzan 2000: 213; Antifaschistisches Frauennetzwerk 2005: 9f.

nem Modell der Geschlechterpolarität. Beide beziehen sich auf die Vorstellung eines Zusammenlebens von Mann und Frau im alten Germanentum. Bitzan erkennt in den Ausführungen von Sigrid Hunke eine „feministisch anmutende Kritik“ innerhalb eines völkischen Bewusstseins.[101] Hunke ist eine der wenigen Frauen, die eine ausführliche Abhandlung über Geschlechterverhältnisse vorgelegt hat. Sie gründet ihre Überlegungen auf der germanischen Mythologie, nach der Mann und Frau gleichwertig am Anfang der Menschheit standen.[102] Dieses Anfangsstadium sei durch Umerziehung zur Gegensätzlichkeit ersetzt worden, die Bemühungen der europäischen Frau, sich aus diesem Dualismus von Mann und Frau zu lösen, seien daher zu begrüßen. Hunke propagiert hier ein Bild des „ganzheitlichen Menschtum[s]“[103], das sich allerdings nur innerhalb eines rassistischen und völkisch auf Nordeuropa eingegrenzten Rahmens bewegt. In ihrer Argumentation weist sie starke Parallelen zu der „oppositionellen Faschistin“[104] Sophie Rogge-Börner, die zur Zeit des Nationalsozialismus ihre Ideen von Gleichberechtigung verbreitete, auf. Das egalitäre Modell sieht Frauen als vollständige und eigenständige Menschen an, denen alle Bereiche der Entfaltung offenstehen sollten.[105] Die andere Sichtweise liest aus der germanischen Vergangenheit keinen Einheitsmenschen, sondern eine Polarität der Geschlechter heraus.[106] Frauen hätten demnach in der „ehrenden Achtung des Mannes“[107] eine gleichwertige, nicht jedoch gleichartige Position. Es bestünde eine volle Gleichberechtigung mit dem Mann, doch jedes Geschlecht solle seine spezifische Aufgabe, im Fall der Frau die Aufgabe, Kinder zu gebären und die Familie zu pflegen, erfüllen. Frauen kommt in dieser völkischen Ideologie die Aufgabe

---

[101] Vgl. Bitzan 2000: 105; 2014.

[102] Vgl. Bitzan 2000: 106; kritisch zu ihrer Auslegung germanischer Schriften: ebd.: 109f.

[103] Hunke 1987, zit. nach Bitzan 2000: 108.

[104] Vgl. Jung 1997: 30; Bitzan 2000: 59.

[105] Vgl. Bitzan 2005: 76.

[106] Vgl. Bitzan 2000: 113.

[107] Müller 1985, zit. nach Bitzan 2000: 113.

der Weitergabe von ideologisch konformen Werten und Traditionen zu und sie trägt somit zum Erhalt des „Volkskörpers" bei.[108] In diesem Ansatz wird das weibliche Dasein auf die „Natur der Frau", auf ihr „‚Wesen' und ihre Biologie [festgeschrieben]. Beides verschmilzt, das Wesen wird identisch mit der Biologie und damit auf sie reduziert."[109] In diesem Modell bleibt die Frau in der ergänzenden Beziehung zum Mann und wird im Bereich von Familie und Mutterschaft verankert.[110] Wie Bitzan feststellt, verstehen sich die meisten der neonazistischen Frauen als Kameradin von Männern und im politischen Sinne als Kämpferin. Einer Aktivistin folgend sei diese Wahlfreiheit – gemeint ist, sich vielfältigeren Lebensentwürfen zuzuwenden und nicht die traditionell zugewiesene Rolle der Mutter auszufüllen – lediglich für eine sogenannte „Notzeit" akzeptabel, danach müsse sich wieder darauf konzentriert werden, die Mutterrolle einzunehmen.[111] Hier kommt eine deutliche Diskrepanz zum Ausdruck, da Bitzan davon ausgeht, dass viele Frauen in der rechten Szene auch perspektivisch ihre Selbstbestimmung nicht aufgeben wollen. Für sie sei derzeit aber noch „Platz in der ‚Bewegung'"[112]. Interessant ist zudem, dass in keinem der Artikel eine explizite Forderung nach Unterordnung der Frau unter den Mann angesprochen wurde.[113] Beide Modelle sind, so Bitzan, quer durch die rechtsextremen Strömungen vertreten, in der Regel trete eine Mischform der Ansätze auf.[114] Beispielhaft werde ich lediglich an einigen für die weitere Analyse wichtigen Themen Bitzans Ergebnisse darstellen. Die Thematisierung von Mutterschaft und Familie ist in den analysierten Artikeln gleichermaßen stark wie divers.[115] Für manche ist Mutterschaft die zentrale Lebensaufgabe, für andere eine begrenzte Phase im

---

108 Vgl. Botsch/Kopke 2018: 66.
109 Bitzan 2000: 121.
110 Vgl. Bitzan 2005: 76.
111 Vgl. Bitzan 2000: 126.
112 Ebd.: 127.
113 Vgl. ebd.: 128.
114 Vgl. Bitzan 1997b: 14; 2000; 2005.
115 Vgl. Bitzan 2000; Sturhan 1997.

Leben von Frauen, die zudem nicht zwangsläufig eingegangen werden muss.[116] Auch im Punkt der Berufstätigkeit liegen die vertretenen Meinungen weit auseinander, für die einen ist es eine Entfremdung und Vermännlichung, für die anderen Frauen selbstverständlicher Teil weiblicher Lebensentwürfe.[117] Auch zu der Frage, inwiefern Mutterschaft und Berufstätigkeit miteinander vereinbar sind, gibt es unterschiedliche Standpunkte.[118] Einer propagierten Tugendhaftigkeit im Hinblick auf Sexualität steht eine ausschweifende sexualisierte Selbstinszenierung von beispielsweise Skingirls gegenüber. Gewalt in heterosexuellen Paarbeziehungen oder in der Ehe wird kaum thematisiert. Zum Thema Vergewaltigung und sexualisierte Gewalt stellt Bitzan fest, dass sich Autorinnen, die dieses Thema bearbeiten, parteiisch mit den Betroffenen zeigen und anklagend gegenüber den Tätern äußern. Die Art und Weise der Thematisierung wird jedoch häufig mit „Ausländerkriminalität" gemein gesetzt und das Problem der sexualisierten Gewalt so auf die *Anderen* ausgelagert und für Mobilisierungszwecke missbraucht. Insbesondere in diesem Umgang wird die Kopplung von Antisexismus und Rassismus besonders deutlich. „Ausländische" Männer werden als Vergewaltiger thematisiert, die eine Bedrohung für die weiße deutsche Frau darstellen. Männer der extremen Rechten müssen *ihre* Frauen, das „Eigene" beschützen und mit einer „soldatischen Männlichkeit"[119] in der Lage sein, Schutz vor dem *Anderen* zu gewährleisten. Hier findet eine „Ethnisierung von Sexismus"[120] statt, Sexismus wird als besonderes Merkmal bestimmter ethnischer Gruppen betrachtet, um diese abzuwerten.[121]

---

[116] Vgl. Bitzan 2000: 130–161; Bitzan 2005: 76f.
[117] Vgl. Bitzan 2005: 77.
[118] Vgl. Bitzan 2000: 169.
[119] Debus/Laumann 2014: 21, 27.
[120] Jäger 1996.
[121] Vgl. Bitzan 2000: 319f.

Durch die Analyse Bitzans werden vielfältig lebbare Entwürfe eines modernisierten Frauenbildes innerhalb der extremen Rechten sichtbar, sie durchbricht damit die Annahme eines einzig akzeptablen Rollenverständnisses von Frauen als Mutter und Stütze des männlichen Kämpfers. Genauer differenziert Bitzan zwischen drei Typen: (1) die Mutter und Gebärerin „rassereinen" Nachwuchses, (2) eine modernisierte Form, bei der Frauen neben ihrem Mutter-Dasein auch politisch aktiv sein können/dürfen und ein dritter Typ (3) bei dem Frauen auch Kritik an sexistischen Strukturen sowohl in Gesellschaft als auch innerhalb der Szene äußern.[122] Wie Sturhan ergänzend formuliert, bleibt ein heterosexuelles „natürliches" Aufeinanderbezogensein von Frau und Mann nahezu unhinterfragt, da ein homosexuelles Begehren für eine völkische Ideologie dysfunktional sei.[123] Die egalitären Ansätze von Rogge-Börner und Hunke sind nicht mehrheitsfähig innerhalb der extremen Rechten, ein Rückbezug auf die Aussage „gleichwertig, aber nicht gleichartig" trifft weitaus häufiger zu.[124] Erkenntnisreich sind diese Ergebnisse im Hinblick auf eine, wie Bitzan konstatiert, Prägung der Gesellschaft durch jahrzehntelange Kämpfe um Gleichberechtigung und deren Erfolge. Diese hätten einen gesellschaftlichen Wertekodex verändert, „der wiederum auch von Rechten integriert und genutzt werden kann und wird."[125]

[122] Bitzan 2014.
[123] Vgl. Sturhan 1997: 109.
[124] Vgl. ebd.: 124.
[125] Bitzan 2000: 358.

Antisexismus ist nicht gleich Feminismus

Die Feststellung eines beziehunsgweise mehrerer modernisierter Frauenbilder trifft innerhalb der Forschung zu Frauen und extremer Rechter weitläufig auf Konsens. Die Frage, die sich daran anschließt, ist die, ob es einen „rechten Feminismus“ oder „Nationalfeministinnen“[126] geben kann. Für den *Front National*[127] (*FN*) in Frankreich, die *Freiheitliche Partei Österreichs* (*FPÖ*) und die Republikaner (*REP*) in Deutschland erkennt Elverich eine Aufnahme von ursprünglich feministischen Forderungen, wie beispielsweise die Vereinbarkeit von Beruf und Familie in die jeweiligen Parteiprogramme, so kann ein modernisiertes Bild nach außen getragen werden, das Frauen besser anspricht.[128] Historisch betrachtet stellt Elverich einen Wechsel zwischen der Integration gleichstellungspolitischer Forderungen und denen „zurück“ zu einem traditionellen Frauen- und Familienideal fest.[129] Übergeordnet ist den Bestrebungen von Frauen um Gleichberechtigung und mehr Freiheiten innerhalb der extremen Rechten jedoch immer der Kampf um das eigene Volk und die Nation. Verschiedene Frauenbilder sind denk- und machbar, solange die Volksgemeinschaft an erster Stelle steht.[130]

Unter den Forscher*innen zu *Frauen in der extremen Rechten* besteht weitgehend Einigkeit darüber, dass es sich lediglich um eine Integration von Fragmenten feministischer, vor allem jedoch antisexistischer Argumente in Argumentationsstrukturen rechter Frauen handelt.

---

[126] Jung 1997: 31.

[127] Nach Umbenennung mittlerweile: Rassemblement National. Quelle: https://www.zeit.de/politik/ausland/2018-06/rassemblement-national-front-national-marine-le-pen (Stand: 27.10.2019).

[128] Elverich 2005: 109; auch vgl. Mayer 2013; Bitzan 1997d: 244; Rommelspacher 2011: 54.

[129] Elverich 2005: 120.

[130] Vgl. Bitzan 2011: 115; 1997d: 243.

Die Kämpfe um Gleichberechtigung drücken sich immer in einer exklusiven Solidarität für Frauen der eigenen Ethnizität oder des Kulturkreises aus, einem universellen Anspruch auf Gleichheit und Emanzipation laufen diese Bestrebungen demnach zuwider. Bitzan schlägt daher vor, von „anti-sexistischen Rassistinnen“ oder „sexismuskritischen Nationalistinnen“ zu sprechen.[131] Feminist*innen werden in den von Bitzan untersuchten Artikeln unter anderem als Schuldige für zunehmende Kinderlosigkeit angegriffen. Andererseits gibt es extrem rechte Frauen, die sich positiv auf einen früheren Feminismus wie beispielsweise Olympe de Gouges Kampf um Frauenrechte im Jahr 1791 beziehen. In den meisten Fällen bezeichnen sich rechte Frauen selbst nicht als Feministinnen und grenzen sich eher von einem Begriff des Feminismus ab.[132] Gegensätzlich dazu stellte der in der Kameradschaftsszene verortete *Mädelring Thüringen* im Jahr 2007 die Forderung nach einem „Nationalen Feminismus“ auf. Die Aktivistinnen bezeichneten sich selbst als nationale Sozialistinnen und forderten ein Ende des Patriarchats.[133] Die Gruppe löste sich wenige Jahre später auf und Teile der Aktivistinnen fanden sich in der ab Mitte 2009 gegründeten Initiative *free Gender* wieder. Mit dem Leitslogan: „Raus aus den Köpfen – Genderterror abschaffen!“ ging es den Mitgliedern dieser Gruppe, so Bitzan, gerade nicht um die Herauslösung aus stereotypen Geschlechterrollen, sondern um die Restauration dieser Rollen, ein Bekennen zu klaren Geschlechterbildern und gegen die Verunsicherung dieser.[134]

Zusammenfassend lässt sich festhalten, dass in der Forschung zu extrem rechten Frauen eine aktive Beteiligung von weiblichen Aktivistinnen herausgestellt werden konnte, wenngleich sie zahlenmäßig immer noch deutlich seltener Teil extrem rechter Strukturen sind. For-

[131] Bitzan 2000: 313.
[132] Vgl. ebd.; hierzu auch Kapitel 5.6 dieser Studie.
[133] Vgl. Bitzan 2011: 120.
[134] Bitzan 2011: 118.

scher*innen stellen einen Eingang feministischer Bestrebungen und Errungenschaften in extrem rechte Organisationen fest. Durch den Einfluss feministischer Kämpfe und der zunehmenden Sichtbarkeit von weiblichen Möglichkeitsräumen hat sich der zutiefst sexistische und eng gefasste Rahmen für rechte Frauen möglicherweise stärker bemerkbar gemacht und Reaktionen wie die Gründung von separaten Frauenorganisationen oder die Forderung nach Beteiligung an gewaltvollen Auseinandersetzungen sind Ausdruck der Kritik am ideologisch inhärenten Sexismus. Dem Klischee des „Heimchen am Herd" wurden heterogene Lebensentwürfe von rechten Frauen entgegengesetzt.

Die *Identitären* bewegen sich im Feld der extremen Rechten, somit können auch die identitären Frauen als Teil der Forschung zu *Frauen in der extremen Rechten* gesehen werden. Um den Kontext zu verdeutlichen, in dem die identitären Aktivistinnen sich bewegen, werden im nächsten Abschnitt die politischen Organisationen und deren Ideologie-Geschichte, in denen die identitären Aktivistinnen sich bewegen, konzentriert vorgestellt.

3.2 Die Neue Rechte und die Identitären

Unter dem Dach der *Identitären*[135] versammeln sich Gruppierungen aus verschiedenen europäischen Ländern, die nach Bruns, Glösl

---

[135] Die Frage, ob es sich bei den *Identitären* tatsächlich um eine soziale Bewegung handelt, wurde in der Einleitung bereits gestellt. Hentges, Kökgiran und Nottbohm (2014: 20) äußern sich wie folgt: „Wir plädieren daher dafür, dass das Konzept der „Identitären" als ein besonderes transnationales Phänomen zu betrachten ist, das zwar seit seiner ersten Erscheinung in Frankreich vorerst nicht als Bewegung zu bezeichnen ist, jedoch im virtuellen Raum Gruppierungen und Aktionen zu formieren vermag. Die Entwicklung darf als Protestbewegung dennoch nicht unterschätzt werden, weil gerade erste Anzeichen der Institutionalisierung und Ausgestaltung

und Strobl als junge und moderne Generation des politischen Spektrums der *Neuen Rechten* zu verstehen sind.[136] Oberflächlich grenzen sie sich von der extremen Rechten ab und vermeiden offensichtliche Bezüge zu Nationalsozialismus und Antisemitismus, schnell wird jedoch deutlich, dass sowohl starke inhaltliche als auch personelle Überschneidungen zur rechten Szene vorhanden sind.[137] Alexander Winkler kommt zu der Erkenntnis[138], dass es sich bei der IB um eine rechtsextreme Gruppierung handelt. Diese Einschätzung teilt seit Juli 2019 auch der deutsche Verfassungsschutz.[139] Um die ideologischen Grundgedanken und Argumentationsstrukturen der *Identitären* sowie deren historische Kontinuität sichtbar zu machen, werde ich im Folgenden einen schlaglichtartigen Überblick über das politische Spektrum der *Neuen Rechten* sowie deren theoretischen Grundlagen, die in der sogenannten *Konservativen Revolution*[140] zusammengefasst werden, geben. Zu dieser sieht sich die IB laut Selbstaussagen zugehörig. Anschließend werden die Besonderheiten der *Identitären* charakterisiert.

---

einer neuen sozialen Bewegung deutlich werden.“ (Hentges/Kökgiran/Nottbohm 2014: 20).
Einen umfassenden Überblick über die *Identitäre*n und ihre Spezifika gibt der 2017 erschienene Sammelband *Untergangster des Abendlandes* von Judith Goetz, Joseph Maria Sedlacek und Alexander Winkler (Goetz/Sedlacek/Winkler 2017).

[136] Bruns/Glösl/Strobl 2015.

[137] Vgl. Weiß 2017: 109; Winkler 2017: 31f.

[138] Winkler 2017: 31f.

[139] Vgl. Stempfle 2019.

[140] Mit dem umstrittenen Begriff der *Konservativen Revolution* wird eine geistig-politische Sammelbewegung konservativer Kräfte in der Weimarer Republik bezeichnet. Ähnlich der *Neuen Rechten* fällt es auch hier schwer, eine klare Einordnung der AkteurInnen vorzunehmen. Es kann, wie Bruns/Glösl/Strobl (2014: 39) es formulieren, keine kohärente Ideologie festgestellt werden. Auf die unterschiedlichen Ideen dieser Strömung wird von Seiten *neurechter* TheoretikerInnen und den *Identitären* jedoch immer wieder zurückgegriffen, wie beispielsweise an Stickern der IB mit dem Abbild Oswald Spenglers erkennbar ist (vgl. Winkler 2017: 54; Bruns/Glösl/Strobl 2014: 36f.). Als wichtige VertreterInnen werden unter anderem Arthur Moeller van den Bruck, Carl Schmitt, Oswald Spengler oder Edgar Julius Jung genannt, als weibliche Ausnahme auch Mathilde Ludendorff (vgl. Winkler

Die Neue Rechte – Teil der extremen Rechten

Das Entstehen der *Neuen Rechten*[141] wird von Thomas Wagner und anderen als eine Gegenbewegung zur sogenannten *Neuen Linken*, die nach den sozialen Bewegungen der 1968er Jahre in Frankreich entstanden ist, gesehen.[142]/[143] Eine Zuordnung von AkteurInnen gestaltet sich aufgrund ideologisch heterogener Positionen als schwierig. Laut Winkler sollte der Begriff der politisch-ideologischen Richtung daher mit Vorsicht gebraucht werden.[144] Elverich beschreibt die *Neue Rechte* als eine Zusammensetzung sich als politische Elite begreifender intellektueller Denkzirkel, die sich dem Ziel verschrieben hätten, Begriffe neu zu besetzen und einen gesellschaftlichen Diskurs langfristig zu prägen.[145] Die positive Bezugnahme auf Ideen der *Konservativen Revolution* der meist aus einem stark wertkonservativen bis offen rechtsextremen Milieu kommenden ProtagonistInnen, wird von Bruns, Glösl und Strobl als weiteres Kriterium angeführt.[146] Die *Neue Rechte* eint eine Ideologie, in der eine natürliche Ungleichheit und daraus Ungleichwertigkeit zwischen Menschen existiert und das Zusammenleben bestimmt.

2017: 55). Hauptmerkmale der *Konservativen Revolution* liegen in einer nicht-reaktionären rechten Haltung und der Auseinandersetzung mit dem Sozialismus, sie verstanden sich selbst nicht als politische, sondern geistige Elite. Ihre Denkweise wird als antiliberal, antidemokratisch, antiparlamentarisch, antisemitisch, antimarxistisch und antihumanistisch charakterisiert (vgl. Bruns/Glösl/Strobl 2014: 43f.; 2015). Die unterschiedlichen Konzepte einte der Wunsch nach einem nationalsozialistischen, autoritären Staat unter Leitung eines geeigneten „Führers" (vgl. ebd. 46), durch den die Auflösung der abendländischen Kultur verhindert werden sollte (vgl. auch Scriba/Wosnitzka 2014). Kritisch zur Begriffskonstruktion der *Konservativen Revolution*: Wölk 2016.

[141] Kritisch zur Verwendung des Begriffs: Winkler 2017: 44f.

[142] Wagner 2017: 23ff.; vgl. auch Elverich 2005: 110.

[143] Die Anfänge der *Neuen Rechten* oder *Nouvelle Droite* liegen in Frankreich, dort wurde 1968 ein Theoriezirkel mit dem Namen *Groupement de recherche et d'études pour la civilisation européenne* (GRECE) gegründet – Chefideologe ist Alain de Benoist (ausführlicher: Wagner 2017: 65ff.).

[144] Winkler 2017: 45; ausführlicher: Bruns/Glösl/Strobl 2014: 24–29.

[145] Elverich 2005: 110.

[146] Bruns/Glösl/Strobl 2014: 26.

Da ein zu offen positiver Bezug zum Nationalsozialismus für die Ziele der selbsternannten *Neuen Rechten* hinderlich erschien, fand eine strategische Neuausrichtung und ein ideologischer Bezug auf DenkerInnen der *Konservativen Revolution* statt.[147] „Anschlussfähig sollte die Rechte der Zukunft sein, um eine Rechte mit Zukunft zu werden“[148], wie Book zusammenfasst.

Unter diesen „veränderten Zeichen“ verfolgte die *Neue Rechte*[149], wie Elverich aufzeigt, zwei Strategien – Assimilation und Intellektualisierung. Unter ersterer ist die Anpassung an Rahmenbedingungen der modernen Gesellschaft wie demokratische Regeln zu verstehen, die zweite meint eine Ausdifferenzierung von Positionen.[150] Zudem bedienten sich die AkteurInnen an Gedanken des italienischen Marxisten Antonio Gramscis und entwickelten, wie Book bemerkt, unter Auslassung vieler Aspekte, eine Strategie der „Kulturrevolution von rechts“.[151] Diese sieht vor, durch eine Beeinflussung und Aktivierung von Eliten in Medien, Universitäten, Politik usw. den Diskurs der Ungleichheit der Kulturen weiterzutragen und mehr gesellschaftlichen Einfluss zu erreichen, um so die politisch-kulturellen Errungenschaften der 68er Generation umkehren zu können.[152] Sie befassen sich demnach weniger mit Tagespolitik oder Netzwerkarbeit in Parteien, sondern fokussieren sich auf Metapolitik, agieren also im vorpolitischen Raum,

---

[147] Vgl. Winkler 2017: 54f.; Bruns/Glösl/Strobl 2015; 2014: 30; Elverich 2005: 110.
[148] Book 2017: 113.
[149] Da das politische Spektrum der *Neuen Rechten* in dieser Untersuchung nur knapp dargestellt werden kann, weise ich auf folgende Literatur hin, die einen vertiefenden Einblick gewährt:
Im Buch von Thomas Wagner (2017), *Die Angstmacher*, wird durch Gespräche mit entscheidenden ProtagonistInnen der *Neuen Rechten* eine detaillierte Übersicht herausgearbeitet. Einen fundierten und detaillierten Überblick über Entstehung, ideologische Bezüge und Vernetzung der *Neuen Rechten* liefert ebenfalls Weiß 2017.
[150] Elverich 2005: 111.
[151] Book 2017: 114; vgl. auch Wagner 2017: 62ff.; Bruns/Glösl/Strobl 2014: 30.
[152] Vgl. Bruns/Glösl/Strobl 2015.

um politische Hegemonie und Diskurshoheit zu erlangen.[153] Hier setzt auch die Politik der *Identitären* an.

Besonderes Kennzeichen der *Neuen Rechten* ist ein vertretener „Ethnopluralismus“ statt offenem Rassismus. Das Modell beruht auf dem Gedanken einer „(ethnisch) homogenen, aber hierarchisch strukturierten Gesellschaft“ und weiter „von der ‚Einzigartigkeit‘ und ‚Unvereinbarkeit von Kulturen‘“[154], statt von „Rassen“ wird also nun mehr von „Kulturen“ gesprochen. Ètienne Balibar nennt dieses Konzept „Rassismus ohne Rassen“[155]. „Die Ungleichheit der ‚Völker‘ wird als ahistorisches, statisches und natürliches Ereignis gesehen und nicht als historischer Prozess.“[156] Die Verschiedenartigkeit von „Kulturen“ beziehungsweise „Völkern“ würde für *neurechte* DenkerInnen erst dann zum Problem, wenn sie den ihnen zugewiesenen und angestammten Platz verließen.[157] „Ethnopluralismus“ kann als eine modernisierte und vermeintlich abgeschwächte Form von Rassismus gesehen werden. Dieser Ideologie entspringt auch der starke Bezug auf „Identität“, die, wie Hentges, Kökgiran und Nottbohm darlegen, wahlweise mit Adjektiven wie europäisch, national, regional, kulturell oder kollektiv gefüllt werden kann.[158] Der Begriff der „Identität“ wird weniger positiv mit eigenen starken Inhalten besetzt als vielmehr durch eine negative Abgrenzung beispielsweise in Aussagen der *Identitären* wie „die Jugend ohne Migrationshintergrund“ zu sein oder dem Slogan „nicht links, nicht rechts – identitär“, mit dem sie sich einer vermeintlichen „Mitte“ zugehörig präsentieren, sichtbar.[159] „Identität“ bleibt so auch bei den *Identitären* diffus und ist variabel einsetzbar.[160] Neben den uneinheitlichen

---

[153] Vgl. Elverich 2005: 110; Bruns/Glösl/Strobl 2014: 29f.; 2015.
[154] Elverich 2005: 111; vgl. auch Bruns/Glösl/Strobl 2015.
[155] Balibar 1992: 28; Winkler 2017: 60ff.
[156] Bruns/Glösl/Strobl 2015; vertiefend dazu Wagner 2017: 80–83.
[157] Vgl. Hentges/Kökgiran/Nottbohm 2014: 3.
[158] Vgl. Hentges/Kökgiran/Nottbohm 2014: 2; ausführlich: Wagner 2017: 42ff.
[159] Vgl. Hentges/Kökgiran/Nottbohm 2014: 3, 18.
[160] Vgl. Bruns/Glösl/Strobl 2014: 177.

Positionen *neurechter* TheoretikerInnen[161] haben sie, wie Bruns, Glösl und Strobl erkennen, jedoch einen antimuslimischen Rassismus und Antifeminismus bis hin zu Mysogynie gemeinsam.[162] Aus diesem politischen Milieu gründete sich 2003 die Wahlpartei *Bloc Identitaire* (BI) in Frankreich, die sich im Gegensatz zur Selbstaussage des Chefideologen Philip Vardon nicht als breite soziale Bewegung konstituierte, sondern als Nachfolgeorganisation der 2002 verbotenen extrem rechten und antisemitischen *Unité Radicale*. Der BI, vor allem jedoch dessen Jugendorganisation, die *Génération Identitaire* (GI) legte den Grundstein und gilt als Vorbild für die *Identitären* in anderen europäischen Ländern.[163]

Identitäre in Deutschland

Wagner beschreibt die sogenannte „Sarrazin-Debatte“[164] und das darauf folgende politisch angeheizte Klima als Einfallstor für die *Neue Rechte*.[165] Aus diesem Schatten traten die *Identitären* in Deutschland im Herbst 2012 mit einer Störaktion der *Interkulturellen Wochen* in der Frankfurter Stadtbibliothek erstmalig in Erscheinung.[166] Bei dieser Aktion wurde ein Banner gehisst, auf dem die Jahreszahl 732 sowie das

---

[161] Im Dunstkreis der Identitären können beispielhaft Martin Lichtmesz/Semlitsch und Götz Kubitschek (vgl. Hentges/Kökgiran/Nottbohm: 2014: 13) sowie Ellen Kositza oder Caroline Sommerfeld benannt werden.

[162] Bruns/Glösl/Strobl 2015.

[163] Mehr dazu: Bruns/Glösl/Strobl 2014: 62; Winkler 2017: 47.

[164] Im Jahr 2010 erschien das Buch *Deutschland schafft sich* ab von Thilo Sarrazin, in dem er Konsequenzen und Ursachen eines demographischen Wandels für Deutschland zu erklären sucht. „Anstoß erregten vor allem jene darin enthaltenen Äußerungen, die auf Migranten muslimischen Glaubens zielten.“ (Wagner 2017: 154). Auf die Veröffentlichung folgte ein starkes mediales Interesse und eine Debatte zwischen Befürworter*innen und Gegner*innen der Thesen.

[165] Wagner 2017: 154.

[166] Einen direkten Impuls lieferte hierfür die Veröffentlichung der *Declaration de guerre* (dt.: Kriegserklärung) via YouTube der französischen *Identitären*-Gruppe,

für die *Identitären* kennzeichnende Lamda-Symbol[167] zu sehen war. Dieses geht aus dem Hollywood-Blockbuster „300" hervor und ist dort das Zeichen der sich in der Minderheit befindlichen Spartaner im Kampf gegen die Perser, wie Alexander Winkler herausstellt, und beschreibt die immer wiederkehrende Thematisierung der Konfrontation von Abend- und Morgenland.[168] Die Jahreszahl ist eine Anspielung auf die Schlacht von Poitiers, bei der Karl Martell die Mauren zurückgeschlagen hatte. Stellvertretend steht dieses Szenario für den Kampf gegen den „Großen Austausch" (Renaud Camus[169]) und die von der IB abgelehnte heutige „Multikulti"-Gesellschaft – und damit für die (erneute) Rückeroberung: die „reconquista"[170] Europas.[171] Wie Bruns, Glösl und Strobl beschreiben, war diese Inszenierung ein Startsignal für weitere Gruppen in Europa, ebenfalls aktiv zu werden. „Sie vereinte bereits alles, was unverzichtbar für das Auftreten der Identitären Bewegung werden sollte"[172], so Bruns, Glösl und Strobl. Gemeint sind damit vier von den Autor*innen herausgearbeitete, markante Alleinstellungsmerkmale der *Identitären*[173]:

1) Jugendlichkeit – Mitglieder der IB sind deutlich jünger als die üblichen älteren Herren der *Neuen Rechten*. Der Altersschnitt bewegt sich ca. zwischen 15–35 Jahre. Jugendlichkeit wird auch bei anderen erlebnisorientierten

---

der *Génération Identitaire* (GI) und deren Besetzung einer im Bau befindlichen Moschee in Poitiers (vgl. Bruns/Glösl/Strobl 2017; 2014: 15, 68; Hentges/Kökgiran/Nottbohm 2014: 7ff.).

[167] Mehrfach wurde von Fachjournalist*innen auf die Ähnlichkeit des Symbols in der Farbkombination schwarz-gelb mit dem Zeichen der nationalsozialistischen Sturmabteilung (SA) hingewiesen (vgl. beispielsweise Frank 2017).

[168] Winkler 2017: 47; vgl. auch Wagner 2017: 206; Weiß 2013; Hentges/ Kökgiran/ Nottbohm 2014: 17.

[169] Camus, Renaud (2016): Revolte gegen den großen Austausch, zusammengestellt und übers. von Martin Lichtmesz, Schnellroda.Camus 2015.

[170] Anspielung auf den Fall des muslimischen Königreichs Granada in Südspanien im Jahr 1492 (Wagner 2017: 206).

[171] Vgl. IB Deutschland 2018.

[172] Bruns/Glösl/Strobl 2014: 62.

[173] Vgl. Bruns/Glösl/Strobl 2014: 56–59; 2015.

Gruppen der extremen Rechten sichtbar (beispielsweise Autonome Nationalisten, Freie Kameradschaften usw.). Mitglieder werden häufig aus dem Schüler*innen/Student*innen Umfeld rekrutiert.

2) Aktionismus – Die gewählten Aktionsformen, wie beispielsweise Besetzungen, Flashmobs oder Hardbass- und Störaktionen[174], waren bisher eher aus linken Politikfeldern bekannt. Sie können als „Spaßguerilla" bezeichnet werden. Die IB beteiligt sich zudem an „Bürgerprotesten" gegen Geflüchtetenheime oder nimmt an PEGIDA (Patriotische Europäer gegen die Islamisierung des Abendlandes) Demonstrationen teil.
3) Popkultur – In Flyern, Aufklebern oder sonstigen Veröffentlichungen greifen die *Identitären* häufig auf popkulturelle Elemente wie Memes, Zeichentrick- und Filmfiguren oder auch für sie historisch wichtige Persönlichkeiten zurück. Wichtig hierbei ist der Wiedererkennungswert und die Jugendaffinität der Bilder.
4) Corporate Identity – Die *Identitäre Bewegung* versieht all ihre Veröffentlichungen mit der gleichen schwarz-gelben Farbgebung, dem Lamda-Symbol und bestimmten Schriftarten. So entsteht ein hoher Wiedererkennungswert und es wird ein simples „Baukastensystem" in Franchising-Manier bereitgestellt, das es neuen Gruppen problemlos ermöglicht, ihren eigenen Facebook-Auftritt zu erstellen. So kann die IB europaweit expandieren und eine gemeinsame Identität schaffen.

Durch ihr Auftreten wollen die *Identitären* zu einer „rechten Kulturrevolution" beitragen und bieten Anschlussfähigkeit durch das Auf-

---

[174] Bei Hardbass-Aktionen oder Hardbass Revolt handelt es sich um Flashmobs, die an markanten Plätzen einer Stadt zusammenkommen und die in einer „Kombination von öffentlichem Tanzen, Verkleidung und Hardbass-Musik" – also Elektromusik mit schnellem Bass – Aufmerksamkeit erregen. (Bruns/Glösl/Strobl 2014: 57).

greifen und Verstärken rassistischer Diskurse, die in westlichen Gesellschaften bereits sichtbar sind.[175] Zusätzlich zur Einbindung von bekannten popkulturellen Elementen ist eine Professionalität im Umgang mit sozialen Medien wie Facebook, Twitter, YouTube usw., aber auch bei der Verbreitung und grafischen Gestaltung von Videos, Homepage und weiteren Produkten der Öffentlichkeitsarbeit ersichtlich.[176]/[177] Während zunächst von einem, nicht ganz ernstzunehmenden, Facebook-Phänomen der IB ausgegangen wurde, trat sie in Deutschland und anderen europäischen Ländern in den vergangen Jahren durch zahlreiche kleinere und größere Aktionen in Erscheinung.[178]/[179]

Ideologisch sehen die *Identitären* sich in der Tradition des oben eingeführten Begriffs des „Ethnopluralismus". Diese vermeintlich wohlwollende Haltung anderen Kulturen gegenüber, solange diese sich an ihrem angestammten Platz befinden, kommt bei einem, als einheitliches Kollektiv wahrgenommenen, Islam an ihre Grenzen. Hier würde, so Bruns, Glösl und Strobl, eine deutliche Geringschätzung einer vermeintlich „muslimischen Kultur" ersichtlich.[180] Die *Identitären* sprechen dazu passend nicht von Abschiebungen, sondern von „Remigration"[181]. In eine ähnliche Kategorie fällt ihre Forderung nach „Hilfe vor

---

[175] Vgl. Winkler 2017: 66; Bruns/Glösl/Strobl 2015.

[176] Eine ausführliche Analyse der rhetorischen Mittel und visuellen Kommunikation ist unter anderem bei: Kökgiran/Nottbohm (2014), Hentges/ Kökgiran/Nottbohm (2014: 8–19), Bruns/Glösl/Strobl (2014: 188–217) und Frank (2017) zu finden.

[177] Vgl. Bruns/Glösl/Strobl 2017.

[178] Vgl. Weiß 2013; Naumann 2017; ausführlicher dazu: Bruns/Glösl/Strobl 2014: 56–118.

[179] In vielerlei Hinsicht ist die neofaschistische Organisation *Casa Pound* aus Italien für die IB ein Vorbild. Sie besteht bereits seit zehn Jahren und weist eine gute Infrastruktur sowie hohe Mitglieder- und Organisationszahlen auf (vgl. u.a. Wagner 2017: 204; Bruns/Glösl/Strobl 2014: 95f.).

[180] Bruns/Glösl/Strobl 2015.

[181] Vgl. IB Deutschland 2018; Bruns/Glösl/Strobl 2017; 2014: 176.

Ort“[182], heißt Bekämpfung von Fluchtursachen, so dass Menschen „ihren“ geografischen Raum nicht verlassen müssen. Während die genannte Forderung sich an Entwicklungshilfe anlehnt, zeichnet die ab 2015 gestartete Kampagne der IB Deutschland gegen einen angeblichen „Großen Austausch“ ein deutlicheres Bild. Die IB Deutschland schreibt dazu:

> „Die ungebremste Masseneinwanderung und die daraus resultierende Islamisierung bezeichnet die Identitäre Bewegung als den Großen Austausch. Durch niedrige Geburtenraten der deutschen und europäischen Völker bei gleichzeitiger massiver muslimischer Zuwanderung werden wir in nur wenigen Jahrzehnten zu einer Minderheit im eigenen Land. Der Große Austausch findet statt. Er bezeichnet die Tendenz einer schrittweisen Verdrängung der einheimischen Bevölkerung zugunsten fremder und zumeist muslimischer Einwanderer.“[183]

Dieses Motiv des „Großen Austauschs“ geht auf den extrem rechten französischen Schriftsteller Renaud Camus zurück und wird von den *Identitären* auf ganz Europa übertragen und für ihren Kampf gegen die „Multikulti-Gesellschaft“ herangezogen.[184] In verschwörungstheoretischer Manier scheint die IB zu glauben, hinter der „Masseneinwanderung“ stecke eine kleine Gruppe von Leuten, die eine (wirtschaftliche) Schwächung Europas zum Ziel hätte.[185]/[186] Durch die Kampagne suggerieren sie ein Bild der „autochthonen/indigenen“ europäischen Bevölkerung, die als Minderheit im „eigenen“ Land beziehungsweise

---

[182] IB Deutschland 2018.
[183] Ebd.
[184] Vgl. Winkler 2017: 63; Wagner 2017: 228ff.
[185] Vgl. Winkler 2017: 63.
[186] Ausführlich zum Antisemitismus der *Identitären*: Winkler 2017: 63ff. und Rajal 2017.

in Europa Widerstand leisten müsse.[187] Die *Identitären* greifen nicht nur auf Protestformen aus dem linken Spektrum zurück, sondern kopieren auch vormals antifaschistische Motive und Slogans.[188] Im IB eigenen Phalanx Europa[189]-Versandhandel werden Kleidungsstücke mit Slogans wie „Still not (lov)ing Antifa" oder „Islamists not welcome" verkauft.[190] Der IB-Ableger *Kontrakultur* aus Halle bezog 2017 ein *Identitäre*s *Zentrum*, in dem sich neben Wohnmöglichkeiten auch Veranstaltungs- und Arbeitsräume befanden.[191]/[192]

Die *Identitären* sind Teil der *Neuen Rechten* und zugleich deren aktionistischer Arm. Ihre Rolle ist es, die modernisierten – im Kern jedoch immer noch stramm rechten – Ideologien und Gedanken zu verbreiten und den Kampf um eine „Kulturrevolution von rechts" zu führen. Die betrachteten identitären Frauen bewegen sich innerhalb dieses ideologischen Denkens, wie für geschlechterpolitische Themen im folgenden Abschnitt spezifisch gezeigt wird.

3.3 Geschlechterpolitisches Denken der Identitären

Mit ihrem Erscheinungsbild, das häufig heteronormativen Schönheitsidealen von Weiblichkeit entspricht, zieren vor allem die selbstbe-

---

[187] Vgl. Wagner 2017: 227f.

[188] Vgl. Weiß 2013.

[189] Mit Phalanx wird eine besondere Form der griechischen Schlachtreihung bezeichnet, „zudem nannten sich die ersten spanischen Faschisten ‚Falange' – Phalanx" (Frank 2017). Mehr zu Phalanx Europa: Garrel (2015).

[190] Vgl. Phalanx Europa 2018.

[191] Vgl. Book 2017: 123; Holscher 2017.

[192] Mehr zu spezifischen Aspekten der *Identitären* Deutschland und der Vernetzung mit Instituten und politischen Parteien bei Book 2017. Das Hausprojekt in Halle wurde im November 2019 geräumt.

wusst auftretenden Frauen unter den *Identitären* Frontpages der Reportagen und Artikel.[193] Bereits bei oberflächlicher Betrachtung wird sichtbar, dass besagte Frauen zwar ein mediales Echo hervorrufen, in die Leitungspositionen der streng hierarchisch geordneten IB[194] jedoch nicht eingebunden sind. Zum Zeitpunkt dieser Untersuchung waren nur männliche Aktivisten bekannt, die leitende Positionen wie Regionalleitungen oder Ämter im Bundesvorstand der IB Deutschland innehatten.[195] Verstärkt wurde das Medieninteresse an Frauen der *Identitären* durch deren Kampagne #120db[196]. Neben zahlreichen Zeitungsartikeln beschäftigte sich bisher eine überschaubare Anzahl von Forscher*innen mit der konkreten Analyse der Frauen- und/oder Männerbilder[197] innerhalb der *Identitären*. Judith Goetz präsentiert hier eine erste ausführliche Analyse über das allgemeine Frauen- und Geschlechterbild im Sammelband *Untergangster des Abendlandes*.[198] Das *allgemeine* Frauenbild und die in dieser Studie untersuchten *Selbstbilder* der identitären Frauen stehen sich dabei keineswegs als unterschiedliche Kategorien gegenüber. Sie sind vielmehr als unterschiedliche, sich ergänzende Folien zu begreifen, unter denen eine Betrachtung stattfindet. In den Selbstbildern werden Aspekte des geschlechterpolitischen Denkens der *Identitären* sichtbar, vor allen Dingen jedoch die Art und Weise, wie die Ideologie in der Selbstdarstellung der identitären Frauen Ausdruck findet.

---

[193] Vgl. Goetz 2017: 264.

[194] Die IB strukturiert sich durch bundesweite Kader an der Spitze, in Regionalleitungen und in Ortsgruppenleitungen, durch einfache Mitglieder und AnwärterInnen: vgl. Book 2017: 118.

[195] Vgl. Glösl 2017.

[196] „Mit #120db wollen wir eine überparteiliche Kampagne initiieren, die alle Erfahrungen von Frauen mit importierter Kriminalität einfangen und öffentlich machen will." (#120db Blog); mehr dazu: Anhang unter Verzeichnis der betrachteten Aktivistinnen und Projekte sowie bei Al-Khalaf 2018 und Gensing 2018.

[197] Zur Konstruktion von Männlichkeit bei den *Identitären:* Mayrl 2017.

[198] Goetz 2017.

Das Geschlechterbild der *Identitären* geht von einer binären Ordnung aus, der Existenz eines weiblichen und eines männlichen Geschlechts, die komplementär zueinander konzipiert sind und eine gegenseitige Anziehungskraft ausüben. Auch wenn Zugeständnisse an soziale Einflüsse gemacht werden, die Geschlechterrollen durchaus beeinflussen können, liegt der Grundstein in einer „natürlichen" Polarität von Mann und Frau und deren Fähigkeit, Kinder zu zeugen.[199] Es ist ein Rückbezug auf eine „Essenz des Weiblichen" beziehungsweise Männlichen erkennbar, so Goetz, gemeint ist damit: „[...] eine ohne weitere Argumente auskommende, imaginierte Wesens- bzw. Naturhaftigkeit der Geschlechter"[200]. Diese Essenz wird durch Konzepte rund um den Begriff Gender angegriffen und muss ebenso verteidigt werden, wie die europäischen Außengrenzen. Während auf rassistischer Ebene eine Sicherung der europäischen Grenzen gefordert werde, gehe es in Bezug auf Geschlecht um eine Verteidigung traditioneller „natürlicher" Unterschiede. Grenzziehungen spielen in der identitären Argumentationsstruktur auf mehreren Ebenen eine wichtige Rolle. Für die eigene Identität benötige es immer ein Außen, ein anderes, wie Goetz einen identitären Aktivisten wiedergibt. In diesem Gegensatz drücke sich der Wunsch der *Identitären* aus, die Dichotomie zwischen Mann und Frau zu bewahren.[201] „Weiblichkeit" werden dabei Attribute wie empfangend, ruhig, gelassen und harmonisch-ausgeglichen oder tolerant zugeschrieben, „Männlichkeit" zeichnet sich hingegen durch Aktivität aus, ist ausstrahlend, aber auch zerstörerisch und gefährlich.[202]

Für die *Neue Rechte* zeichnet die Journalistin Alice Brauner-Orthen ein ähnliches Frauen- und Familienbild, wie es weitläufig auch in der *klassischen Rechten* vertreten war. Frauen sind auch dort vor allem mit der Rolle als Mutter und Hüterin der Familie bedacht. Ein Wandel hat

---

[199] Vgl. Mayrl 2017; Goetz 2017: 258; Bruns/Glösl/Strobl 2014: 168.
[200] Goetz 2017: 258.
[201] Vgl. Goetz 2017: 257.
[202] Vgl. Mayrl 2017; Bruns/Glösl/Strobl 2014: 168.

jedoch in der Argumentation bezüglich Gleichberechtigung stattgefunden. Diese werde nicht mehr bekämpft, sondern umgedeutet, im Sinne einer Erfüllung von Gleichberechtigung durch die Möglichkeit, die eigenen weiblichen Fähigkeiten – Mutter zu sein – ausschöpfen zu können. Die Rede ist vielmehr von Gleichwertigkeit statt Gleichberechtigung, was die konstante Sichtweise von der „natürlichen" Unterschiedlichkeit von Mann und Frau aufrechterhält.[203] Dies sei auch Grundlage für eine beispielsweise beim *Front National* erneuerte geschlechterpolitische Ausrichtung, so Elverich, um aktiv Frauen als Wählerinnen anzusprechen.[204]/[205] Bruns, Glösl und Strobl sehen bei den *Identitären* eine Übernahme des Frauenbildes der *Neuen Rechten*. Auch sie schlügen mit ihrem Kampf gegen Gender Mainstreaming und ihrer Verteidigung des „Frau sein/weiblich sein dürfen" in die Kerbe der *Neuen Rechten*: Gleichwertigkeit propagieren bei gleichzeitigem Rekurrieren auf „natürliche" Verschiedenheit.[206] Ähnlich wie Ellen Kositza sorgt sich der Sprecher der *Identitären* Martin Sellner aus Österreich um eine drohende „Vereinheitlichung der Geschlechter"[207]. Durch die Gleichsetzung von Gleichwertigkeit mit Gleichheit und dieser wiederum mit Gerechtigkeit entstehe ein „Einheitsmensch"[208]. „Echte feminine Frauen" und „maskuline Männer" (heißt, die „natürlichen" Verschiedenheiten betonend) drohten zu verschwinden und so fordert die IB gerade diese (zurück).[209] Zu Homosexualität scheint es bei den *Identitären* hingegen keine einheitliche Meinung zu geben. Goetz hält fest, dass beinahe ausschließlich männliche Homosexualität thematisiert wird.[210] Die von der IB vertretenen Geschlechterbilder sowie die von ihnen geführten geschlechterpolitischen Kämpfe zielten „letzten Endes auf eine

---

[203] Vgl. Brauner-Orthen 2001: 64; Wagner 2017: 240.
[204] Elverich 2005.
[205] Näheres zu Rollen, Netzwerken und geschlechterpolitischen Positionen in der Alternative für Deutschland (AfD) bei Siri/Lewandowsky 2015.
[206] Bruns/Glösl/Strobl 2014: 170.
[207] Kositza 2008: 72.
[208] Sellner 2013.
[209] Vgl. Goetz 2017: 260; Sellner 2013; auch Bruns/Glösl/Strobl 2017: 60.
[210] Mehr dazu: Goetz 2017: 272f.; Bruns/Glösl/Strobl 2014: 169.

Rückgewinnung der damit verbundenen starren Ordnungsmuster sowie auf eine Rückvereindeutigung der durch Feminismus und Gender Theorie ins Wanken gebrachten normativen Konzepte ab".[211] Ähnlich der ethnopluralistischen Argumentation, der Andersartigkeit von Kulturen, werde auch die Verschiedenartigkeit der (beiden) Geschlechter betont, die nach einer unterschiedlichen Behandlung verlangten.[212] Manifestiert werden die Eindrücke in den von Goetz herausgearbeiteten Rollen von Frauen im „Großen Austausch". Sie könnten (1) dem „Großen Austausch" entgegenwirken, in dem sie selbst Kinder gebären, (2) trifft sie eine Teilschuld, da sie durch ihre gefühlsbetonte Art, den höheren Grad an Mitleid und Altruismus einwanderungsfreundliche Parteien wählen und (3) seien die Frauen die ersten Opfer der Masseneinwanderung, denn sie würden von den aggressiven migrantischen Männern angegriffen.[213] Diese Argumentation wird in der Kampagne #120db deutlich. Neben dem Bild der Mutter werden Frauen bei den *Identitären* häufig auf sexualisierte und objektivierte Weise dargestellt.[214] Dies hat, wie Goetz herausstellt, zum einen die Funktion, die „Schönheit des Eigenen" zu demonstrieren und zum anderen dient es als Anreiz und zur Anwerbung von neuen männlichen Personen. Ein drittes Bild erkennt sie in dem der „Kampfgefährtin". Das Modell des „Heimchen am Herd" sowie das der „kinderlosen Karrierefrau" wird in einem Podcast zweier identitärer Aktivisten abgelehnt und so kommen die beiden Männer auf eine dritte mögliche Figur, die der „Gefährtinnenschaft", die sie auf das alte Germanentum zurückführen.[215]

> „Zusammenfassend lässt sich also festhalten, dass sich ‚identitäre' Frauen*bilder entlang der Pole ‚Erhalt des Eigenen' (Mutter), ‚Schönheit des Eigenen' (sexualisierte Objekte)

---

[211] Goetz 2017: 262.
[212] Goetz 2017: 271.
[213] Goetz 2017: 255f.
[214] Vgl. Brauner-Orthen 2001; Goetz 2017: 264.
[215] Goetz 2017: 264, 266.

> bewegen, deren Synthese im ‚Kampf für das Eigene' (Kampfgefährtin) als Idealbild angestrebt wird."[216]

Bei Demonstrationen würden Frauen entsprechend gezielt in die erste Reihe gestellt werden, um den Männerüberschuss von 80–90 Prozent zu kaschieren.[217] Zahlenmäßig sind deutlich weniger Frauen in der IB aktiv als Männer, was die AktivistInnen selbst nicht bestreiten.[218] Gleichzeitig sind jedoch die Frauen der IB Vorzeigefiguren und in den Medien deutlich präsent. Einzelne Frauen treten überproportional häufig vor Kameras und sind dabei nicht nur „passive Anhängsel", sondern wehrhaft und feminin zugleich. Es ist daher nicht verwunderlich, dass die Frage nach einem „‚identitären' Feminismus"[219] aufkommt. Goetz arbeitet in diesem Punkt drei vertretene Positionen heraus: (1) ein klar erkennbarer Antifeminismus und Feminismus als Übel der Moderne (Gleichmacherei), (2) ein völkischer Feminismus, und (3) eine Umdeutung von Antifeminismus als eigentlich wahren Feminismus beziehungsweise Kampf um Frauenrechte.[220]

Zusammenfassend kann gesagt werden, dass sich das Frauenbild der IB biologistisch auf zwei Geschlechter beschränkt, die kontrastierend zueinander gedacht werden und eine Sicherung für die eigene Identität bieten. Frauen treten als Mütter, Schönheitsobjekt und als Kampfgefährtin auf, all diese Rollen werden nach außen hin mit Darstellungen und Aussagen von ProtagonistInnen gefüllt. Dem plumpen Antifeminismus wird eine komplex erscheinende Argumentation und scheinbar ernstzunehmende Auseinandersetzung mit feministischen Inhalten zur Seite gestellt, die sich teils sogar positiv auf bestimmte feministische Ausprägungen (vorrangig differenz-feministische) bezieht.

---

[216] Goetz 2017: 267.
[217] Vgl. ebd.
[218] Vgl. beispielsweise Wagner 2017: 241.
[219] Vgl. Goetz 2017: 270.
[220] Goetz 2017: 268ff.; für letzteres auch Wagner 2017: 239.

4. Methodologie und methodische Anlage

Für die Analyse im nächsten Kapitel greife ich in dieser Forschung auf den Zugang der Wissenssoziologischen Diskursanalyse (WDA)[221] nach Reiner Keller[222] zurück. Sie bietet eine mögliche Forschungsperspektive im Feld der Diskursforschung und steht neben weiteren fachwissenschaftlich unterschiedlichen Ansätzen wie beispielsweise der Critical Discourse Analysis[223] und Kritischen Diskursanalyse[224] zur Verfügung.[225] Die WDA mit ihrer spezifisch soziologischen Perspektive, der Einbeziehung sozialer Akteur*innen auf unterschiedliche Weise und ihrer Anschlussmöglichkeit an das Konzept der Grounded Theory bietet eine gute Forschungsperspektive für die Untersuchung des Diskurses um die Selbstdarstellung identitärer Frauen.

4.1 Online-Diskurse

Im Hinblick auf das vorliegende Material, das überwiegend sozialen Medien entnommen wurde, lag ein Schwerpunkt der Analyse auf Online-Diskursen und deren Besonderheiten und Herausforderungen. „Digitale und vernetzte Medien sind allgegenwärtig"[226], wie Fraas,

[221] In diesem Kapitel wird der methodische Zugang der Studie lediglich kurz skizziert. Eine ausführliche Erläuterung der zugrundeliegenden Methodik befindet sich in der gleichnamigen unveröffentlichten Masterarbeit (Juli 2018).
[222] Beispielsweise Keller 2009; 2011a; b.
[223] Fairclough/Wodak 1997.
[224] Jäger 2004.
[225] Vgl. Strübing 2013: 173.
[226] Fraas/Meier/Pentzold 2013: 7.

Meier und Pentzold feststellen. Gerade durch die Medientechnologie des Internets und seine Verbreitung in großen Teilen der Bevölkerung in wirtschaftlich entwickelten Ländern wurde eine alltägliche und allgegenwärtige Infrastruktur geschaffen. Mit der Entwicklung von internetfähigen Smartphones oder Tablets ist dieser Verlauf weiter fortgeschritten.[227] Online-Diskurse sind, wie Fraas, Meier und Pentzold es formulieren, sowohl Ausdruck wie auch Konstitutionsbedingung des Sozialen und stehen damit in einer Reihe mit Zeitungs- oder Zeitschriften-Diskursen.[228] Online-Diskurse weisen jedoch gewisse zu berücksichtigende Spezifika wie beispielsweise die mögliche Interaktion mit dem Publikum, die zusätzliche Bereitstellung visueller Eindrücke oder auch eine höhere Vergänglichkeit der Daten auf. Entgegen den Zeitungsleser*innen einer Printausgabe haben Rezipient*innen von Online-Ausgaben die Option, den gelesenen Artikel direkt zu kommentieren und so ihre Meinung zu äußern. Auf Online-Plattformen wie *Facebook* oder auf *Weblogs* ist ein aktiv agierendes Publikum noch deutlicher spürbar. So findet eine Entgrenzung traditioneller diskursiver Praktiken statt und eine Abhängigkeit von individuellem Handeln und sozialen Strukturen von Öffentlichkeit etabliert sich.[229] Auch der Umgang mit visuellen Eindrücken unterscheidet sich, so ist die Funktion des Online-Dienstes Instagram vor allen Dingen das Teilen von Fotos und Videos. Hierbei sind Bildunterschriften beziehungsweise Bildbeschreibungen und auch Kommentare gängige Praxis, das Augenmerk des Dienstes liegt jedoch auf den geposteten Bildern. Für die Diskursanalyse ist das Interesse ein umgekehrtes und die schriftlichen Darstellungen rücken in den Vordergrund. Da Bild und Text in den sozialen Medien jedoch stark miteinander verknüpft und auf sich bezogen sind, kann die Bildsprache in der Analyse nicht gänzlich außen vorgelassen werden.[230] Nicht zuletzt ist es auch die Schnelllebigkeit des Internets,

---

[227] Vgl. Fraas/Meier/Pentzold 2013: 10; Schmidt 2013: 36f.

[228] Fraas/Meier/Pentzold 2013: 12.

[229] Vgl. Fraas/Klemm 2005: 8; Fraas/Meier/Pentzold 2013: 14f.

[230] In den meisten Fällen stützten die veröffentlichten Fotos lediglich die schriftlich dargestellte Botschaft, in einigen Posts empfand ich das Abbild des dazugehörigen

die im Umgang mit Online-Datenmaterial beachtet werden muss. In nur wenigen Sekunden können die eben noch da gewesenen Seiten, Kommentare oder ganze Artikel offline genommen werden und entziehen sich so der Verfügbarkeit. Die rechtzeitige und sorgfältige Sicherung des zu verwendenden Materials ist daher Grundlage für die methodische Aufbereitung von Online-Diskursen.

Der Ansatz der Grounded Theory bietet durch den in ihr angelegten abwechselnden Schritt von Erhebung und Analyse einen guten Zugang, da bei Online-Diskursen nicht auf ein vorab archiviertes Wissen zurückgegriffen werden kann. Auch das konzeptzugehörige Theoretical Sampling ermöglicht es adäquat – regelgeleitet und systematisch – auf die Dynamik des Materials zu reagieren.[231]

Die von mir untersuchten Daten wurden im Zeitraum von Anfang Januar bis Mai 2018 gesammelt und systematisch aufbereitet. Dabei stellt der zeitliche Rahmen lediglich einen Endpunkt dar, nicht jedoch einen Anfangspunkt. Das Material stammt zu Teilen ebenfalls aus den Jahren 2015, 2016 und 2017 und wurde, sofern nachverfolgbar, in die Analyse aufgenommen. Während das Projekt *radikal feminin* beispielsweise erst Ende August 2017 mit Homepage und Facebook-Seite in Erscheinung trat, konnten erste Posts von Melanie Schmitzs Instagram-Profil im Januar 2015 gesichert werden. Für einen Eindruck der Reichweite können an dieser Stelle beispielhaft die Abonnent*innenzahlen des Instagram-Profils von Melanie Schmitz (3453/Mai 2018), die der *radikal feminin* Facebook-Seite (2597/Juli 2018) oder auch die Facebook-Seite der #120db-Kampagne (14.974/Juli 2018) genannt werden.[232] Insgesamt flossen fünf Profile auf Instagram, drei Facebook-

Bildes jedoch als für das Verständnis grundlegend. An diesen Stellen füge ich in der Darstellung der Ergebnisse eine knappe Bildbeschreibung an.

[231] Vgl. ebd.

[232] Bei dem Blick auf die genannten Abonnent*innenzahlen sind Medien-Strategien von Vertreter*innen der *Neuen Rechten* zu berücksichtigen. Als selbsternannte „Medienguerillas" liken sie nicht nur mit Fake-Accounts zahlreiche rechte Seiten

Seiten, drei Homepage/Blog-Seiten, zwei Interview-Videos in transkribierter Form sowie zwei Kampagnenvideos auf You-Tube, drei schriftliche Interviews in einschlägigen *(neu)rechten* Zeitschriften und ein auf der Facebook-Seite der *Identitären Mädels und Frauen* veröffentlichtes Interview mit der Süddeutschen Zeitung (SZ)[233] in die Analyse ein.

4.2 Exkurs: Social Media-Kanäle als Plattform für rechte Propaganda

Für die Verbreitung ihrer Gedanken und passend zu ihrer Inszenierung als Jugendbewegung tummeln sich die identitären AktivistInnen in den verschiedensten sozialen Medien. Vor allem die App Instagram, die ihren Fokus auf Bildsprache legt, bietet den *Identitären* die Möglichkeit, sich als „ganz normale" junge Leute zu zeigen. Durch die teils offensichtlich teils subtil platzierten politischen Botschaften versuchen die *Identitären* ihr Vorhaben, der „alten Leier ein neues Gesicht zu geben", umzusetzen. Die Plattform dient der Selbstvermarktung ihrer User*innen und was als Schnappschuss aus dem Leben präsentiert wird, hat in Wirklichkeit eine lange Vorbereitung benötigt. Den Follower*innen wird der Eindruck vermittelt, tief ins Privatleben der Person blicken zu können, dabei wird jedoch nur gezeigt, was gezeigt werden will.

---

und Profile, sondern trollen auch auf linken Seiten und Nachrichtendiensten herum: https://www.tagesschau.de/faktenfinder/inland/organisierte-trolle-101.html (Stand: 27.10.2019).
Die Initiative „feministclickback" hat sich gegründet, „um feministische Aktivist*innen darin zu unterstützen, mithilfe von Suchmaschinenoptimierung ein breiteres Publikum zu erreichen" und sich auf diese Weise dem Kampf gegen rechts zu stellen: https://feministclickback.org/index.html#ueber (Stand: 27.10.2019).

[233] Hierbei handelt sich um eine von den *Identitären Mädels und Frauen* auf Facebook geteilte Version des Interviews, bei der alle Antworten der Aktivistin sichtbar sind.

Manche Profile der AktivistInnen unterscheiden sich auf den ersten Blick nicht von denen anderer gleichaltriger Leute. In dem Spiel um die meisten Likes und beliebtesten Bilder erkennen die *Identitären* ihre Chance, sich als dem Mainstream zugehörig zu präsentieren und so die eigene Denkweise salonfähig zu machen. Durch diese Inszenierung suggerieren sie eine Nähe zum Mainstream und erzeugen über das Teilen von Bildern und Emotionen Sympathien bei den Follower*innen. Sie binden diese an sich und beeinflussen sie mit politischen Understatements wie politischen Symbolen, Büchern oder getragenen T-Shirts, die auf den Bildern zu sehen sind. Sie zeigen sich auf ihren Profilen sehr divers und folgen damit ihrer Agenda, ein breites Publikum anzusprechen, um so einen gesellschaftlich geteilten Wertekodex weiter nach rechts zu verschieben und ihre Wirkmächtigkeit zu vergrößern. Auch für die herausgearbeiteten Strategien, gerade weibliche Aktivistinnen als „Schönheit des Eigenen“ und als „Lockmittel“[234] zu präsentieren, bieten soziale Medien wie Facebook und Instagram Raum. Die intensive Bildsprache, durch die beide Plattformen attraktiv und beliebt sind, leistet hierbei Vorschub und durch das Teilen der Inhalte im Netz erhöht sich die Reichweite der Botschaften enorm. Dem verbalen Ausdruck ihres weiblichen Stolzes stellen die Aktivistinnen die Inszenierung ihrer Körper und ihrer Körpersprache zur Seite. Die professionelle Nutzung verschiedenster Formen sowie die Nutzbarmachung der Mechanismen von sozialen Medien eröffnen den *Identitären* einen neuen Raum für die Verbreitung ihrer politischen Agenda.

[234] Goetz 2017: 264.

5. Darstellung der Ergebnisse: Positionen-Analyse

Die Ergebnisse werden zunächst strukturierend anhand einer Positionen-Analyse dargestellt. Untersuchungen zum Selbstbild fokussieren sich auf das Bild, das Aktivistinnen selbst von sich zeichnen beziehungsweise wie sie gesehen werden möchten. Die Aussagen der Aktivistinnen behandelten verschiedene Thematiken mit unterschiedlicher Intensität und Priorität. In einem ersten Schritt wurden die Äußerungen thematisch geordnet und zu Oberthemen geclustert. Aus dieser Strukturierung ergaben sich sieben Themenfelder, anhand derer die Selbstbilder identitärer Frauen dargestellt werden können. Die Relevanz der Positionen zu den einzelnen Themen lässt Rückschlüsse auf das Selbstverständnis zu und kennzeichnet dabei wichtige Linien und Rahmen in den Selbstbildern der identitären Frauen.[235] Diese können und müssen durchaus kritisch hinterfragt und diskutiert werden, im Rahmen dieser Studie kann dies jedoch allenfalls in Ansätzen geschehen. An prägnanten Stellen verweise ich daher auf bereits vorhandene weiterführende Literatur oder kommentiere die Aussagen der identitären Aktivistinnen, um sie zu kontextualisieren. Die im Folgenden vorgestellten Themenfelder sind eng miteinander verwoben und ergänzen sich gegenseitig in den praktischen Argumentationen. Für die Analyse konnten zunächst

[235] In der Ansprache und Selbstbenennung in sozialen Medien sowie journalistischen Beiträgen sind Unterschiede in der Benennung der Aktivistinnen zu erkennen. Während Melanie Schmitz und Paula Winterfeldt nahezu immer mit beiden Namen zitiert oder adressiert werden, werden Aktivistinnen wie Aline Manescu oder Annika Stahn meist nur mit ihren Vornamen in Interviews angesprochen. Dies spiegelt die in Kapitel 5.5 festgestellte unterwürfige Haltung wider, sie bestärken dabei jedoch ebenso ihr Image des harmlosen Mädchens und nutzen es für die Verbreitung ihrer antifeministischen und rechten Inhalte. Um diese Versuche nicht weiter zu reproduzieren und die Aktivistinnen gleichermaßen ernst zu nehmen, werden sie – sofern bekannt – mit Vor- und Nachnamen zitiert.

folgende sieben Bereiche herausgearbeitet werden: Geschlechterverhältnis (5.1), Vorstellungen von Beziehung und Liebe (5.2), Weiblichkeit (5.3), Mutterschaft (5.4), zu/in der *Bewegung* (5.5), Feminismus (5.6) und Sexismus/sexualisierte Gewalt (5.7).

Diese Strukturierung bietet die Basis der im sechsten Kapitel präsentierten analytischen Ergebnisse: das Muster der *wehrhaften Feminität* und die idealtypischen Selbstbilder.

5.1 Geschlechterverhältnis

Die eigene Positionierung im Geschlechterverhältnis wird im Folgenden in drei Argumentationsstränge unterteilt: (1) in ein generelles Verständnis von Geschlechterverhältnissen, das sich in großen Teilen mit dem in Kapitel 3.3 vorgestellten geschlechterpolitischen Denken deckt, (2) ihren Positionen zu Homosexualität und (3) ihren Idealvorstellungen von Männlichkeit.

Generelles Verständnis von Geschlechterverhältnissen

Die identitären Aktivistinnen reproduzieren in ihrem Auftritt in sozialen Medien die bereits aufgezeigte binäre Geschlechterordnung und setzen Heterosexualität als Norm. Die Grundannahmen, auf die sich die Aktivistinnen von *radikal feminin* stützen, sind dabei wie folgt formuliert: „*Es gibt zwei Geschlechter: Mann und Frau. Die beiden ergänzen sich in Veranlagung und Vorlieben. Sie sind nicht gleich, doch gleichwertig*".[236] Das nahezu mantraartig wiederholte Credo in Bezug auf das

[236] Marja/radikal feminin 2017; Herv. i. O.

Geschlechterverständnis, „gleichwertig, aber nicht gleichartig“ zu sein, findet sich bei nahezu allen betrachteten Aktivistinnen und bildet die Basis für die ebenfalls propagierte „natürliche“ Verschiedenheit von Männern und Frauen.

Feministischen Bestrebungen unterstellen sie, „geschlechtslose Wesen“ aus Menschen machen zu wollen, und setzen diesem eine stolze Weiblichkeit entgegen: „Frau sein ist kein Gefühl, man kann es nicht ablegen und man kann auch nicht ein bisschen Frau sein, man ist Frau und wir sind es gerne!“.[237] Mit Susan Faludi können die Forderungen auf die Rückbesinnung von Weiblichkeit als „gesellschaftlicher Rückwärtsgang“ gesehen werden, der Frauen erneut auf ein „handliches Format schrumpfen läßt [sic!]“[238] und sie so zum Schweigen bringt. Ein unterordnendes und kleinmachendes Verhalten, vor allem gegenüber männlichen Gesprächspartnern, zeigt beispielsweise die *radikal feminin*-Vertreterin Annika Stahn sehr plastisch in ihrer öffentlichen Darstellung. Die Aktivistinnen teilen ein heteronormatives Geschlechterbild und die daraus hervorgehende Vorstellung der „natürlichen“ Unterschiedlichkeit von Männern und Frauen. Wie in Kapitel 5.3 zu sehen sein wird, wird dieses Dogma jedoch unterschiedlich stark interpretiert und mit verschiedenen Konsequenzen für die eigene Lebensweise belegt.

Homosexualität und Intersexualität

Zu Homosexualität wurde sich in den untersuchten Äußerungen nur sehr selten direkt geäußert. *Radikal feminin* benutzt für Intersexualität den diskriminierenden Begriff „Hermaphroditismus“ in der Dis-

---

[237] Info-Direkt/radikal feminin 2017: 35.
[238] Faludi 1993 [1991]: 117.

kussion mit Follower*innen, die den starken Fokus auf Zweigeschlechtlichkeit infrage stellen: „Hermaphroditismus kommt vor, ist ja aber nicht die Regel“, um sich etwas später nochmals länger in einem Kommentar zu erklären:

> „Wir verstehen wenn jemand Homosexuell ist - Wir können auch anerkennen wenn ein Mann eine Frau oder eine Frau ein Mann werden will. Diese Dinge Bewegen sich aber immer zwischen zwei Geschlechtern. Mann und Frau. Diese Leute sind inzwischen absolut gleichgestellt! Aber jemand der sich nur ‚irgendwie anders fühlt‘ oder mehrmals am Tag ‚das Geschlecht wechselt‘ oder nix von beidem sein will, ist biologisch betrachtet trotzdem ein Mann oder eine Frau. Gefühle und Trends ändern nichts an biologischen Tatsachen.“[239]/[240]

Die hier sichtbare „Verständnisbekundung“ von *radikal feminin* ist eine der wenigen direkten Bezugnahmen auf das Thema Homosexualität. Melanie Schmitz fügt manchen ihrer Bilder auf Instagram den Hashtag #nohomo hinzu, wenn sie mit einer weiteren Frau zu sehen ist.[241] Schmitz verweist damit auf weibliche Homosexualität, die in der extrem Rechten, genauer den *Identitären*, jedoch weitaus seltener thematisiert wird, wie Goetz feststellt.[242] Im Interview mit dem *Arcadi*-Magazin bezieht sich die Aktivistin Annika Stahn positiv auf den homosexuellen und rechten Publizisten Jack Donovan[243], der in *neurechten* Kreisen für sein Buch *Der Weg der Männer* bekannt ist und darin

---

[239] radikal feminin 2017, 30.10.2017.

[240] Ein Großteil der Daten stammt aus Online-Medien. Die getätigten Posts und Blogbeiträge werden häufig schnell getippt und direkt veröffentlicht, zudem werden sie meist in Umgangssprache verfasst und unterliegen keiner Korrektur. Dementsprechend sind Fehler in Grammatik und Rechtschreibung sowie Tippfehler in großer Zahl zu finden. Für eine bessere Lesbarkeit werde ich daher bei den, aus dem Datenkorpus entspringenden Zitaten, auf die Fehler-Kennzeichnung verzichten.

[241] Vgl. beispielsweise Schmitz 2018a, 28.07.2015.

[242] Goetz 2017: 272f.

[243] radikal feminin/Noe 2018: 8.

Idealvorstellungen von Männlichkeit beschreibt, wie sie die Aktivistinnen teilen.[244] Doch auch die Auslassung lässt mehrere analytische Folgerungen zu. Sie ist zum einen als eine starke Normsetzung von Heterosexualität für die Aktivistinnen interpretierbar, was durch wiederkehrende Bilder von beispielsweise Melanie Schmitz mit ihren jeweiligen Beziehungspartnern auf Instagram symbolhaft dargestellt wird oder in Interviews und durch Beiträge in sozialen Medien als Selbstverständlichkeit thematisiert wird. Werden Beziehungsmodelle diskutiert, sind diese zwangsläufig heterosexuell gedacht. Andererseits lässt sich die zurückhaltende Verhandlung von Homosexualität bei den identitären Frauen, aber auch im generellen geschlechterpolitischen Denken der *Identitären*, als ein weiteres Anzeichen für eine modernisierte politische Strategie interpretieren. Die unterschiedlichen und akzeptierten Selbstbilder innerhalb der *Identitären* suggerieren breite Partizipationsmöglichkeiten und versuchen dadurch für vielfältige Persönlichkeiten ansprechend zu sein. Möglicherweise soll eine stillschweigende vermeintliche „Akzeptanz" von Homosexualität dazu beitragen, für ein breites Publikum attraktiv zu sein. Eine deutliche Ablehnung könnte ebenso wie ein allzu traditionelles Frauenbild abschreckend wirken.

Idealvorstellungen von Männlichkeit

In allen untersuchten Aussagen der identitären Frauen ist der Wunsch nach einem starken und kämpferischen Mann als Partner herauszulesen, der fähig ist, sie zu beschützen. So schreibt Annika Stahn von *radikal feminin* auf ihrem Blog: „Männer müssen Funken schlagen und Frauen ihre Flammen tragen. Habt keine Angst vor dem Feuer!"[245] In diesem Zitat wird eine klare Zuschreibung von Frauen als passiv und Männern als aktiv sichtbar. Zudem bestärken Annika Stahn und andere

---

[244] Vertiefend: Goetz 2017: 272ff.

[245] radikal feminin 2018b: Startseite; Herv. i. O.

Aktivistinnen von *radikal feminin* Frauen und Männer, dieses Wagnis der traditionellen Beziehung (wieder) einzugehen und damit quasi schon einen „rebellischen Akt“[246] gegen ein vorherrschendes Bild von Beziehung und Liebe zu leisten. Selbst die Aktivistin Melanie Schmitz, die sich immer wieder über ihre veröffentlichten Bilder und Kommentare als starke und selbstverantwortliche Frau darstellt, wünscht sich eine beschützende Männlichkeit: „Trotz allem möchte ich am Ende des Tages in die Arme eines Mannes fallen und mich geschützt fühlen“.[247] Schmitz zeigt sich aggressiv und offensiv auf ihrem Instagram-Profil, was beispielsweise das wiederholte Posieren mit einem (teuren) Messer versinnbildlicht. Dieses Weihnachtsgeschenk von ihrem ehemaligen Beziehungspartner Mario Müller kommentiert sie mit den Worten: „Mario weiß was eine Frau braucht ♡“[248]. Trotz der eigenen weiblichen Stärke hegt auch sie den Wunsch nach einem körperlich starken Mann an ihrer Seite. Wie Annika Stahn erläutert, handelt es sich bei diesem Bedürfnis um eine *natürliche* Festschreibung zur Rolle des Mannes:

> „Wenn ein Mann seine Frau beschützt, dann nicht zwingend mit dem Gedanken daran, dass sie schwach und wehrlos ist. Es ist eine Art Reflex, weil Männern trotz aller Gleichstellung bewusst ist, dass ohne Frauen die Menschheit nicht fortbestehen kann.“[249]

Der Beschützer und Retter zu sein, ist Männern demnach biologisch eigen und lediglich der Feminismus fordere diese *Natürlichkeit* heraus. Diese „soldatische Männlichkeit“[250] werde durch eine allzu feministische Erziehung verunsichert und eine Verweichlichung des

[246] Stahn/Sellner 2017.
[247] Schmitz 2018b,18.02.2018.
[248] Schmitz 2018a, 02.02.2018.
[249] Stahn/radikal feminin 2017b.
[250] Debus/Laumann 2014: 21, 27.

Mannes wird von der Aktivistin Aline Manescu[251] im Interview mit Martin Sellner angeprangert:

> „Ich rede von den Frauen, die ihre Söhne teilweise verweichlichen und unglaublich weiblich erziehen und ihnen, sie nicht in ihrer Männlichkeit bestärken [...]“[252]

Männer sind damit naturgegeben das starke Geschlecht und Frauen das schwache. Egal wie sehr die Frauen ein modernes weibliches Selbstbewusstsein aufweisen, wie beispielsweise die Aktivistinnen Paula Winterfeldt und Melanie Schmitz, findet doch immer wieder ein Rückbezug auf den beschützenden Mann statt. Wie diese Stärke ausgestaltet sein soll, lassen die Aussagen der Aktivistinnen nicht erkennen. Es bleibt beispielsweise offen, ob statt oder neben einer körperlichen auch eine charakterliche Stärke wünschenswert ist oder was die Aktivistin Nadja im *Compact*-Interview unter „mannhaft“[253] versteht. Nur „Schlappschwänze“ das dürfen „deutsche Männer“ nicht sein.[254] So appellieren *radikal feminin* zum Abschluss des *Arcadi*-Interviews an Männer:

> „Liebe Männer, hört auf euch wie Waschlappen zu benehmen! Das ist nicht nur wahnsinnig unattraktiv, es sorgt auch dafür, dass verrückte Feminazi-Weiber euer ganzes Geschlecht als hirnlos, gewalttätig und pervers hinstellen können, ohne dass jemand sich beschwert. Sagt nicht zu allem ‚ja‘ und ‚Amen‘, nur um Frauen nicht zu verärgern! Man darf

---

[251] Auch hier gibt es Uneindeutigkeiten über den Nachnamen von Aline. Auf dem Antifa-Infoportal „Hosen runter“ wird sie als Aline Manescu aufgeführt, auf der IB-Homepage als Aline Moraes. Im Folgenden wird sie unter ersterem: Aline Manescu angeführt (mehr dazu im Anhang unter: Verzeichnis der Aktivistinnen und Projekte).

[252] Manescu/Sellner 2017. Fehlerhafte Schreibweise im Original.

[253] Dassen/Identitäre Aktivistinnen 2017: 15.

[254] Ebd.

> Frauen widersprechen! Tut uns den Gefallen! Wir brauchen euch!“[255]

Zu bemerken ist, dass die Aktivistinnen die Stärke, die sie sich für „deutsche“ Männer wünschen bei Männern aus „fremdländischen Kulturen“ als Gefahr wahrnehmen.[256] Aus der Verteidigung gegen das eindrucksvolle „Fremde“ eröffnet sich für sie wiederum eine Legitimierung, vielmehr ein Erfordernis der „soldatischen Männlichkeit“ der Aktivisten. Auch an dieser Stelle wird die Doppelmoral sowie der inhärente Rassismus der Argumentation deutlich: Bei von ihnen als „nichtdeutsch“ identifizierten Männern ist Stärke und Männlichkeit eine Gefahr, bei den eigenen, nämlich vermeintlich „deutschen“ Männern sind genau jene Eigenschaften wünschenswert.

Zusammenfassung

Alle betrachteten Aktivistinnen weisen ein starkes heteronormatives Weltbild auf, das sich durch das Credo „gleichwertig, aber nicht gleichartig“ zu sein ausdrückt und auf die *natürliche* Unterschiedlichkeit von Männern und Frauen hinweist. Männer und Frauen beziehen sich im identitären Denken aufeinander und sind durch die Fähigkeit, Kinder zu zeugen, miteinander verbunden. Heterosexualität wird als Norm gesetzt. In diesem Szenario nimmt der Mann den Platz des starken Beschützers ein. Die identitären Frauen zeigen wiederholt eine Sehnsucht nach dem Idealbild dieser „soldatischen Männlichkeit“ für *ihre* Männer. Bei männlichen Personen aus vermeintlich anderen Kulturen werden genau diese Eigenschaften jedoch als „Gefahr“ identifiziert und abgelehnt.

---

[255] Noe/radikal feminin 2018: 11.
[256] Vgl. Manescu/Sellner 2017; auch Kositza 2016: 8f.

5.2 Vorstellungen von Beziehung und Liebe

Die identitären Aktivistinnen propagieren mehr oder weniger offensiv ein heteronormatives Weltbild und suchen ihr „Glück" in der Beziehung zu Männern, die dem Ideal der „soldatischen Männlichkeit" am nächsten kommen. In diesen Beziehungskonstellationen müsse (1) auf die jeweiligen Stärken von Mann und Frau Rücksicht genommen werden. (2) Gleichzeitig werden genau jene Vorstellungen von traditionellen Beziehungen und darüber hinaus ein romantisches Liebesideal gesellschaftlich infrage gestellt, was die identitären Aktivistinnen als Herausforderung begreifen.

Grundprämisse: Frauen und Männer gehören zusammen und ergänzen sich in ihren jeweiligen Stärken

Unter dem Slogan „Make love and Defend Europe. Liebe statt Geschlechterkampf"[257] propagieren die *Identitären Mädels und Frauen* auf ihrer Facebook-Seite wiederholt ein heterosexuelles und traditionell romantisches Bild von Liebe. In dieser Aussage steckt nicht nur die Verkörperung eines traditionellen Beziehungsideals, sondern ebenso der Vorwurf an einen Feminismus, die Geschlechter gegeneinander aufzustacheln und sie so von ihrer natürlichen Komplementarität zu entfernen. Die Schuld hierfür sieht zumindest der antifeministische Flügel der identitären Aktivistinnen bei feministisch beeinflussten Frauen. Um dem „Großen Austausch" entgegenzuwirken, müssten sich „Männer und Frauen wieder aufeinander zu bewegen".[258] Beziehungen sollen, so

[257] Identitäre Mädels und Frauen 2018a, 30.09.2016.
[258] Noe/radikal feminin 2018: 11.

die identitäre Aktivistin Freya Honold, durchaus auf Gleichberechtigung bauen, jedoch die jeweiligen Stärken der beiden beteiligten Personen anerkennen:

> „Traditionelle Frauen sind weder frauenfeindlich, noch unterwerfen wir uns irgendjemandem. Unsere Männer haben nicht das Sagen über uns. Es gibt keinen Moment, in dem sie uns den Mund verbieten dürfen und keinen Aspekt wo sie die absolute Deutungshoheit haben. Allerdings gibt es wie in jeder guten Partnerschaft Dinge, die der eine besser kann. Dann wäre es unsinnig, dem anderen ins Handwerk zu pfuschen, nur weil man meint, bei allem mitreden zu müssen. [...] In einer stimmigen Partnerschaft werden beide Menschen jedoch nie das Gefühl haben unterjocht zu sein, sondern auf ganz natürliche Weise das finden, was sie am besten zum großen Ganzen beitragen können."[259]

Schwierigkeiten im Feld der Liebe

Generell stellen die identitären Aktivistinnen zunehmend Probleme im Feld der Liebe fest und diagnostizieren Verfallserscheinungen auf mehreren Ebenen. So schreibt die Aktivistin Melanie Schmitz auf ihrem Blog:

> „Aufrichtige Liebe und romantische Seelen haben keinen Platz mehr in unserer Gesellschaft. [...] Die Menschen in unserer Gesellschaft scheinen zunehmend vom aufrichtigen, romantischen Lieben gelangweilt zu sein und verlernen es in ihrer ungeduldigen Schnelllebigkeit. Die Menschen haben Angst vor dem Alleinsein. [...] ich halte es nur für eine unglaubliche Seltenheit als hoffnungsloser Romantiker in unserer Zeit noch eine andere stürmende und drängende Seele zu finden. Anstatt mit dem Finger auf die Anderen zu zeigen, sollte man vielleicht erst einmal über sich selbst, seine Bedürfnisse und seine Gefühle reflektieren und darüber ob man

---

[259] Honold/radikal feminin 2017.

> den Verfall der Liebe unterstützen möchte und vor sich selbst rechtfertigen kann.“[260]

Ohne Bezug auf diese zu nehmen, teilt sie damit eine gesellschaftliche Prognose, die bereits Soziolog*innen wie Elisabeth Beck-Gernsheim und Ulrich Beck für eine heutige Gesellschaft formuliert haben. In ihrem 1990 erschienenen Buch *Das ganz normale Chaos der Liebe* analysieren die beiden Autor*innen den Einfluss einer zunehmenden gesellschaftlichen Individualisierung auf Liebesbeziehungen.[261]

Auch Annika Stahn von *radikal feminin* sieht wachsende Schwierigkeiten, die auf ein traditionelles Beziehungsmodell zukommen oder bereits Wirkung entfaltet haben:

> „Es liegt an der allgemeinen Grundeinstellung, die beide Geschlechter teilen. Die Leute sind immer weniger bereit, sich selbst etwas zurück zu nehmen, sie wollen immer und überall im Mittelpunkt stehen. Man braucht auch immer von allem das Neueste, weil man glaubt, nur das sei das Beste. Die Partner werden gewechselt wie Unterwäsche, aus Angst, etwas zu verpassen. Es gibt keine Konstante mehr. Kontinuität. Wurzeln und Sicherheit werden als Gefangenschaft empfunden, dazu zählt auch die Familie. Zudem haben Frauen oft eine zu romantische Vorstellung von Beziehungen. Rosamunde-Pilcher-Romane kollidieren dann mit dem Bild des bösen Mannes, das sonst vom Feminismus propagiert wird. So erscheint es für viele junge Frauen plötzlich sehr attraktiv Single zu bleiben, obwohl sie schnell merken, dass sie damit oft nicht wirklich glücklich sind. Dann wird als Ersatz einfach eine Katze gekauft.“[262]

---

[260] Schmitz 2018b, 01.12.2014.

[261] Vgl. Beck/Beck-Gernsheim 1990.

[262] Noe/radikal feminin 2018: 9.

Sie stellt hierbei gesellschaftliche Entwicklungen in Bezug auf Vorstellungen von Liebe fest, die in ähnlicher Weise auch die Soziologin Eva Illouz für eine moderne Gesellschaft diagnostiziert. Illouz beschreibt eine Ökonomisierung von Liebesbeziehungen in heutigen Zeiten, die sich nicht nur durch die Verschmelzung von Konsum und Romantik ausdrückt, sondern darüber hinaus durch den Eingang kapitalistisch geprägter Handlungsweisen wie Selbstoptimierung, Selbstreflexion und den Wunsch nach „mehr" in Liebesbeziehungen. Dies führe zu stärkeren strategischen und ökonomisch durchdachten Überlegungen, ob sich Investitionen in eine Beziehung/die Liebe lohnen oder der (Heirats-)Markt noch etwas Besseres zu bieten hat.[263]

Die mangelnde Investitionsbereitschaft in Liebesbeziehungen und das Unvermögen, auch schwierige Zeiten gemeinsam durchzustehen, stellt Aktivistin Stahn als drängendes Problem heutiger Gesellschaften heraus. Statt in Beziehungen zu investieren, suchten Menschen bei den ersten auftretenden Problemen etwas Besseres. Dies steht im Wechselverhältnis mit der gesellschaftlich festgestellten Schnelllebigkeit der heutigen Zeit:

> „Sie halten auch nichts mehr aus, sie halten auch keine Emotionen mehr aus, deswegen funktioniert dieses ganze monogame Beziehungskonstrukt für die auch nicht mehr, denn schlechte Gefühle muss man in einer Beziehung halt auch manchmal aushalten und das wollen die Leute nicht, sie wollen das dann ganz schnell wieder los werden und wollen eigentlich immer nur gute Gefühle haben."[264]

Auf die Frage im *Arcadi*-Interview, ob offene Beziehungen und Polyamorie ein Zukunftsmodell werden könnten, antwortet *radikal feminin*:

---

[263] Vgl. Illouz 2007; 2011: 63.

[264] Stahn/Sellner 2017.

> „Man sieht schon jetzt, dass der Trend eher wieder zur Treue und zur Ehe geht. Menschen, die sich an die Vorstellung klammern, dass Polyamorie ein gutes Konzept ist, haben unserer Vermutung nach einfach Bindungsängste. Sie wollen weiter alle Freiheiten, vor allem sexuelle, die sie als Single haben, aber gleichzeitig die Sicherheit einer festen Beziehung.“[265]

Polyamorie wird hier lediglich als eine Reaktion auf eine krankende Gesellschaft in Bezug auf Liebesbeziehung gesehen und Menschen, die keine traditionelle monogame Beziehung führen (möchten), sind lediglich nicht im Stande dazu. Damit halten die Frauen von *radikal feminin* das Ideal eines für sie einzig richtigen, klassisch konservativen Liebesideals hoch. Auch die Thematisierung von „Problemen mit der Liebe“ kann als ein Anschlussversuch an den Mainstream interpretiert werden. Gesellschaftliche Problemdiagnosen zum Thema Liebe, wie sie von Illouz oder Beck/Beck-Gernsheim bereits vor einigen Jahren angeführt wurden, beschäftigen zunehmend eine junge Generation, was nicht zuletzt die zahlreichen Artikel in Mainstream-Medien zum Thema ausdrücken. Die Aktivistin Annika Stahn versucht hier, an derzeitige Gesellschaftsdiagnosen anzuknüpfen und ihnen entgegen linker Ideen von Polyamorie, rechte Vorstellungen „eines Zurück“ zu traditionell-konservativen Liebes- und Beziehungsidealen entgegenzusetzen.

Zusammenfassung

Grundlegend ist dem Verständnis von Beziehungen im identitären Denken die „natürliche“ Komplementarität der (beiden) Geschlechter, diese werden wiederum durch feministische Bestrebungen gegeneinander aufgestachelt. Die Aktivistinnen von *radikal feminin* verfolgen ein

[265] Noe/radikal feminin 2018: 10.

konservativ traditionelles Liebesideal und wünschen sich eine gleichberechtigte, jedoch auf die jeweiligen Stärken fokussierende Partnerschaft. Einen Verfall der Liebe diagnostizieren verschiedene Aktivistinnen. Eine Lösung, so die identitären Frauen weiter, sei die Erinnerung an traditionelle Werte. Polyamorie, immerhin schon seit der Antike praktiziert, werde lediglich als Reaktion auf eine krankende Gesellschaft gesehen und rechte Vorstellungen eines traditionell-konservativen Liebes- und Beziehungsideals stattdessen als Lösungsvorschläge präsentiert. Die Rückbesinnung auf eine völkische Ideologie, die für Frauen wie für Männer bestimmte Aufgaben zum Erhalt des übergeordneten Volkes bereit hält, zeigt sich auch an dieser Stelle.[266]

5.3 Weiblichkeit

„Klug - selbstbewusst - identitär!“[267], so beschreiben sich die identitären Aktivistinnen selbst. Auf ihrer Facebook-Seite wollen sie laut eigenen Angaben dem Bild des „unterdrückten Frauchens“ widersprechen und gezielt dem Vorwurf an die *Identitären,* eine frauenfeindliche und männerdominierte Gruppe zu sein, entgegentreten.[268] Die ersten beiden Schlagwörter des Zitates veranschaulichen die identitären Aktivistinnen wiederholt in ihrer Selbstinszenierung. Sie werden im ersten Unterabschnitt (1) selbstbewusste Weiblichkeit näher beleuchtet. Ein zweiter Punkt, auf den die identitären Frauen sich wiederholt beziehen, ist der der (2) spezifisch weiblichen Eigenschaften. In einem dritten Abschnitt werden die (3) verschiedenen Vorstellungen von weiblichen Erscheinungsbildern vorgestellt.

---

[266] Vgl. Botsch/Kopke 2018: 64f.; auch Kapitel 3.1.
[267] Identitäre Mädels und Frauen 2018a, Info.
[268] Vgl. beispielsweise Identitäre Mädels und Frauen 2018a, 15.11.2016.

Selbstbewusste Weiblichkeit

Die Aktivistinnen von *radikal feminin* stellen eine „Krise der Weiblichkeit" fest. Gemeint ist damit eine Schwierigkeit, sich zum „Frausein" zu bekennen und dieses ausleben zu können.[269] Diskurse um Geschlecht, die nicht mehr nur von einer biologisch natürlichen Unterschiedlichkeit von Mann und Frau ausgehen, wie es teilweise in differenzfeministischen Strömungen noch der Fall war, sondern sich vielmehr mit der Grundprämisse eines sozial konstruierten Geschlechts beschäftigen, sorgen für eine Veruneindeutigung und Auflösung klarer Geschlechterrollen. Traditionelle und stereotype Vorstellungen von Weiblichkeit geraten ins Wanken. Darüber hinaus wird in aktuellen geschlechtsbezogenen Debatten nicht nur zwischen *sex* (biologisches Geschlecht) und *gender* (sozial konstruiertes Geschlecht) unterschieden, sondern auch eine Vielzahl möglicher Geschlechtsidentitäten verhandelt. Diese Entwicklung greift die Überzeugungen der identitären Aktivistinnen einer natürlich weiblichen oder männlichen Essenz tiefgehend an. Dieses Thema, so die Aktivistin Marja, dürfe nicht nur „den Echokammern linksdominierter Universitäten"[270] überlassen werden. Sich gegensätzlich positionierend rekurrieren die identitären Frauen überaus stark auf ihre Weiblichkeit. Vorstellungen von Weiblichkeit und wie diese ausgelebt wird, gehen dabei durchaus auseinander. Der Rückbezug auf eine natürlich „weibliche Essenz"[271] ist ihrer Selbstdarstellung jedoch gemein. Auf teils unterschwellige Art, wie durch das Setzen von Hashtags wie #cisgirls oder #lovetobeawoman auf dem Instagram-Profil von *radikal feminin,* wird dieser Bezugspunkt unterstrichen.[272]

[269] Vgl. Marja/radikal feminin 2017.
[270] Marja/radikal feminin 2017.
[271] Goetz 2017: 258.
[272] Beispielhaft radikal feminin 2018a, 03.11.2017.

a) Selbstbewusster Umgang mit dem eigenen Erscheinungsbild

Vor allem identitäre Aktivistinnen, die sich bewusst einer Öffentlichkeit präsentieren, wie Melanie Schmitz oder Paula Winterfeldt, aber auch Aktivistinnen, die Gesicht zeigen auf der gemeinsamen Facebook-Seite der *Identitären Mädels und Frauen*, sind immer wieder Kommentaren über ihr Äußeres ausgesetzt. So beispielsweise in einem Post, in dem ein Facebook-User den Nasenring der zu sehenden Aktivistin als „unsexy“ bezeichnete. Die Antwort der identitären Frauen lautete: „Was Leute sexy finden oder nicht ist uns so egal ;)“[273]. Auch Schmitz reagiert ähnlich, als ein Instagram-Follower ihr auf sehr platte Art eine „schöne Oberweite“ attestierte: „danke, ich bin auch ganz zufrieden“[274]. Schmitz präsentiert die von ihr oder anderen als Schönheitsmakel benannten Körperpartien immer wieder selbstbewusst. So postet sie eine Nahaufnahme von sich mit dem Kommentar: „Big nose, big ears, short legs - I am an elephant baby!“[275]. Sie reagiert dabei selbstsicher auf Beleidigungen, die allzu häufig einen Bezug auf ihr Äußeres, darunter oftmals ihre Nase, zum Ziel haben. Auch mit einem weiteren Angriffspunkt tritt sie selbstbewusst in die Öffentlichkeit: Sie postete ein Bild ihres Gesichtes, auf dem starke Hautrötungen zu sehen waren, mit folgendem Text:

> „Today some lefty dude at my university asked me if I do drugs, according to the way my face looks. Born with a skin-disease I just wake up like this some days - I know that this looks freaking ugly and I dont need your safetyzones but if you want to celebrate your lookism-crap, you should consider being consequent instead of trying to find friends in

[273] Identitäre Mädels und Frauen 2018a, 16.03.2017.
[274] Schmitz 2018a, 18.02.2018.
[275] Ebd., 09.01.2018.

> drugbuddies. Just to make this clear: I do not do fucking drugs. k thx bye"[276]

In dieser Selbst-Bejahung zum eigenen Körper und der Akzeptanz der eigenen Unvollkommenheit weist Schmitz einen Rückgriff auf feministische Debatten auf. Das in den letzten Jahrzehnten von Feminist*innen unter dem weitläufigen Überbegriff *Body-Positivity* thematisierte Feld, kritisiert Schönheitsnormierungen und die Konsequenzen, die vor allem, keinesfalls jedoch nur, für junge Frauen daraus resultieren.[277] Die britische Feministin Laurie Penny[278] behandelt dies beispielsweise in ihrem 2012 erschienenen Buch *Fleischmarkt*, in dem sie auf Probleme wie Magersucht und psychische Folgen von Schönheitsidealen eingeht.[279] Auch Kampagnen, wie die von der Initiative *pinkstinks*, die sich unter anderem gegen die Show *Germany's next Topmodel* und gegen Schönheitswahn im Allgemeinen positionieren, sind Beispiele für die Versuche, den Druck nach einem perfektionierten Erscheinungsbild, der vor allem auf Frauen lastet, aufzuzeigen und zu kritisieren.[280] Schmitz bezieht sich in einem ihrer Blogbeiträge sogar anerkennend darauf:

> „Hätte es keine Leute gegeben, die öffentlich dazu [Feminismus] Stellung beziehen, wäre ich jetzt wahrscheinlich eine Frauenhasserin die unglücklich mit ihrem Körper ist."[281]

---

[276] Ebd., 06.04.2016.
[277] Vgl. beispielsweise Koppert 2003: 144.
[278] Laurie Penny ist wegen antisemitischer Äußerungen und Unterstützung der BDS-Kampagne in die Kritik geraten.
[279] Vgl. Penny 2012.
[280] Internetauftritt der Initiative *pinkstinks*: https://pinkstinks.de/germanys-next-topmodel/ (Stand: 19.06.2018).
[281] Schmitz 2018b, 18.02.2018.

Neben Schmitz inszeniert sich auch die Berliner IB-Aktivistin Paula Winterfeldt gegen gängige Schönheitsideale und zeigt sich selbstbewusst in ihrem „eigenen" Style. In den Instagram-Profilen von Schmitz und Winterfeldt wird immer wieder der Unwille deutlich, sich klassisch traditionellen Vorstellungen von Weiblichkeit zu unterwerfen, wie Schmitz auf ihrem Blog schreibt:

> „Und da bin ich wieder so halb bei den Feministen: ich möchte gerne mit den Jungs mitlaufen, Ich möchte den ganzen Tag rauchen und Hosen tragen, ohne dass man mit unterstellt ‚unfeminin' zu sein."[282]

Nicht das brave sittsame Mädchen, das sich zurückhaltend gibt und im Hintergrund verbleibt, scheint zu locken, sondern eine starke Weiblichkeit, für die die gleichen Regeln gelten wie für Männer.

b) Betonung des eigenen Intellekts

Den identitären Frauen ist es besonders wichtig, als gebildet wahrgenommen zu werden. So können sie sich gegen den Vorwurf einer männlich dominierten Gruppierung zur Wehr setzen, denn – so die vermutliche Argumentation – kluge Frauen würden sich nicht hinter den Herd stecken lassen. In zahlreichen Posts versuchen die identitären Aktivistinnen das Bild der patriotischen heimatliebenden, aber auch belesenen Frau zu vermitteln. So zeigt sich beispielsweise die österreichische Aktivistin Alina Wychera auf der Facebook-Seite der *Identitären Mädels und Frauen* in Dirndl und mit einem dicken Buch verträumt in der Natur. Das Foto trägt den Titel „Reds don't read"[283]. Auf den Ins-

[282] Schmitz 2018b, 18.02.2018.

[283] Identitäre Mädels und Frauen 2018a, 6.10.2016.

tagram-Profilen von Schmitz und Winterfeldt posten die beiden Aktivistinnen wiederholt Bücher von Denker*innen, mit denen sie sich beschäftigen, wie beispielsweise die *neurechten* Schriftsteller Ernst Jünger, Emil Cioran oder Julius Evola[284]. Auch auf bekannte Personen wie Martin Luther oder Georg Wilhelm Friedrich Hegel wird Bezug genommen.[285] Neben Freizeitbeschäftigungen betonen die beiden Frauen ihren Aktivismus oder die Verbindung der beiden Elemente. Schmitz und Winterfeldt rühren in Posts, in denen sie auf aktuelle Veröffentlichungen von *Identitären* oder diesen nahestehenden Organisationen verweisen, nicht nur für sich, sondern auch für die AutorInnen die Werbetrommel. So hat Winterfeldt ein Video in ihrer Instagram-Story, in der sie das neue Buch der *neurechten* PublizistInnen Caroline Sommerfeld-Lethen und Martin Lichtmesz *Mit Linken leben* auspackt.[286] Schmitz teilt hingegen das Buch *Wer gegen uns?* von Domenico di Tullio, der Anwalt und Aktivist bei *Casa Pound* ist, einer italienischen rechten Gruppierung, die als Vorbild der *Identitären* gilt.[287]

Während Schmitz und Winterfeldt auf mehreren Ebenen eine starke Selbstinszenierung pflegen, halten sich Aktivistinnen wie Aline Manescu oder Annika Stahn von *radikal feminin* weitaus bedeckter und tragen ihre vermeintlichen Lesevorlieben nicht zwingend nach außen. Die beiden erstgenannten Aktivistinnen zeichnen sich durch den Wunsch aus, gleichberechtigter Teil der *Identitären* zu sein, was auch durch die gepostete Lektüre deutlich wird. Winterfeldt und Schmitz arbeiten sich an der „Pflichtlektüre" der *Identitären* ab und tun es so ihren männlichen Kollegen gleich. Annika Stahn hingegen verweist im Interview mit dem *Arcadi*-Magazin vor allem auf antifeministische Autoren

[284] Schmitz 2018, 22.02.2015; 13.02.2015.
[285] Winterfeldt 2018, 05.02.2016; 27.11.2015.
[286] Winterfeldt 2018, 15.01.2018.
[287] Schmitz 2018a, 10.02.2016.

wie Roger Devlin oder Jack Donovan und verbleibt so in „ihrem“ Bereich.

Spezifisch weibliche Eigenschaften: Höhere Emotionalität

Aus der Denkweise über Geschlechterverhältnisse leiten die identitären Aktivistinnen zudem biologisch determinierte spezifisch männliche beziehungsweise weibliche Eigenschaften ab. Diese seien zum einen physischer Natur: Wie Schmitz auf ihrem Blog beispielsweise anführt, können Männer nun mal besser prügeln.[288] Die Geschlechterunterschiede drücken sich, den identitären Frauen nach, zusätzlich zu den körperlichen Unterschieden auch durch eine unterschiedliche Psyche aus. Eine höhere Emotionalität sei weiblichen Personen eben „natürlich“ inhärent. Diskussionen um ein sozial konstruiertes Geschlecht würden diese Tatsache verkennen. An zahlreichen Stellen beziehen sich die identitären Aktivistinnen übergreifend auf diesen unveränderlichen Hang von Frauen zu Emotionalität und damit negativ verbunden zu Hysterie, wie *radikal feminin* auf ihrer Facebook-Seite klarstellt:

> „Diese Aussage fußt auf der Beobachtung, dass Frauen verhältnismäßig häufiger hysterisch oder sensibel auf Themen reagieren als Männer. Wir sind meistens einfach emotionaler und manchmal ist das übertrieben oder unangebracht, na und? Dann nennt mich vielleicht jemand ‚hysterisches Huhn‘ und mir gefällt das in dem Moment nicht, recht hat er vielleicht trotzdem.“[289]

[288] Vgl. Schmitz 2018b, 18.02.2018.
[289] radikal feminin 2018a, 18.10.2017.

Auch Schmitz bezieht sich auf eine „irrational-emotionale Natur“ von Frauen:

> „Ich habe lange genug selbst an dieser hysterischen, haltlosen und saudummen Art gelitten. Sicher bin ich nicht ganz geheilt davon, dazu reg ich mich auch viel zu gerne auf. Es liegt vielleicht in der irrational-emotionalen Natur der Frau, dass ich es auch möglicherweise nie sein werde.“[290]

Auf verschiedene Arten und Weisen unterstreicht Schmitz immer wieder ihre emotionale Seite, beispielsweise indem sie erzählt, wie sie ein kleines Vogelküken gerettet hat.[291] Annika Stahn geht im Interview mit Martin Sellner sogar noch einen Schritt weiter und schreibt Frauen aufgrund ihrer „höheren Emotionalität“ ihre politischen Fähigkeiten und ihre Durchsetzungsstärke in der Wirtschaft ab:

> „Frauen sind viel emotionaler und wenn man in der Politik so emotional ist, dann kann man keine Politik machen. Männer sind da so ein bisschen logischer, ein bisschen direkter [...]. Aber in der Wirtschaft und der Politik sieht man ganz klar, warum sind da fast nur Männer drin. Eben weil es erforderlich ist in diesen Sachen, wenn man wirklich erfolgreich sein will, nicht irgendwelches emotionales Rumgehudel zu machen, sondern vielleicht mal auf den Tisch zu hauen und Sachen zu ignorieren.“[292]

Doch diese emotionale weibliche Seite hat nicht nur Konsequenzen für die individuelle Frau, sondern weitergehend trägt sie, wie im Interview sowohl mit Annika Stahn als auch mit Aline Manescu sichtbar wird, eine Teilschuld am „Großen Austausch“. Wie Judith Goetz bereits

---

[290] Schmitz 2018b, 30.06.2016.
[291] Schmitz 2018a, 08.04.2018.
[292] Stahn/Sellner 2017.

herausgestellt hat, wird Frauen dabei unter anderem der Vorwurf gemacht, die „Massenmigration“ erst ermöglicht zu haben, durch ihre Wahl von einwanderungsfreundlichen Parteien.[293] Auf die Frage von Martin Sellner, sowohl an Annika Stahn als auch an Aline Manescu, rekurrieren beide auf die starke Emotionalität von Frauen, da diese „helfen wollen“[294]. Diese vermeintliche Erkenntnis wird strategisch verwertet, indem beispielsweise bei einem Aufruf zur Hilfe für (deutsche) Waisenkinder, für Obdachlose und Rentner*innen lediglich zwei weibliche Aktivistinnen zu sehen sind.[295] Neben einer direkten Ansprache transportieren die Aktivistinnen auf ihren Social Media-Zugängen immer wieder emotionale Momente und bedienen so auch unterschwellig in der Bildsprache das Bild der emotionsgesteuerten Frau.

Aus einer höheren Emotionalität leiten sich letztendlich auch vermeintlich typisch weibliche Eigenschaften wie Kreativität und eine Verbundenheit zur Natur ab. Häusliche Tätigkeiten wie Kochen und Backen werden daher auf ganz „natürliche“ Weise von Frauen bevorzugt. In einem Facebook-Post der *Identitären Mädels und Frauen* wird die Zuordnung deutlich:

> „Die Seite ist eigentlich so gedacht, dass sie alle ansprechen kann und nicht ausschließlich ein Geschlecht, da identitäres Denken nichts geschlechterspezifisches ist. Eine leichte Tendenz zum Weiblichen kann vielleicht durch Backrezepte entstehen, aber sonst denken wir, dass die Inhalte für alle interessant sein dürften.“[296]

---

[293] Vgl. Goetz 2017: 255f.

[294] Manescu/Sellner 2017; Stahn/Sellner 2017.

[295] Identitäre Mädels und Frauen2018a, 18.12.2016.

[296] Identitäre Mädels und Frauen 2018a, 20.09.2016.

Passend dazu moderiert die österreichische Aktivistin Ingrid Weiss eine Kochshow auf YouTube mit dem Titel *European kitchen.*[297] Immer wieder veröffentlichen und verlinken sich Ingrid Weiss, Alina Wychera und auch Melanie Schmitz, die sonst häufig aus gängigen Weiblichkeitsvorstellungen ausbricht, beim Posten von Gerichten und selbstgebackenen Kuchen.[298] Die Aktivistinnen drücken ihre Verbundenheit zu Natur und Tieren immer wieder durch Bilder von Spaziergängen, beim Wandern oder Segeln aus. Schmitz veröffentlicht zudem immer wieder selbstverfasste Gedichte und Texte sowie selbstgemalte Bilder und Fotos von sich beim Tanzen. Damit rückt sie nicht nur ihre kreative Natur nach vorne, sondern zeigt wiederum einen hohen Grad an Emotionalität und Sensibilität, die konträr zu ihrer sonst aggressiven und selbstbewussten Haltung stehen. Es wird suggeriert: Egal, wie kämpferisch, stark und selbstbewusst Weiblichkeit erlebt wird, im Kern ist sie doch sensibel und gefühlsgeleitet und auf eine „weibliche Essenz“ rückführbar. Diese Dynamik vom Eingang feministisch-emanzipatorischer Werte, die gleichzeitig von Unterordnung oder einer Überbetonung der ursprünglichen ideologischen Werte begleitet wird, ist an mehreren Stellen der Argumentation identitärer Frauen sichtbar.

Erscheinungsbilder

Diskursanalytisch können nur wenige Aussagen über die verschiedenen Erscheinungsbilder der identitären Frauen getroffen werden. Für aufschlussreichere Erkenntnisse sollte die Analyse um methodische Werkzeuge der Bildanalyse erweitert werden. Die diskursanalytisch

[297] Vgl. Sellner/Weiss 2017.
[298] Beispielsweise Schmitz 2018a, 22.08.2016.

fassbaren Ergebnisse werde ich, gestützt von meinem Eindruck bei der Sichtung der zahlreichen Bilder, Videos und Interviews, darstellen.[299]

Position zu Make-up

Die Aktivistinnen von *radikal feminin* posteten folgende Ergebnisse einer Umfrage:

> „Wir haben heute auf Instagram gefragt, ob die Männer unter euch Frauen lieber ungeschminkt oder geschminkt mögen. Es haben bis jetzt etwas mehr als100 Männer abgestimmt und das Ergebnis ist eindeutig! 77% der Männer sehen die Damen lieber ungeschminkt."[300]

Das Fazit, das *radikal feminin* daraus zieht:

> „Mädels macht euch gerne hübsch aber zu viel Farbe gefällt den meisten gar nicht. Und wie es heute ein Follower sehr treffend zusammenfasste: Mit diesem Ergebnis ist das Klischee von patriarchalen, oberflächlichen Douchebags, die auf angemalte Püppchen und Silikontitten stehen, hart gefährdet."[301]

Besonders interessant ist, dass kein Wort darüber verloren wird, was Frauen an sich selbst am besten gefällt. Klar ist, wer sich als Frau „hübsch" macht, tut dies für Männer. Außerdem wird der Zuspruch zu einer natürlichen Schönheit, die Schminke nicht nötig hat, deutlich. Möglichst natürlich sollte Weiblichkeit sein, wenn auch nicht ganz auf Make-up und Schminkaccessoires verzichtet werden muss. Annika Stahn, *radikal feminin*-Aktivistin, zeigt sich vor Kameras selbst immer

[299] Mehr dazu in Kapitel 6.2.
[300] radikal feminin 2018a, 13.10.2017.
[301] Ebd.

dezent geschminkt. Aktivistinnen wie Stahn und Manescu vermitteln keineswegs ein traditionelles Bild von Weiblichkeit, sie tragen weder Röcke noch Flechtfrisuren, diese Abgrenzung zu einem allzu traditionellen Erscheinungsbild scheint ihnen wichtig. Moderne traditionelle Frauen wollen sie sein[302], dabei wollen sie die Uhren nicht in allen Aspekten zurückdrehen und moderne Weiblichkeitsvorstellungen können angenommen werden:

> „Traditionen sind Aspekte des Lebens und der Kultur, die sich über eine Vielzahl von Generationen bewährt haben. Dabei sei gesagt, dass nicht jeder Aspekt der Vergangenheit damit gemeint ist."[303]

Während sich *radikal feminin* für ein dezentes Make-up ausspricht, stellt sich Melanie Schmitz gegensätzlich dazu auf einzelnen Bildern ihres Instagram-Profils sehr stark geschminkt dar und mit einer Vorliebe für Schmink-Accessoires. Zu bemerken ist an dieser Stelle ein kritischer Post von Schmitz, der erneut Assoziationen zu feministischen Debatten um Schönheitsnormierungen aufruft:

> „Ok guys so this is a critical post about nowadays #makeup trends. I dont really know what I hate most: all of these internet makeup trends or myself not being able to resist them. [...] do I actually look like a woman or could I also be a man? My eyebrows are fake, my lashes are false, my face is contured to death. When I look into the mirror, in the first moment I find this oustandingly sexy. In the next moment I realize that I could also be a drag queen. What unrealistic beauty standards women themselves create. We would all be fucking disgusted if every woman stoped wearing makeup in this moment. We dont even know what is natural anymore.

[302] Vgl. Honold/radikal feminin 2017.
[303] Honold/radikal feminin 2017.

> This is not an anti makeup butthurt post but please imagine the pressure you put on yourself when you do not question this. I dont want people to stop doing their makeup but I want people to start thinking about what they are doing and which trend they are following. I myself am a bit sad right now that I want to let go of the look in the picture - just because I want to feel good about myself again. For a long time I didnt feel as pretty as today wearing that shitload of paint. I will never put makeup aside completely but I want to reduce it, I want a healthy relationship to it. I want to stop fooling myself and feel pretty with a realistic, feminin, natural human face again.“[304]

Schmitz zeigt eine anerkennende wie zugleich abwertende Haltung für die Techniken von Dragqueens. Frauen sollten zu einer echten natürlichen Weiblichkeit stehen und sich nicht einer künstlich hergestellten Weiblichkeit, wie sie sich Dragqueens ihrer Meinung nach zu eigen machen, annähern. Darüber hinaus kritisiert sie vor allem im letzten Teil des Zitates das ungesunde Verhältnis, das viele Menschen gegenüber ihrem Körper empfinden, und den Druck von Schönheitsvorstellungen, der auf ihnen lastet.[305] Beachtenswert an dieser Debatte um Make-up-Nutzung ist, dass beide Aktivistinnen – Annika Stahn/*radikal feminin* und Melanie Schmitz – sich für die Reduzierung von Schminke und die (Rück-)Besinnung auf eine natürliche Weiblichkeit aussprechen. Während Frauen bei *radikal feminin* diese Überlegungen in Bezug auf oder für Männer machen sollten, spricht Schmitz von den Frauen selbst und ihrem Verhältnis zum eigenen Körper. Durch dieses Thema stellvertretend sichtbar geworden, drückt sich Annika Stahns

[304] Schmitz 2018a, 19.08.2016.
[305] Vgl. auch Koppert 2003: 144.

und auch Aline Manescus Bild einer in Abhängigkeit zum Mann stehenden Frau aus, während Aktivistinnen wie Paula Winterfeldt und Melanie Schmitz durchaus auf ihre Unabhängigkeit rekurrieren.

Der propagierte Stolz auf die eigene Weiblichkeit drückt sich bei den meisten Aktivistinnen in klassischen, wenn auch weitaus pluralisierter in einer heutigen Gesellschaft auftretenden, Erkennungsmerkmalen beziehungsweise immer noch gesellschaftlich mit Weiblichkeit assoziierten Attributen, wie beispielsweise langen Haaren, aus. Nahezu alle mir bekannten Aktivistinnen tragen halb-lange bis lange Haare. Als Melanie Schmitz sich Ende 2017 die Haare kurz schneiden ließ, sorgte sie für Empörung im „eigenen Lager". Das folgende Zitat zeigt auf, dass Schmitz wohl des Öfteren für ihr äußeres Erscheinungsbild innerhalb der rechten Szene angegangen wurde. Sie gibt in diesem Post verschiedene wichtige Statements, weshalb es ausführlich dargestellt wird:

> „Ihr findet meine Haare scheiße? Schade. Ihr findet meine Piercings scheiße? Schade. Und meine Tattoos erst? Jo. Schade. Vielleicht fangt ihr mal lieber an, mich nach meinen politischen Handlungen zu bewerten, anstatt nach meinem Aussehen. Ja, ja, Komplimente zu meinem Aussehen können auch ganz nett sein und pushen das Ego und so - würden sie nicht vorwiegend von einsamen, alten, gruseligen Männern kommen, die vorher mit ihrer freundlichen "Hi :)" Nachricht im Papierkorb gelandet sind. Das aller Geilste ist aber, wenn mir jemand vorwirft ich wäre von den "linksversifften" beeinflusst in meinem Aussehen und deshalb eine politische Enttäuschung geworden. Vermessener und undankbarer gehts nun wirklich nicht. Sorry wenn ich nicht dem Bild entspreche, das ihr in mich hineinrpojizieren wollt. Dafür gibt es ja viele unterschiedliche Mädchen bei uns im Lager: die, die ihr euch wünscht mit ihren langen, blonden Flechtzöpfen (versteh ich, finde ich auch hübsch) und eben Mädchen wie

> mich, die mit einer kurzhaarigen Mutter und Großmutter groß geworden ist und wohl ein etwas anders geprägtes Schönheitsideal hat. Da könnte ich mir echt an den Kopf fassen, wenn ich so manche Kommentare lese, mit was für Menschen ich mich gemein machen muss. Dass vor allem meine Haare zu so einem fucking Dauerbrenner in der Entrüstung werden würden, hätte ich wirklich nicht gedacht. Auch das rechte Lager hat Stellenweise echt Nachholbedarf. Es ist 2018 Leute, holt den Stock aus dem Arsch."[306]

Schmitz bricht an mehreren Stellen mit den von anderen Aktivistinnen erfüllten Weiblichkeitsvorstellungen. Sie bezieht sich beispielsweise auf ihrem Instagram-Profil immer wieder positiv auf den Konsum von Alkohol und Feiern gehen, raucht und präsentiert stolz ihre neuesten Tattoos. Auch Paula Winterfeldt lässt ihre Instagram-FollowerInnen live dabei sein, während sie sich das neue „defend Jurob" Tattoo stechen lässt.[307] Auch Bilder vom Kneipentisch oder mit Bier in der Hand und Sprüchen wie: „DER KLÜGERE KIPPT NACH"[308] sind bei Winterfeldt keine Seltenheit. Mit dem neuen Kurzhaarschnitt sticht Schmitz jedoch heraus. In ihrer Forderung, sie nicht nach ihrem Äußeren, sondern ihrem politischen Handeln zu bewerten, lässt sich zum wiederholten Mal eine Anlehnung an feministische Argumentationen erkennen. Der Kampf um politische Anerkennung von Frauen hat jedoch nicht mit der Errungenschaft des Frauenwahlrechts geendet, was auch Schmitz zu spüren bekommt. Sie preist dagegen die Vielfalt der möglichen Weiblichkeiten innerhalb der *Identitären* an und setzt sich für eine plurale Vorstellung von weiblichen Schönheitsidealen ein. In diesem Post wird darüber hinaus ein Bruch zwischen der explizit als Jugendbewegung auftretenden *Identitären* und älteren Menschen im rechten Lager deutlich. Durch ihr jugendliches Auftreten schaffen die *Identitären* es

---

[306] Schmitz 2018a, 12.03.2018.
[307] Winterfeldt 2018, 29.09.2017.
[308] Ebd., 05.10.2015; Herv. i. O.

nicht nur, sich hipp und modern zu geben, sondern auch mit lange bestehenden Klischees von Rechten zu brechen. So scheinen auch Frauen, die „mit den Jungs mitlaufen“[309], rauchen und Alkohol trinken, gesamtgesellschaftlich lange schon kein Fauxpas mehr zu sein. Um den Anschluss nicht zu verlieren, müssen diese Frauenbilder auch in der IB akzeptiert werden.

Zusammenfassung

Den identitären Aktivistinnen ist eine selbstbewusste Weiblichkeit gemein, die sich in einem selbstsicheren Umgang mit dem eigenen Erscheinungsbild und der Betonung des eigenen Intellekts ausdrückt. Auf Anfeindungen und Äußerungen zu ihrem Äußeren reagieren die identitären Frauen oftmals selbstbewusst und widersetzen sich teils gängigen Schönheitsidealen. In den Aussagen von Melanie Schmitz ist zudem ein Rückgriff auf feministische Argumentationsweisen zu erkennen. Immer wieder veröffentlichen Aktivistinnen wie Melanie Schmitz oder Paula Winterfeldt Bilder von Theorie-Büchern, die sie lesen, oder zitieren VordenkerInnen der *Identitären* und brüsten sich mit diesem Wissen. Frauen haben, so die identitären Frauen einhellig, spezifisch weibliche Eigenschaften wie eine höhere Emotionalität, durch die beispielsweise auch eine höhere Kreativität und ein Hang zur Natur abgeleitet werden könne. Die Erscheinungsbilder der Aktivistinnen variieren und decken eine ganze Bandbreite an gesellschaftlich vorhandenen Schönheitsidealen ab. Bemerkenswert ist hierbei die Kritik der Aktivistin Melanie Schmitz an dem Druck, den genau diese Schönheitsideale auf junge Frauen (und Männer) ausüben.

---

[309] Schmitz 2018b, 18.02.2018.

5.4 Mutterschaft

Wie auch in der klassischen extremen Rechten hat das Thema Mutterschaft einen hohen Stellenwert innerhalb der *Identitären*.[310] So komme Müttern, wie Goetz herausstellte, eine tragende Rolle im „Großen Austausch“ beziehungsweise bei dessen Verhinderung zu.[311] Durch mehr eigene Kinder könne der drohenden Massenmigration entgegengewirkt werden. Die Gebärfähigkeit von Frauen rückt in den Mittelpunkt und wird als naturhaft und bedeutend verhandelt. In den Selbstbildern der Aktivistinnen spiegelt sich diese fokussierte und priorisierte Aufgabe von Frauen nur bei Teilen der Aktivistinnen wider. Die *Identitären* folgen dabei dem von Faludi festgestellten Trend antifeministischer AkteurInnen, Frauen ein konservatives Hausfrauen-Dasein erneut schmackhaft machen zu wollen.[312] Eine Zustimmung zum Bild der Frau als Mutter lässt sich aus allen Aussagen der verschiedenen identitären Aktivistinnen herauslesen. Die Priorisierung und Intensität, mit der das Thema Mutterschaft verhandelt wird, weist jedoch deutliche Unterschiede auf. Paula Winterfeldt und Melanie Schmitz beziehen sich positiv auf ihre Mütter und Großmütter, was beispielsweise wiederholte Aufnahmen von Winterfeldt mit ihrer Großmutter und der Bildunterschrift: „Dein ist mein ganzes Herz.“[313] zeigen. Auch Schmitz postet anerkennende Worte für ihre Mutter zum Muttertag:

> „I hope that one day I can give my children the same you gave me. You made me the person I am now and I wish I

[310] Vgl. für die klassische Rechte beispielsweise: Botsch/Kopke 2018.
[311] Goetz 2017: 255, 263.
[312] Faludi 1993 [1991]: 133ff.
[313] Winterfeldt 2018, 31.12.2017.

> could give all the love back to you. You were perfect and you would have derserved immortality. Ich liebe dich, Mama."[314]

In dem Beitrag wird neben der Liebe und Anerkennung gegenüber ihrer Mutter zudem deutlich, dass sie selbst einmal Kinder haben möchte und Mutterschaft Teil ihres Selbstbildes ist. Wie und wann sie sich ihre zukünftige Mutterschaft vorstellt, geht aus dem Post nicht hervor. Schmitz und Winterfeldt behandeln das Thema Mutterschaft selten auf ihren Online-Profilen und widmen sich vermehrt allgemeinpolitischen Geschehnissen.

Selbstidentifikation, Essentialismus und gesellschaftliche Aufwertung der Mutterrolle

In den Beiträgen von *radikal feminin* und Annika Stahns Aussagen ist das Thema Mutterschaft hingegen überaus dominierend. Auch die Facebook-Seite der *Identitären Mädels und Frauen* bespielt das Thema in regelmäßigen Abständen. Durch Hashtags wie #futuremoms[315] betonen die *radikal feminin*-Aktivistinnen immer wieder ihre natürliche Bestimmung zur Mutterschaft und markieren eine starke Selbstidentifikation mit dieser Rolle. *Radikal feminin* postete auf Facebook einen Sticker mit der Aufschrift: „Mutterkraft. Die Leben schafft"[316]. Auch Aline Manescu spricht sich im Interview mit Martin Sellner deutlich für Kinder aus[317] und die Aktivistin Nadja[318] gibt im *Compact*-Interview an:

---

[314] Schmitz 2018a, 14.05.2017. Orthografischer Fehler im Original.
[315] Beispielsweise radikal feminin 2018c, 03.11.2017.
[316] radikal feminin 2018a, 17.09.2017.
[317] Vgl. Manescu/Sellner 2017.
[318] Nachname unbekannt.

> „Ich bin sicher kein Heimchen-Typ. Ganz im Gegenteil. Aber ich finde es gut, wenn sich Frauen auch hauptsächlich ihren Kindern widmen.“[319]

Frau sein ist für die identitären Aktivistinnen essentiell mit Mutterschaft verbunden. Wie diese im Detail ausgestaltet sein soll, wird in wenigen der Aussagen diskutiert. Lediglich Freya Honold schreibt auf *radikal feminin* einen längeren Blogbeitrag über das Thema „Arbeit und Familie“ und legt dabei ihre Vorstellungen von Mutterschaft dar. Er wird in Teilen ausführlicher zitiert. Zu Anfang erwähnt Honold:

> „An dieser Stelle sei noch gesagt, dass die Väter im Leben der Kinder eine ebenso wichtige und zentrale Rolle spielen. Das ist als gegeben anzusehen und soll nicht das Thema des folgenden Textes sein.“[320]

Die zentrale Rolle der Väter scheint sich in der des Familienernährers und der Vermittlung von Stärke zu erschöpfen, während Müttern geradezu eine aufopfernde Haltung für ihre Kinder abverlangt wird beziehungsweise ihnen diese natürlich gegeben sei. Ein Modell, in dem beispielsweise ein Vater Elternzeit nimmt oder Zuhause bleibt, wird nie thematisiert. Freya Honold spricht sich vehement für die Legitimität der Entscheidung von Frauen für Kinder und gegen eine Karriere aus. Diese Frau, sei

---

[319] Dassen/Identitäre Aktivistinnen 2017: 16.
[320] Honold/radikal feminin 2017.

> „nicht vom Patriachat[321] unterdrückt und als Gebärmaschine missbraucht, nein, sie entscheidet sich aus freien Stücken ihren Kinderwunsch zu erfüllen.“[322]

Im Folgenden erläutert Honold ausführlich, welches Gefühl Kinder in einer Frau auslösen können, und setzt dieses „Glück“ in Kontrast zu Job und Karriere:

> „Du wirst unsterblich. Es ist dir möglich, unzählbar viele magische Momente zu erleben, während das kleine Du neben dir zu einem selbstständig denkenden, handelnden Wesen wird. Du fühlst unendliche Liebe, mehr als du dir jemals hättest erträumen können und kriegst so viel davon zurück, dass dein Herz zum Bersten voll damit ist. Das Gefühl, wenn dein Kind ganz klein und warm auf deiner Brust liegt und du sein Herz und dein eigenes im gleichen Takt schlagen spürst…Dieses Gefühl gibt dir deine Arbeit nicht. Arbeit gibt einem andere Dinge. Das Gefühl, dass jahrelange Studien und Stunden, in denen du mühsam Dinge erlernt hast, endlich Erfolg bringen. Du verdienst dir deinen Lebensunterhalt, lernst stets neue Dinge in dem Fach welches dich begeistert. Wenn du es richtig machst, hörst du nie auf zu lernen. Das alles kann dir deine Arbeit geben. Aber sie kann dir niemals die Liebe und Wärme einer Familie ersetzen.“[323]

---

[321] Nina Degele beschreibt Patriachat als eine Monopolisierung von Machtpositionen durch Männer in allen sozialen Bereichen. Sie fasst darunter auch Beziehungen zwischen Geschlechtern, in denen Männer dominant und Frauen untergeordnet sind (vgl. Degele 2008: 38).

[322] Honold/radikal feminin 2017.

[323] Ebd.

Freya Honold verfolgt hier eine ähnliche Strategie, wie Faludi sie für die US-amerikanische Filmbranche in den 1980er Jahren feststellt.[324] Dort seien Kleinkinder in Filmen durch Säuglinge und Babys ersetzt worden, um so einen verstärkten Kinderwunsch bei Frauen hervorzurufen. Auch Honold spielt auf die unbeschreibliche Schönheit mütterlicher Gefühle an und versucht, das Mutter-Dasein attraktiv zu machen. Romantisierend berichtet sie, wie traditionell eingestellte Menschen sich ein Zusammenspiel aus Arbeit und Familie wünschen. Eine Familie, der sie dann von ihrem erfolgreichen Berufsalltag berichten können. Von diesem müssen dann zumeist Männer erzählen, denn:

> „Mutter Natur hat die Frauen mit einem engen Band zu ihren Kindern beschenkt und durch natürliche Gegebenheiten ist es dann meist so, dass Frauen sich entscheiden, eine Auszeit von der Arbeit zu nehmen und ihre Sprösslinge die ersten Jahre ihres Lebens intensiv zu begleiten. Diese Entscheidung wird uns Frauen jedoch nicht aufgezwungen. [...] Traditionell zu sein heißt nicht, automatisch beginnend mit der Geburt des Kindes den Rest seines Lebens zuhause in der Küche zu verbringen. Die traditionellen Frauen die ich kenne, haben selbstlos, aus Liebe zu ihren Kindern, ihren eigenen Wunsch weiter in dem Beruf zu arbeiten, der ihnen Freude bereitet, zurückgestellt, um für sie da zu sein. Indem sie dies tun, erfahren sie im Muttersein eine Freude, die der einer erfolgreich erledigten Arbeit uneingeschränkt gleichwertig ist.“[325]

Mutterschaft wird hier klar als essentielle Aufgabe von Frauen verhandelt, die dementsprechend mit den Eigenschaften und Stärken wie Fürsorge, Zuneigung usw. von „Mutter Natur“ ausgestattet wurden und deshalb die Position als Sorgende ausfüllen müssen. Dabei wird Frauen

[324] Faludi 1993 [1991]: 196.
[325] Honold/radikal feminin 2017.

gegensätzlich zu Männern Selbstlosigkeit und Aufopferung abverlangt, für die sie mit den Freuden des Mutter-Daseins belohnt werden. Traditionell zu sein, heiße nicht, so Freya Honold weiter, nicht irgendwann wieder arbeiten gehen zu können, doch in der Zeit, wo Kinder „Liebe und Zuneigung speziell von der Mutter auch bedürfen, ihnen genau dies zu geben."[326] Um dies zu verdeutlichen, erzählt sie schwärmend vom Beispiel ihrer Mutter, die studiert und vier Kinder auf die Welt gebracht habe. Sie sei weitestgehend Zuhause gewesen und hätte sich fürsorglich um die Kinder gekümmert. Nachdem das jüngste Kind alt genug gewesen sei, habe ihre Mutter, so Freya Honold:

> „ein erfolgreiches Geschäft, mit dem was sie liebt, aus dem Nichts aufgebaut und hat mir und allen traditionellen Frauen so gezeigt, dass es möglich ist, Arbeit und Familie zu haben"[327].

Beides – Karriere und Kinder – gleichzeitig zu wollen, führe jedoch zu Unzufriedenheit in beiden Bereichen. Weiter mahnt Honold, wenn man die Entscheidung für ein Kind getroffen habe, dann sei Egoismus „völlig fehl am Platz"[328]. Sie lehnt körperliche Rücksichtslosigkeit gegenüber diesem neuen Wesen wie Rauchen, Alkohol trinken oder exzessiven Sport ab. Aber auch darüber hinaus müssten Frauen sich mental auf die Umstellungen einstellen und bereit sein, zurückzustecken:

> „Gerade im Bezug auf die Arbeit gilt es nun das Kind zu priorisieren, um ihm ein behütetes, warmes Umfeld für sein Heranwachsen zu bieten. Der typische Fall der Karrierefrau, die ein Kind bekommt, aber nicht aufhören will zu arbeiten und deswegen ein Kindermädchen einstellt und dann zu spät nach Hause kommt, um ihrem Kind noch ein Gute-Nacht-

---

[326] Ebd.
[327] Ebd.
[328] Ebd.

> Kuss zu geben, führt dazu, dass dieses Kind ein gestörtes Verhältnis zu seiner Mutter hat. Es wird sich immer vernachlässigt fühlen, weil es weiß, das seine Mutter die Arbeit, den Erfolg und das kalte Geld mehr priorisiert, als ihr eigen Fleisch und Blut. Genau deswegen kann das Kindermädchen auch niemals ein passender Ersatz für eine Mutter sein. Blut ist dicker als Wasser. Das Kind wird immer wissen, wer seine Mutter ist, sie aber nie wirklich als Mutter sehen."[329]

Während Frauen der Aussage nach egoistisch handeln, wenn sie Kind und Karriere vereinbaren möchten, ist es vollkommen legitim, wenn Männer nach „dem kalten Geld" streben. Für die Autorin und auch für andere Aktivistinnen von *radikal feminin* steht zweifelsohne fest, dass für Frauen die Mutterrolle eine natürliche Bestimmung ist. Wer diese vernachlässigt oder anders auslebt als Honold eine *gute* Mutter definiert, gilt als egoistisch und selbstsüchtig. Das wiederholt angeführte Negativbeispiel der Karrierefrau, die willentlich das Wohlbefinden des Kindes für ihre eigenen Interessen vernachlässige, ist wiederum ein Seitenhieb auf *den* Feminismus, der die in den Beruf strebenden Frauen erst ermuntere.[330] Völlig außer Acht gelassen werden dabei ökonomische Verhältnisse, die es für beide Elternteile nötig machen, Geld zu verdienen. Rein ökonomisch gesehen ist das Ein-Ernährer-Modell für viele Familien nicht mehr haltbar oder war es zum Teil noch nie.[331] Ursachen für den Rückgang dieses Arrangements sehen die Autorinnen neben feministischen Bestrebungen vor allen Dingen auch in den sozialpolitischen Umbrüchen hin zum Aktivierungsstaat.[332]/[333] Um den Wunsch von Frauen, einen erfüllenden Job zu haben, nicht ganz außen vor zu lassen, schließt Freya Honold mit den Worten:

---

[329] Ebd.
[330] Vgl. auch Müller 2013: 177.
[331] Vgl. Wimbauer/Motafek/Teschlade 2015: 44.
[332] Weiterführend zum Begriff des aktivierenden Staates: Dingeldey 2006.
[333] Vgl. ebd.: 45.

> „Geld kann niemals wichtiger sein, als die Familie und die Erfüllung, die einem die eigene Berufung bringt. Diese kann man auch erhalten, bevor und nachdem man das Kind mit Freuden großgezogen hat".[334]

Ein weiterer wichtiger Aspekt, der in Honolds Argumentation aufkommt, ist der der biologischen leiblichen Verbundenheit von Kind und Mutter. Kinder brauchen, so die Aktivistin, die eigene Mutter, das „eigen Fleisch und Blut". Daraus schließt sie, es reiche für Kinder nicht aus, eine liebevolle und kümmernde Bezugsperson zu haben, nein, sie müssen biologisch von dieser abstammen.

Aktivistinnen wie die von *radikal feminin* vermitteln eine ständige Selbstidentifikation mit ihrer zukünftigen Rolle als Mutter. Zukünftig, da nur die wenigsten selbst bereits Kinder haben.[335] Außer den Aktivistinnen Lisa „Licentia" aus Köln, Ingrid Weiss aus Österreich und der deutlich älteren Caroline Sommerfeld-Lethen sind mir keine öffentlichkeitswirksamen identitären Frauen bekannt, die bereits Mütter sind. Die Aktivistinnen leben also selbst zunächst das von ihnen gesellschaftlich kritisierte Bild der Verwirklichung eigener Lebensvorstellungen und sind häufig noch im Studium. Bei Fragen nach Kind und Familie werden sie jedoch nicht müde zu betonen, dass Mutter zu sein ein Wunsch von ihnen ist. Mutter-Sein wird von ihnen essentialisiert und als weibliche Bestimmung angesehen, wie im nächsten Zitat nochmals deutlich wird:

> „Welche Kraft kann einflussreicher, anspornender sein, als die mütterliche Liebe, die sanfteste und zugleich unerschrockenste Kraft in der ganzen Naturordnung?"[336]

---

[334] Honold/radikal feminin 2017.
[335] Vgl. auch Faludi 1993 [1991]: 330–349.
[336] Identitäre Mädels und Frauen 2018b, 10.05.2015.

In der Versicherung der Aktivistinnen, ihr Mutter-Dasein früher oder später zu erfüllen, liegt zudem – ähnlich dem kämpferischen Verhalten, das mit einer Überbetonung von Weiblichkeit einhergeht[337] – ein Befriedungsversuch mit den traditionellen Werten, die die geschlechterpolitische Ideologie der *Identitären* ihnen zuweist. Ihr Platz als Aktivistinnen in der politischen Gruppierung und auch ihre persönlichen Ambitionen, beispielsweise ein Studium zu absolvieren, können durch die ständige Betonung der zukünftigen Mutterschaft gerechtfertigt und wieder auf die geschlechterpolitische Denkweise der *Identitären* rückbezogen werden. So können sie im Schatten ihres zukünftigen Selbstbildes ihr Verhalten und Agieren in der Gegenwart legitimieren.

Sonderfall: Vaterbezug

Neben der regelmäßigen, fast schon heroischen Anrufung an Mutterschaft, fallen die relativ häufig geposteten Liebes- und Dankesbekundungen von Melanie Schmitz an ihren Vater deutlich auf. Sie scheint ein sehr inniges und vertrautes Verhältnis zu ihm zu haben und bekräftigt dies durch Posts auf ihrem Instagram-Profil, wie:

> „Appreciation post for the most wonderful person: my dad ♡. angry about the shit I'm doing all the time but still loving. Pls admire“[338] oder „Happy Fathersday! You are the love of my life, dad“.[339]

Sie bezieht sich mit diesen und weiteren Beiträgen weitaus häufiger positiv auf ihren Vater als auf ihre Mutter. Sie fällt damit deutlich aus dem Kanon der sonst einhelligen Identifikation von Frauen als Mütter,

---

[337] Siehe Kapitel 6.1.
[338] Schmitz 2018a, 01.08.2016.
[339] Ebd., 25.05.2017.

Sorgende und Haupterziehungsverantwortliche. Wie bereits an anderer Stelle geschehen, ist auch diese Beobachtung als Eingang modernisierter Werte – in diesem Fall stärker auf Gleichberechtigung beruhender Erziehungsmodelle – interpretierbar.

„Unsichtbare" Macht von Frauen (durch Mutterschaft und spezifisch weibliche Eigenschaften)

Erkenntnisreich ist zudem die Argumentationsweise der vor allem auf Mutterschaft fokussierten und antifeministisch agierenden Aktivistinnen von *radikal feminin*, die eine besondere Macht von Frauen feststellen. Auf die Frage im *Arcadi*-Interview, ob sie für das Patriarchat seien, antworteten die Aktivistinnen unter anderem:

> „Da Frauen seit jeher als eine der Hauptaufgaben die Erziehung der Kinder hatten, waren immer sie diejenigen, die Werte und Verhaltensmuster an die nächste Generation weitergegeben haben […]. Und zu der Frage, ob Frauen alles lenken sollten: Frauen lenken die Weltgeschicke, auch wenn sie dabei nicht im Rampenlicht stehen. Ob es Mätressen waren, die Herrscher beeinflussten, Ehefrauen, die ihren Männern Dinge eingeflüstert haben, ob es Töchter waren, die ihre Väter um etwas gebeten haben oder Mütter, die ihre Kinder zu selbstbewussten Menschen erzogen. Die Geschichte hat oft genug gezeigt, welchen Einfluss Frauen haben."[340]

Frauen wird hier eine „unsichtbare" Macht zugesprochen, die sich unterschwellig zeige, durch Beeinflussung und geschicktes Lenken von Männern. Auch hier werden spezifisch weibliche Eigenschaften angesprochen, die sich auf der Ebene der Kommunikation abspielen, wie das

[340] Noe/radikal feminin 2018, 10.

„Bezirzen" von Männern durch Mätressen, das „um den Finger wickeln" von Vätern durch ihre Töchter oder die ultimative Macht von Frauen durch ihre Gebärfähigkeit. An dieser Stelle ist die Ähnlichkeit zur Argumentation von Ellen Kositza, die sich ebenfalls auf eine spezifisch weibliche Macht stützt, unverkennbar.[341] Annika Stahn widmet diesem Thema einen Beitrag auf dem *radikal feminin*-Blog. In diesem stellt sie die Machtposition von Frauen als immens dar:

> „Frauen haben vergessen, dass sie eine viel grundlegendere Macht besitzen. Von Natur aus sind sie nämlich diejenigen, welche die Welt am stärksten beeinflussen und zwar schon in allen Anfängen. Die Männer in den Chefetagen sitzen dort, weil eine Frau sie zur Welt gebracht und zur Disziplin erzogen hat. Nur eine Mutter kann einem Kind genug Selbstvertrauen und Mut geben, damit es später einen eigenen Antrieb zum Erfolg entwickelt. Frauen entscheiden welche Männer mit welchen Eigenschaften sich fortpflanzen dürfen. Frauen können heute darüber bestimmen, ob sie einem Kind überhaupt das Leben schenken wollen. Frauen bestimmen nach wie vor über den Großteil der Erziehung, sie formen die Grundzüge des Charakters ihrer Kinder mit. [...] Wenn Frauen wollten, könnten sie innerhalb einiger Jahre alle Männer oder die ganze Menschheit auslöschen. Alle Männer bis auf einen könnten wir verschwinden lassen. Diesen einen bräuchte man nur als Samenspender."[342]

Stahn stellt Frauen – auf ihre Weise – als die eigentlich Mächtigen in dieser Welt heraus. Diese Macht müssten Frauen nur erkennen und als die ihnen innwohnende akzeptieren. Stattdessen stellt sie ein zunehmendes Streben von Frauen nach einer „männlichen" Macht fest:

[341] Vgl. Kositza 2008: 11; mehr dazu im Anhang.
[342] Stahn/radikal feminin 2017b.

> „Und diese Macht wollen Frauen heute eintauschen. Gegen die zweifelhafte Macht, die ihnen Geld und Erfolg im Beruf verspricht. Manche streben sogar danach, beides für sich in Anspruch zu nehmen. Allerdings schaffen das nur die wenigsten Frauen, ohne daran zu zerbrechen. [...] Männer müssen für ihre Macht in der Welt arbeiten, wir bekommen unsere in die Wiege gelegt und wir sollten sie mit Verantwortung und Würde tragen. Also, liebe Frauen, werdet euch wieder eurer natürlichen Macht bewusst und strebt nicht, einfach nur aus Prinzip, nach der zweifelhaften Macht der Männer! [...] Frauen sollten nur nicht glauben, dass Männer und dieses ominöse Patriarchat die Welt lenken. Das tun seit jeher wir. Das haben wir auch schon getan, als wir noch nicht die gleichen Rechte hatten.“[343]

Stahn nutzt die Behauptung dieser „unsichtbaren“ Macht dazu, Frauen mit ihrer Mutterrolle zu befrieden. Frauen und Müttern kommt damit keine machtlose und unterdrückte Position zu, sondern eine sehr kraftvolle und umfassende, die sich lediglich nicht auf einer „großen Bühne“ abspiele, sondern in den Hinterzimmern, den Familien geschehe und auch hier den Umweg über Männer gehen muss. Es bleibt für Frauen bei einer Abhängigkeit von männlichen Personen. Bereits zu Zeiten von Frauenrechtlerinnen (Suffragetten) Anfang des 20. Jahrhunderts wurde diese Argumentation angebracht, um Frauen die politischen Rechte vorzuenthalten.[344]

---

[343] Ebd.
[344] Vgl. Lloyd 1970: 25.

Zusammenfassung

Für die betrachteten Aktivistinnen ist Mutterschaft Teil ihres Selbstbildes. Wie viel Zeit und Intensität diesem Thema gewidmet wird, variiert. Diejenigen, die sich auffällig häufig mit ihrem (zukünftigen) Mutter-Dasein beschäftigen, weisen eine starke Selbstidentifikation und einen Essentialismus auf, der Frauen aufgrund ihrer Gebärfähigkeit auf Mutterschaft festlegt. In den Aussagen der identitären Frauen drückt sich dieses Denken in der Forderung nach einer gesellschaftlichen Aufwertung der Mutterrolle aus. Vor allem der antifeministisch agierende Teil der identitären Frauen spricht sich für die Entscheidung von Frauen für Kinder und (zumindest in den ersten Jahren) gegen eine Berufstätigkeit aus. Im Gegensatz zu den restlichen Aktivistinnen, die sich auf ihre Mütter und Großmütter beziehen, fällt Melanie Schmitz durch den wiederholten positiven Bezug auf ihren Vater auf. Auch die Argumentation der identitären Frauen, Frauen haben eine „unsichtbare" Macht, die sie angeblich aufgrund ihrer Gebärfähigkeit und ihrer höheren Emotionalität innehaben, gibt weiteren Aufschluss über die Selbstbilder identitärer Frauen. Gemeint ist damit unter anderem die Manipulation von Männern, um die eigenen Wünsche und Bedürfnisse umsetzen zu können.

5.5 Zur/in der Bewegung

Die identitären Frauen nehmen, wie in Kapitel 3.3 gezeigt wurde, verschiedene Funktionen innerhalb der *Identitären* ein. Ein gemeinsam geteiltes Element, das in allen Aussagen und Selbstdarstellungen der Aktivistinnen zu sehen war, ist das Werben für die Gruppe. Wie Goetz ausführlich darstellt, sollen durch die Selbstinszenierungen der Aktivistinnen ein Anreiz und eine Anwerbung von neuen männlichen Personen stattfinden.[345] Darüber hinaus war die Selbstwahrnehmung, gleichberechtigter Teil der Gruppierung zu sein, ein übergreifendes Merkmal, das lediglich in der genauen Ausgestaltung – ob in den „eigenen" Bereichen oder als Teil der männlichen „Crew" – variiert.

Werbende für die Gruppe

> „Gesicht zeigen ist uns von besonderer Wichtigkeit. Wir werden in den Medien und seitens der selbsternannten ‚Experten' gerne als eine reine Männerbewegung dargestellt. Doch das entspricht nicht der Wahrheit und wir möchten euch Tag für Tag genau zeigen: was wir machen, wer wir sind und wofür wir stehen."[346]

Die Aktivistin Melanie Schmitz beispielsweise posiert auf zahlreichen Fotos ihres Instagram-Profils lasziv verführerisch und versieht diese Bilder häufig mit politischen Aussagen. Die Facebook-Seite der *Identitären Mädels und Frauen* ist die größte Plattform der „eigenen Schönheit". In regelmäßigen Abständen sind hier Bilder von Frauen, die unterschiedlichen Schönheitsnormen entsprechen, abgebildet. Dazu Locksprüche wie: „Komm auch du in die Bewegung!"[347]. Auf der Facebook-Seite stellen die identitären Aktivistinnen häufig die neuen Kollektionen aus dem IB-internen Versandhandel *Phalanx Europa* zur Schau oder beteiligen sich an der Generierung von finanziellen Mitteln (Spendenaufrufe). Im Jahr 2017 diente rund ein Drittel der eigenständig

---

[345] Vgl. Goetz 2017: 264.
[346] Identitäre Mädels und Frauen 2018a, 15.10.2016.
[347] Identitäre Mädels und Frauen2018a, 16.03.2017.

verfassten 65 Posts (ca. 32,3%) solchen Werbezwecken, im Jahr 2016 fast ein Viertel (ca. 22,4%) der 161 Posts.[348]

Diese spezifisch weibliche Rolle, wird durch eine politisch-inhaltliche ergänzt. So schreiben die *Identitären Mädels und Frauen*:

> „Die identitäre Bewegung ist europaweit präsent und jeder kann bei uns mitmachen, der unsere Werte teilt und unsere Ideale verwirklichen möchte. Wir sind zwar eine Jugendbewegung, aber auch Ältere können uns gerne mitunterstützen. Es ist niemals zu früh oder spät, um mitzumachen! Wir freuen uns auf Deine Nachricht oder auf das nächste Treffen mit Dir! Komm in (DIE) Bewegung! Lerne uns kennen!“[349]

Gerade Aktivistinnen wie Melanie Schmitz und Paula Winterfeldt beschäftigen sich mit allgemeinpolitischen Themen, greifen diese in ihren Posts auf und bringen sie in Verbindung zur IB. So setzt Winterfeldt beispielsweise einen Post zu den Anschlägen in London im Sommer 2017 mit dem Hashtag #DefendEurope.[350] Melanie Schmitz stellt einen Screenshot, der sie in einer holländischen Dokumentation zeigt, auf ihrem Instagram-Profil ein und verweist auf das Hausprojekt der Kontrakultur Halle.[351]

Interessant sind außerdem einige der Tattoos von Schmitz und Winterfeldt. Während die Berliner Aktivistin Winterfeldt sich den „Defend Jurob“ Sticker, der auf eine Kampagne der IB aufmerksam macht, tätowieren ließ, ist Schmitz' Tattoo eines mit Pfeilen durchbohrten Wildschweins nicht ganz so leicht zu dechiffrieren. Sie kommentiert den Post mit den Worten „Gegen alle Widerstände“ und „no, it's the

---

[348] Verlinkungen anderer Beiträge, die von dem Account lediglich geteilt wurden, wurden nicht mitgezählt.
[349] Identitäre Mädels und Frauen 2018a, 15.10.2016. Hervorhebung im Original.
[350] Winterfeldt 2018, 04.06.2017.
[351] Vgl. Schmitz 2018a, 02.05.2018.

‚meaning' of the tattoo. It's a boar hit by various arrows but still running, giving a shit about the obstacles".[352] Sie nimmt damit Bezug auf die französische *neurechte* Organisation *Bloc Identitaire* (BI), dessen Symbol ein Wildschwein ist und die als Vorreiter für die Jugendorganisation *Génération Identitaire* in Frankreich und somit auch für die deutschen *Identitären* gilt.

Neben der „Schönheit des Eigenen" und politischen Inhalten ist es auch ein immer wieder angesprochenes „Gemeinschaftsgefühl", das die Aktivistinnen nach außen tragen. Vor allem in der Erzählung von gemeinsamen Aktivitäten wie politischen Aktionen, aber auch Freizeittätigkeiten wie Partys, Wanderungen und Weiterem. So berichtet die IB-Aktivistin Ina im *Compact*-Magazin:

> „Links und rechts von mir saßen IBler aus Wien, mit denen das In-der-Kälte-Hocken dann eigentlich halb so wild war. Wir wurden alle von Polizisten abgeführt, darauf folgte die Aufnahme der Personalien, und vor einer Woche kam dann Post vom LKA. Meine erste Straftat, aber ich würde es wieder genauso machen."[353]

Schmitz beschreibt hingegen die vorweihnachtliche Party im identitären Hausprojekt in Halle und lockt so mit gemeinschaftlichen Aktivitäten.[354] Auch Aktivistin Lisa rührt zum Schluss des *Compact*-Interviews nochmal die Werbetrommel, indem sie die Atmosphäre und das „Gemeinschaftsgefühl" betont:

> „Wir sind ein hochmotivierter, positiver Haufen, der sich komplett selbst organisiert. Und wir erleben natürlich jede

---

[352] Schmitz 2018a, 13.01.2018.
[353] Dassen/Identitäre Aktivistinnen 2017: 16.
[354] Schmitz 2018a, 16.12.2017.

> Menge Action und das Gefühl, endlich nicht mehr tatenlos zuzuschauen, endlich etwas zu bewegen."[355]

Die identitären Frauen identifizieren sich mit ihrer „Aufgabe" als Werbende für die Gruppe, ob nun durch optische Selbstinszenierung, politische Inhalte oder die Betonung eines Gemeinschaftsgefühls.

Gleichberechtigter Teil der Gruppe

An verschiedenen Stellen stehen die identitären Frauen dafür ein, als gleichberechtigte Aktivistinnen bei den *Identitären* wahrgenommen zu werden. Das zeigen beispielsweise das weiter oben angeführte Zitat der *Identitären Mädels und Frauen*, in dem sie sich gegen den Vorwurf der Männerdominiertheit wehren, oder auch diese Aussage einer bayrischen Aktivistin im Interview:

> „In der politischen Landschaft generell sind Frauen unterrepräsentiert. Die IB bildet da keine Ausnahme. Wer unsere Auftritte verfolgt, wird aber merken, dass wir Mädels bei jeder Aktion in irgendeiner Art und Weise beteiligt sind."[356]

Wiederholt tauchen auf der Facebook-Seite der *Identitären Mädels und Frauen* Fotos von Aktivistinnen auf mit Bildunterschriften wie dieser: „So sehen Patrioten aus! Weil Heimatliebe nicht nur Männersache ist!"[357] Dies erinnert an den Ausspruch des *Ring Nationaler Frauen* (*RNF*): „Politik ist auch Frauensache."[358] Die weiblichen *Identitären* sehen sich demnach als gleichberechtigten Teil der Gruppe, inwiefern

---

[355] Dassen/Identitäre Aktivistinnen 2017: 16.
[356] Identitäre Mädels und Frauen 2018b.
[357] Identitäre Mädels und Frauen 2018a, 17.07.2017.
[358] Siehe Kapitel 3.1.

sie Anteil an politischem Inhalt und Repräsentation nehmen beziehungsweise welche Position sie selbst für sich darin sehen, ist jedoch unterschiedlich. Für die einen ist ihr Beitrag für die „Sache" in der Erfüllung der ihnen zugedachten Rollen erfüllt. Sie argumentieren dahingehend ähnlich der Idealvorstellung einer „gesunden" Beziehung, die von den jeweiligen Stärken der Partner*innen profitiert. Andere identitäre Frauen streben nach einem gleichberechtigten Aktivismus und wollen Teil der männlichen „Crew" sein.

Gleichberechtigter Aktivismus in den frauenspezifischen Rollen

Die Aktivistinnen, die diese Richtung verfolgen, wie beispielsweise *radikal feminin,* beziehen sich stark auf die in Kapitel 5.4 vorgestellte „unsichtbare" Macht von Frauen und haben kein Interesse an „männlicher Macht". Auf die Gruppierung ausgelegt, bedeutet dies, dass sie nicht nach höheren Positionen streben, Jungs nicht den Rang ablaufen oder mit ihnen konkurrieren wollen, sondern sich auf ihre ganz eigene frauenspezifische Macht zurückziehen. Sie beschränken sich auf Themenfelder, die sie in einer völkischen Ideologie klar für sich zuordnen können, wie Mutterschaft, sexualisierte Gewalt und (Anti-)Feminismus, wie die Gesamtbetrachtung von beispielsweise Annika Stahns Auftritt in den sozialen Medien demonstriert. Frauen engagieren sich besonders wegen der zukünftigen Rolle als Mutter und als Betroffene von sexualisierter Gewalt, so beispielhaft die Aktivistin Nadja im *Compact*-Interview:

> „Ich kann mich nicht erinnern, irgendwann unpolitisch gewesen zu sein, und ich engagiere mich, weil ich nicht

möchte, dass unsere Kinder und Enkel je wieder in Unfreiheit leben müssen. Und vor allem möchte ich eines nicht: den Großen Austausch der Bevölkerung!"[359]

Unterstützt wird diese Form der wahrgenommenen „bereichsgeleiteten" Gleichberechtigung durch das Verhalten zu männlichen Interviewpartnern (häufig Martin Sellner). Lediglich als ergänzende Beobachtung kann auf eine sehr zurückhaltende und kleinmachende Haltung gegenüber männlichen Gesprächspartnern hingewiesen werden. Gerade die Aktivistin Annika Stahn zeigt dieses Verhalten bei Themen, die nicht originär „ihre" sind. Es scheint, als akzeptiere sie dabei „ihren eigenen Platz" in der Bewegung, der das Aufblicken zu einer starken männlichen Person beinhaltet, unter der sie sich positioniert. Zudem ist auffällig, dass männliche Personen in den Aussagen der identitären Aktivistinnen, die sich eher auf die beschriebenen Bereiche beschränken, meist als potentielle Partner angesprochen werden. Männer im Sinne von Kumpels finden wenig Erwähnung.

Gleichberechtigter Aktivismus als Teil der männlichen „Crew"

Gegensätzlich verhält es sich bei Aktivistinnen wie Schmitz und Winterfeldt, die sich auf Fotos ständig mit ihrem männlich dominierten Freundeskreis beziehungsweise den Männern aus ihrer politischen Gruppe zeigen. So veröffentlicht Winterfeldt ein Bild von sich mit einem Freund und den Hashtags: #bestfriends und #LieblingsGang.[360] Auch Schmitz setzt sich immer wieder mit ihrer „krew" in Szene.[361] In ihrem bereits ausführlich zitierten Blogeintrag spricht Schmitz davon,

---

[359] Dassen/Identitäre Aktivistinnen 2017: 14.
[360] Vgl. beispielsweise Winterfeldt 2018, 22.08.2017.
[361] Beispielsweise Schmitz 2018a, 23.10.2015; 23.04.18.

mit den „Jungs mitlaufen" zu wollen.[362] Dies bringt sie immer wieder zum Ausdruck. Oftmals ist sie die einzig weibliche Person auf Fotos mit anderen Aktivisten der Kontrakultur Halle. Sowohl Schmitz als auch Winterfeldt haben bereits Reden gehalten oder sonstige organisatorische Parts auf Demonstrationen übernommen.[363] Im Gegensatz zu Annika Stahn lässt sich bei Schmitz eine starke und ebenbürtige Positionierung im Umgang mit männlichen Gesprächspartnern feststellen. So präsentiert sie sich beispielsweise in einem gemeinsamen Interview mit dem identitären Rapper *Komplott* im *Arcadi*-Magazin argumentativ teils deutlich überlegen und selbstbewusst.[364] Gleichberechtigter Aktivismus bedeutet für Schmitz:

> „Wenn ich z.B. eine gleichgestellte Aktivistin sein will, bitteschön: Dann ließ, informier dich, leiste halt das gleiche was dein männlicher Kamerad leistet."[365]

Das Verständnis der Aktivistin ist streng an einem Leistungsprinzip orientiert: Wenn die Frau gut genug ist und das Gleiche vorweisen kann wie ein Mann, dann können auch Frauen gleichberechtigter Teil der *Bewegung* sein. Der Umkehrschluss ist folgend der, dass die Frau, wenn sie nicht gleichberechtigt ist, selbst Schuld hat und dies nicht an der politischen Organisation liegt. Auch hier wird die Orientierung an einem starken neoliberalen Leistungsdiskurs ersichtlich.[366] Röpke und Speit stellen allerdings fest, dass weibliche Kaderinnen bei all ihrer „Präsenz, ihres Fleißes und ihrer Unverzichtbarkeit […] politische Feindbilder wie Emanzipation, Feminismus und Gender Mainstreaming"[367] verinnerlicht haben.

---

[362] Schmitz 2018b, 18.02.2018.
[363] Winterfeldt 2018, 06.09.2017; 14.09.2017; Schmitz 2018a, 10.01.2016.
[364] Schmitz/Bass/Thiesen 2018.
[365] Schmitz 2018b, 18.02.2018.
[366] Vgl. Kapitel 5.6. c).
[367] Röpke/Speit 2011: 23.

Zusammenfassung

Die Aktivistinnen zeigen sich alle auf die eine oder andere Weise als Werbende für die *Bewegung*, was sie durch eine optische Selbstinszenierung, politische Inhalte oder die Betonung eines „Gemeinschaftsgefühls" zum Ausdruck bringen. Sie verstehen sich als gleichberechtigte Mitglieder der Gruppe – die einen Aktivistinnen in ihren selbstidentifizierten „frauenspezifischen" Rollen, die anderen als Teil der männlichen „Crew" und damit inhaltlich breiter aufgestellt.

5.6 Feminismus

Das Themenfeld Feminismus lässt bei weitem am meisten Differenzen innerhalb der Selbstbilder identitärer Aktivistinnen erkennen. Verschiedene, teils gegenüberstehende Positionen zu Feminismus drücken sich in den unterschiedlichen Darstellungsweisen der identitären Frauen aus und sind unter anderem ein Erklärungsaspekt der verschiedenen Selbstbilder. Zunächst werde ich einen kurzen Blick auf die Gemeinsamkeiten in den Argumentationen werfen, um anschließend die Differenzen in den Positionen sichtbar zu machen. Die gemeinsame Argumentation (1) umfasst die Ablehnung des von ihnen als Einheitskonstrukt adressierten „Dritte-Welle-Feminismus". Die differenten Positionen (2) zu Feminismus bewegen sich zwischen klar antifeministischen und andererseits vermeintlich frauenrechtlerischen Positionen.

Gemeinsame Positionen: Ablehnung eines „Dritte-Welle-Feminismus"

Wie in Kapitel 2.2 beschrieben, ist die häufigste Zählweise feministischer Bewegungen die in Wellen. Die identitären Aktivistinnen ordnen feministische Kämpfe der letzten Jahre und vor allem aktuelle Auseinandersetzungen einer dritten Welle zu und adressieren die diversen feministischen Strömungen und deren Ausprägungen einheitlich als „Dritte-Welle-Feminismus".

> „Unser Problem mit dem modernen 3. Welle Feminismus ist, dass er lange nicht mehr die Interessen derer vertritt, deren Stimme er sein will: der Frauen. Hinter dem Begriff ‚Feminismus' steckt heutzutage eine Ideologie der sozialen Konstruiertheit der Geschlechter, die Hand in Hand mit der Ideologie der kategorisch privilegierten bzw. unterprivilegierten Gruppen zusammenarbeitet. Wer sich jenseits dieser Ideologie für die greifbare Lebensrealität von Frauen interessiert, wird als ‚Rechtsfeministin' diffamiert."[368]

Finden verschiedene feministische Strömungen und die zum Teil unterschiedlichen daraus hervorgehenden Forderungen Eingang in die Argumentation identitärer Aktivistinnen, werden sie als Widersprüche innerhalb „des" Feminismus verhandelt und gegeneinander ausgespielt:

> „Wir wollen zum Nachdenken und Diskutieren anregen und zeigen, wie sehr sich der Dritte-Welle-Feminismus und seine Anhänger selbst widersprechen."[369]

---

[368] Identitäre Mädels und Frauen 2018a, 13.03.2017.
[369] Noe/radikal feminin 2018: 9.

In dem letzten Zitat der *Identitären Mädels und Frauen* wird sichtbar, dass der Hauptbezugspunkt der Ablehnung des heutigen Feminismus das Konzept der sozialen Konstruiertheit von Geschlecht ist. Dieses bereits 1949 geschriebene und in späteren Jahren zum Diktum einer Frauen- und Geschlechterforschung erhobene Zitat von Simone de Beauvoir „Man kommt nicht als Frau zur Welt, man wird es“[370] prägte die Zweite Frauenbewegung maßgeblich und ist zum Leitgedanken vieler feministischer Gruppierungen geworden. Deutlich formuliert Aktivistin Melanie Schmitz in einem Kommentar:

> „Alle Gleichberechtigung, die wir heute haben wurden durch Frauenrechtlerinnen und Frauenrechtlern ermöglicht - ich selbst bin Frauenrechtlerin und möchte diesen Begriff ganz bewusst vom Begriff des Feminismus abgrenzen. Der Feminismus zieht alle ehrenwerten Ziele der Gleichberechtigung in den Dreck durch seine vulgäre, widerwärtige, hysterische aber vor allem gierige Art.“[371]

Die Argumentation der Aktivistinnen gegen den von ihnen imaginierten „Einheitsfeminismus“ lässt sich anhand dreier prägnant auftretender Argumentationslinien illustrieren:

a) Die feministische Raupe Nimmersatt

Der undifferenzierten Adressierung „des“ Feminismus folgt die Anschuldigung, in seinen Forderungen zu übertreiben und nicht genug zu bekommen. Auf der einen Seite treibe er so exzessive Politiken im Bereich Sprache, *Gender Mainstreaming* und der „Umerziehung“ von Männern voran, vergesse aber auf der anderen Seite, wofür er wirklich

---

[370] Simone de Beauvoir 1992 [1949]: 334.
[371] Schmitz 2018a, 27.07.2017.

stehe beziehungsweise gestanden habe – für das Erkämpfen und die Verteidigung von Frauenrechten. Im Besonderen sind hier, so die identitären Frauen, die längst erreichte Gleichberechtigung von Frauen und das Recht auf körperliche Unversehrtheit gemeint, die von – vor allem muslimischen –Männern (wieder) angegriffen würden. Die Aussagen machen eine klare Dichotomie zwischen dem heutigen schlechten und „gierigen“ Feminismus und dem früheren guten Feminismus beziehungsweise dem Kampf um Frauenrechte auf. Dieser Kampf hatte, so die Aktivistinnen übergreifend, eine Daseinsberechtigung und war notwendig zur Erringung der Gleichberechtigung. Feminist*innen seien heute jedoch viel zu sehr mit „unwichtigen“ Forderungen, wie beispielsweise Sprachpolitik und pinkem Spielzeug, beschäftigt und würden deshalb die „tatsächliche Gefahr“ Islam verkennen.[372] Feminismus wird als eine Art Komplize des Islams beziehungsweise der Islamisierung angesehen, da dessen vermeintlich rückständige Werte von feministischer Seite toleriert würden. Es wird sich auf einen früheren kämpferischen Feminismus beziehungsweise auf Frauenrechtlerinnen berufen, den/die es heute wieder bräuchte, im Gegensatz zu einem übers Ziel hinausschießenden und auf „falsche“ Dinge fokussierenden Feminismus von heute:

> „Wenn wir diese realen probleme nicht angehen, katapultieren wir uns mit einem Schlag komplett zurück und können mit der Gleichberechtigung der Frau wieder bei 0 anfangen. Menschen aus anderen, vor allem islamistischen Kulturkreisen kennen nicht das Verhältnis zu Frauen, was in Europa ein Selbtverständliches ist. Im Gegenteil, sie verachten es. Da kann man nicht so arrogant sein und unser europäisches Frauenbild ganz einfach voraussetzen. Linke behaupten

[372] Ähnlich der Argumentationsstrategie zum Thema Feminismus, differenzieren die Aktivistinnen auch bei dem Begriff Islam nicht und adressieren ihn als homogenes Konstrukt. Sie unterscheiden keine Strömungen oder Glaubensrichtungen oder zwischen politischem Islam und Islam als Religion. In den meisten Fällen wird Islam gleichgesetzt mit „Kultur“.

> gerne das hätte nichts mit Nationalität zu tun sondern damit,ob man ein ‚Arschloch' ist oder nicht. Und diese Blindheit dafür dass wir mit einer extrem dominanten und selbstbewussten Kultur und ihren Kulturträgern zu tun haben, die sich nicht einfach durch ‚Integration' innerhalb von ein paar Wochen unser westliches Frauenbild aneignen werden, sondern im Gegenteil sogar die Degradierung der Frau in die Mitte unsrer Gesellschaft tragen werden, wird fatal sein."[373]

Der Islam wird demnach als wahre Gefahr dargestellt, der sich eine feministische Bewegung entgegenstellen müsse, um dem Schutz der Frauen gerecht zu werden. Passend zu dieser Anrufung an feministische Politiken, sich (wieder) einem gerechtfertigten Kampf zuzuwenden, ist die Verschiebung eines Feminismus auf andere Länder beziehungsweise andere Kulturen, wo er durchaus gebraucht werde:

> „Es gibt durchaus positiven Feminismus, solange er sich auf die richtigen Dinge konzentriert. Weltweit werden die Genitalien junger Mädchen verstümmelt, in vielen islamischen Ländern werden Frauen nach einer Vergewaltigung gesteinigt, weil sie die Ehe gebrochen haben. Auch die Vollverschleierung von Frauen sollte Feministinnen eigentlich aufstoßen. Sogar Ultrafeministinnen wie Schwarzer ist klar, was das bedeutet. Doch anstatt sich für solche Dinge einzusetzen, beschweren sich heutige „Frauenrechtsbewegungen" über Männer, die zu breitbeinig sitzen."[374]

Dies schlägt sich auch in dem Post auf der Facebook-Seite der *Identitären Mädels und Frauen* nieder, mit dem sie Werbung für eine Folge des Videoblogs *Lautgedacht* machen:

---

[373] Schmitz 2018b, 18.02.2018.
[374] Noe/radikal feminin 2018: 10.

> „In Deutschland löst ‚süße Maus' eine Sexismusdebatte aus. Währenddessen zeigt das marokkanische Staatsfernsehen Schminktipps, damit Opfer häuslicher Gewalt ‚mit ihrem Leben weitermachen können'. Dein Mann schlägt dich? Überschmink es doch einfach!"[375]

Eine deutsche oder europäische Gesellschaft wird hier als eine vollständig gleichberechtigte verhandelt, in der Feminismus als „Raupe Nimmersatt" auftritt. Dabei sollte dieser vielmehr die längst erkämpften Frauenrechte nach „Außen" hin gegen Geflüchtete und eine muslimische Kultur verteidigen. Auf der anderen Seite ist in diesen „rückständigen" und/oder „islamischen" Ländern ein feministisches Eingreifen durchaus notwendig. Kurz gesagt ist Feminismus dann legitim, wenn er nach innen nicht die eigene Identität angreift, heißt eine natürliche Zweigeschlechtlichkeit infrage stellt, sondern die bisherigen ausreichenden Errungenschaften nach außen gegen den Islam verteidigt. Eindrücklich wird dieser Teilzuspruch in der später dargestellten Argumentation zu frauenrechtlerischen Positionen. Der Versuch, feministische Positionen gegen vermeintlich islamisch-rückständige Werte in Anschlag zu bringen oder die beiden Feindbilder in einer Komplizenschaft zu thematisieren, ist kennzeichnend für die Argumentation der Aktivistinnen.

b) Verweichlichung/Verweiblichung der Männer

Zudem werfen sowohl *radikal feminin* als auch die Aktivistin Aline Manescu im Interview mit Martin Sellner dem heutigen Feminismus vor, Männer zu verweichlichen. Ihrer Stärke beraubt seien sie so im Kampf gegen den „Großen Austausch" nicht gewappnet:

---

[375] Identitäre Mädels und Frauen 2018a, 04.12.2016.

> „Ich rede von den Frauen, die ihre Söhne teilweise verweichlichen und unglaublich weiblich erziehen und ihnen, sie nicht in ihrer Männlichkeit bestärken und auf der anderen Seite dieses männliche, aus fremdländische, ja eben nicht diese europäische Kultur aus Afrika oder Arabien. Das heißen sie dann willkommen und das wollen sie dann, während sie ihre eigenen Söhne überhaupt nicht männlich erziehen teilweise. Und ich finde da ist so ein Widerspruch und diese eigene Schwäche erlaubt es dann auch erst, dass sich diese andere Stärke so breit machen kann."[376]

Feminismus wird demnach in mehreren Argumentationsweisen die Schuld an der „drohenden Gefahr" zugesprochen.

c) Neoliberale Grundhaltung und Ablehnung des „Heimchen am Herd"- Klischees

Wiederkehrend kann in den Aussagen der Aktivistinnen eine neoliberale[377] Grundeinstellung ausgemacht werden. Neoliberalismus, als in den 1990er Jahren dominant gewordene neoliberale Wirtschaftside-

---

[376] Manescu/Sellner 2017.

[377] Zum Begriff des Neoliberalismus: In den 1990er Jahren löste der Neoliberalismus den bis dato vorherrschenden Keynesianismus als dominante kapitalistische Ideologie ab. „Dem Neoliberalismus geht es um die Stabilisierung der Marktgesellschaft, das Zurückdrängen staatlicher Einflüsse vor allem auf die Wirtschaft, also um die Priorität der Ökonomie vor der Politik, während der Keynesianismus der Politik, genauer staatlichen Interventionen im ökonomischen Bereich Priorität vor der Ökonomie einräumte." (Müller 2013: 142) Neoliberalismus ist dabei mehr als nur eine Wirtschaftstheorie. Von ihm sind auch philosophische, rechts- und politikwissenschaftliche und soziologische Perspektiven geprägt (vgl. Müller 2013: 142). Ursachen für ökonomische Krisen werden vielmehr in Staatsinterventionen als in Marktmechanismen gesucht, daraus resultiert die Forderung nach einem Abbau eines „überbordenden" Wohlfahrtstaates (vgl. ebd.: 144).

ologie verstanden, hat weitreichende Folgen für die menschliche Strukturiertheit des Zusammenlebens. Wie Müller beschreibt, spielen Individuen im Neoliberalismus lediglich dann eine Rolle, wenn sie auf den Markt bezogen sind, im Sinne von Konsument*innen und Produzent*innen.[378] Das neoliberale Individuum sei gekennzeichnet durch sein Streben nach Eigennutz, Eigeninitiative und Selbstverantwortung. Menschen werden als Inhaber*innen ihrer Arbeitskraft verhandelt, die immer weiter an sich selbst, sprich der Anhäufung ihres Humankapitals, arbeiten müssen. Spezifisch auf Frauen gerichtet heißt dies, wie Müller es auf den Punkt bringt:

> „Verdienen Frauen weniger als Männer, dann haben sie eben den falschen Beruf gewählt oder sich bei Gehaltsverhandlungen nicht durchsetzen können. Selbst dran schuld. Emanzipation steht nicht mehr für einen kollektiv herbeizuführenden Veränderungsprozess, dessen Ziel die Befreiung von Unterdrückung ist, sondern für eine individuell von Frauen zu erbringende Leistung, meist verstanden als Vereinbarkeit von Beruf und Familie, von Kindern und ‚Karriere'."[379]

Diese verinnerlichte Sichtweise von Selbstoptimierung und antikollektivistischem Denken wird an verschiedenen Stellen der Argumentation identitärer Aktivistinnen sichtbar. So beispielsweise in der wiederholten Ablehnung der Frauenquote. Die *Identitären Mädels und Frauen* posteten auf ihrer Facebook-Seite einen Wahlzettel zur Spitzenkandidatur für die Bundestagswahl 2017 der Partei *Bündnis 90/die Grünen*. Aufgrund der Quotenregelung der Partei dürfen keine zwei Männer gewählt werden. Die Aussage der identitären Frauen dazu:

---

[378] Müller 2013: 148.

[379] Müller 2013: 149.

> „Natürlich müssen die Grünen solch unfähigen, dummen Wesen wie uns Frauen unter die Arme greifen, damit wir jemals eine wichtige Position bekleiden können. Wo würden wir in Deutschland auch landen, wenn man von Frauen tatsächlich Fähigkeiten erwarten würde, mit denen sie ausgerechnet männliche Konkurrenten übertreffen? Das wäre doch viel zu überfordernd für uns kleinen Dummchen!"[380]

Auf einen Kommentar hin stellen sie klar: „Wir haben kein Problem mit Frauen in der Politik sondern mit Quoten."[381] Zugrunde liegt die Ansicht, dass Frauen es an die Spitze schaffen können, wenn sie es denn nur wollen. In einer modernen Gesellschaft wie Deutschland gebe es keine politischen oder rechtlichen Hindernisse mehr für Frauen, so die Aktivistinnen, und daher bedürfe es auch keiner staatlichen Eingriffe. Dies bestärke lediglich die Opfermentalität von Frauen und die leidtragende Position von Männern. Interessanterweise wird diese Haltung im antifeministischen Selbstbild der identitären Frauen als Legitimation für die konservative Frauenrolle als Mutter und Hausfrau genutzt, da sich bewusst dafür entschieden werden könne beziehungsweise lediglich feministische Akteur*innen dem im Weg stünden. Auf der sich als Frauenrechtlerinnen positionierenden Seite wird diese Haltung im Sinne der Möglichkeit interpretiert, bei genügend Anstrengung individuell zum Erfolg zu kommen:

> „Ich kann Romane darüber verfassen, warum ich dem Mann trotz einer antifeministischen Grundhaltung, gleichgestellt sein kann und auch ein total selbstständiges Mädchen bin. Ich werde erst an dem Punkt etwas verändern, wenn ich nach meinen eigenen Prämissen handle.Wenn ich z.B. eine gleichgestellte Aktivistin sein will, bitteschön: Dann ließ, informier

---

[380] Identitäre Mädels und Frauen 2018a, 09.01.2017.
[381] Ebd., 09.01.2017.

> dich, leiste halt das gleiche was dein männlicher Kamerad leistet. Jeder wird schnell genug merken, dass das tatsächliche Handeln weitaus schwieriger ist als die Theorie dahinter. Auch eine Frauenquote wird der Frau nicht mehr Respekt einbringen, eher im Gegenteil."[382]

Übergreifend sprechen sich die Aktivistinnen von dem Klischee des „Heimchens am Herd" frei. Auf einen Kommentar auf einen ihrer Facebook-Posts reagieren die identitären Aktivistinnen wie folgt: „Leb deine Träume von unterwürfigen Heimchen irgendwo anders aus, bei uns gibt es keinen Platz dafür".[383] Sie pochen dabei auf ihre freie Entscheidungsgewalt über ihr Leben und, dass der Lebensentwurf „Hausfrau und Mutter" durchaus selbstgewählt sein kann, ohne dabei von Männern in diese Position gedrängt worden zu sein.

d) „Antigenderismus"

Wie bereits im Kapitel 5.1 aufgezeigt wurde, verfolgen die identitären Frauen ein heteronormatives Weltbild und lehnen daraus schließend Diskussionen rund um die Kategorie Gender strikt ab. Die Erläuterungen zu „Antigenderismus"[384] sind in der Argumentation der identitären Frauen wiederzufinden und drücken sich beispielsweise durch das starke Beharren auf und die Überbetonung einer „natürlichen" Weiblichkeit/Männlichkeit aus. Wiederkehrende polemisierende und sich lustig machende Posts auf den Facebook-Seiten von *radikal feminin* oder den *Identitären Mädels und Frauen* rund um das Thema gender und plurale Geschlechtsidentitäten veranschaulichen beispielhaft den „antigenderistischen" Standpunkt. An verschiedenen Stellen

---

[382] Schmitz 2018b, 18.02.2018.

[383] Identitäre Mädels und Frauen 2018a, 09.01.2017.

[384] Tiefergehend zu „Antigenderismus": Hark/Villa 2015a.

gehen identitäre Frauen auf den „Nonsens“ von Gender Studies an den Universitäten ein oder sprechen sich direkt gegen die wissenschaftliche Richtung aus, wie in diesem Post:

> „Darum muss die Finanzierung der ideologischen Grundlagen des Geschlechterkampfes durch Steuergelder gestoppt werden.“[385]

Unterschiedliche Positionen: klassische Antifeministinnen und vermeintliche Frauenrechtlerinnen

Um die unterschiedlichen Positionen zum Thema Feminismus strukturiert darstellen zu können, erscheint mir der Ansatz von Ilse Lenz, die in die Kategorien Antifeminismus, Geschlechterkonservatismus und Feminismus- oder Genderkritik unterteilt, sehr nützlich. Antifeminismus kennzeichnet sie als offensiv gegen Feminismus und Gleichstellungspolitik mobilisierend und auf eine binäre Geschlechterordnung bestehend.[386] Um die Ablehnung von öffentlicher Macht von Frauen deutlich zu machen, wird häufig eine abwertende und diffamierende Sprache – Hatespeech – verwendet, die bis zu Mord- und Vergewaltigungsdrohungen gegen Feminist*innen reicht. Diese Position ist, so Lenz, sowohl in neoliberalen als auch rechtspopulistischen bis hin zu extrem rechten politischen Feldern wiederzufinden.[387] Präziser formulieren Juliane Lang und Ulrich Peters den Begriff Antifeminismus wie folgt aus:

[385] Identitäre Mädels und Frauen 2018a, 20.11.2016.
[386] Lenz 2018: 21.
[387] Vgl. Lenz 2018: 21; Wagner 2016.

> „Als antifeministische AkteurInnen beschreiben wir hier heterogene AkteurInnen und Akteursgruppen, die sich – in organisierter Form – in expliziter Gegnerschaft zu einem von ihnen als omnipotent beschriebenen Feminismus positionieren und/ oder sich in Diskussionen um familien-, geschlechter- und sexualitätsbezogene Themen heteronormativ gegen die Auspluralisierung sexueller, geschlechtlicher und familialer Lebensformen und eine damit einhergehende Anerkennung derselben in ihrer Vielfalt stellen.“[388]

Folgt man dieser Definition, können die identitären Aktivistinnen mit der übergreifenden Ablehnung eines „Dritte-Welle-Feminismus“ und der daraus resultierenden Argumentation durchweg als antifeministisch angesehen werden. Die Standpunkte zu Feminismus variieren jedoch und zeigen sich in der unterschiedlichen Intensität der bespielten Themen und der so ableitbaren Wichtigkeit für das eigene Selbstbild.

Mit Ilse Lenz weitergedacht kann zudem in eine weitere Kategorie, den Geschlechterkonservatismus, unterschieden werden. Dieser charakterisiert sich ebenso durch das Festhalten an einer zweigeschlechtlichen Ordnung von Mann und Frau und einer ungleichen Arbeitsteilung mit dem Mann als Ernährer und der Frau als Hausfrau und Mutter. Lenz schreibt diesem jedoch eine „Anerkennung und Wertschätzung gegenüber Frauen, die einer konservativen Weiblichkeitsnorm folgen[, zu]. Das Verhältnis zu Homosexualität ist ambivalent oder ablehnend“.[389] Er sei weiter aufgrund seiner wertkonservativen Grundlage für Vorstellungen von Gleichheit und Differenz offen.[390]

---

388 Lang/Peters 2015.
389 Lenz 2018: 21.
390 Vgl. Wagner 2016.

Für die *Identitären* im Allgemeinen wird dies immer wieder durch die lobenden Worte beispielsweise Martin Sellners an „ihre" Frauen verdeutlicht und auch Aussagen, wie sie in den Positionen zuvor zum Thema Mutterschaft und Weiblichkeit aufgezeigt wurden, drücken dies aus. Eine dritte Kategorie, die Lenz Feminismus- oder Genderkritik nennt, ist, so Lenz, von den ersten beiden abzugrenzen, da sie sich „inhaltlich mit feministischen und Geschlechteransätzen auseinander[setzt] und [...] ihre Positionen, Probleme und Widersprüche [kritisiert]. Sie wird sowohl in und zwischen den Feminismen wie auch im gesellschaftlichen Diskurs von verschiedenen Seiten vertreten".[391] Die Auffächerung des Begriffs Antifeminismus macht es möglich, die Positionen der identitären Frauen detailreicher zu betrachten und Varianzen aufzuzeigen.

Während sich manche Aktivistinnen ganz klar selbst als Antifeministinnen bezeichnen, sind wieder andere darauf bedacht, eine differenzierte Kritik am aktuellen Feminismus zu artikulieren, wie beispielsweise folgende Aussage verdeutlicht:

> „Ich persönlich kann aber weder dem modernen Feminismus in seiner heutigen radikalen Form etwas abgewinnen, noch kann ich es nicht lassen peinlich berührt wegzuschauen, wenn sich meine Mitstreiterinnen ungeniert als Antifeministinnen bezeichnen."[392]

Ein Geschlechterkonservatismus, wie ihn Lenz beschreibt, ist Kennzeichen von allen untersuchten Aussagen. Auch ein Antifeminismus im Sinne der Ablehnung von heutigem Feminismus ist übergreifend zu bemerken.[393] Von dieser Basis abgehend sind jedoch einerseits

---

[391] Lenz 2018: 21.
[392] Schmitz 2018b, 18.02.2018.
[393] Lenz 2018.

Positionen ersichtlich, die sich weiter in Richtung klassisch antifeministischer Argumentation bewegen, wie Lang und Peters sie definieren, oder andererseits in eine teilweise differenzierte Kritik an Feminismus übergehen.[394] Wenn auch nicht explizit ausgesprochen, weisen diese Frauen feministische Prozesse der Selbstermächtigung auf: Frauen, die als Basis eine biologistische Argumentation verwenden, auf ihre Weiblichkeit pochen, aber dennoch für ein emanzipiertes und bis zu einem gewissen Grad gleichberechtigtes Leben einstehen und bei denen fraglich ist, ob sie sich mit einem konservativen Familien-Ernährer-Modell zufrieden geben würden. Sie beharren auf einer Art Geschlechterkonservatismus, der jedoch eine moderne und teils emanzipierte Weiblichkeit zulässt. Wie die Aussage von Melanie Schmitz bereits aufzeigt, sind Argumentationsweisen von sich selbst als antifeministisch einordnenden Frauen teils konträr zu identitären Aktivistinnen, die sich wie Schmitz als vermeintliche Frauenrechtlerinnen sehen. Aus der geteilten Ablehnung eines „heutigen Feminismus" folgern die einen Aktivistinnen demnach eine klar antifeministische Haltung (1), während die anderen sich auf frauenrechtlerische Positionen (2) zurückziehen. Wobei hier deutlich zu unterscheiden ist, zwischen dem, wie die Aktivistinnen sich selbst sehen und dem, was ihr Handeln zum Ausdruck bringt.

Antifeminismus

Die Aussagen der identitären Aktivistinnen, allen voran die der Vertreterinnen von *radikal feminin,* weisen eine breite Palette an bereits bekannten antifeministischen[395] und „antigenderistischen" Argumentationen, wie sie beispielsweise auch bei Birgit Kelle zu finden sind, auf.

---

[394] Lang/Peters 2015.

[395] Ein kurzer Überblick zu antifeministischen Argumentationsstrategien ist hier zu finden: Müller 2013: 226–230.
Ausführlicher behandeln dies neuere Publikationen wie beispielsweise Lang/Peters 2018a und APuZ 2018.

Bemerkenswert ist hierbei die starke Ähnlichkeit der heutigen identitären Argumentationen und derer des „Gegenschlags“[396] in den 1980er Jahren in den USA. Wie die US-amerikanische Soziologin Susan Faludi belegt, sind diese von ihr als Konter- oder Gegenschläge bezeichneten antifeministischen Bewegungen ein wiederkehrendes Moment in der Geschichte der Frauenemanzipation. Sie untersucht in ihrer Studie die Auswirkungen dieses Konterschlags gegen feministische Errungenschaften in Film und Fernsehen, Zeitschriften und Mode und wirft dabei einen Blick auf antifeministische, nicht zuletzt der *Neuen Rechten* zugehörige, AkteurInnen. In ihrem Buch *Die Männer schlagen zurück* arbeitet sie auf eindrückliche Weise den Charakter der „Gegenschläge“ in den 1980er Jahren und deren Kontinuitäten heraus.[397] Wie Schmincke festhält, können Faludis Ausführungen zum Teil auch auf Entwicklungen in den 1980er/90er Jahren in Deutschland übertragen werden.[398] Zu dieser Zeit gründeten sich beispielsweise selbsternannte antifeministisch agierende Männerrechtsgruppen.[399] Im Hinblick auf die argumentativen Ähnlichkeiten der von Faludi dargestellten Mythen und Unterstellungen feministischer Bestrebungen mit denen identitärer Frauen – auch derer mit vermeintlich frauenrechtlerischen Positionen – ist zu vermuten, dass zumindest der Versuch eines neuen „Gegenschlags“ durch die *Identitären* und weitere antifeministische Kräfte[400] angestrebt wird.

Mythen, die Faludi aufzeigt, sind unter anderem die eines „Männermangels“, einer „Unfruchtbarkeitswelle“ sowie die Verurteilung der „unglücklichen Jungfer“ oder der „verbissenen Karrierefrau“. In der

---

396 Faludi 1993 [1991]: 88.
397 Vgl. Faludi 1993 [1991].
398 Schmincke 2018: 31.
399 Weiterführend: Kemper 2011.
400 Neben den *Identitären* sind auch PolitikerInnen der AfD (Kemper 2014 oder Siri/Lewandowsky 2015), Maskulinisten (Kemper 2011) und selbsternannte „LebensschützerInnen“ (Sanders/Achtelik/Jentsch 2018) auf dem Vormarsch, um feministische Errungenschaften zurückzudrängen.

nun folgenden Vorstellung der identitären antifeministischen Argumentationsweise werden die Ähnlichkeiten äußerst deutlich.

a) Das „neue" Unterdrückungsmoment heißt Feminismus

Ein grundlegendes Moment der antifeministischen Argumentation von Annika Stahn ist, ganz im Sinne von Birgit Kelle, die Ansicht, dass ein traditionell-konservatives Rollenverständnis gesellschaftlich geahndet werde und dies die Schuld des Feminismus sei.[401] Im Interview mit Martin Sellner macht Stahn sich dafür stark, das klassische Rollenbild von Frauen als Mutter und an der Seite ihres Mannes wieder in ein positives Licht zu rücken. Aus dem ihr entgegengebrachten Unverständnis von Seiten ihrer Kommilitoninnen leitet sie einen Druck beziehungsweise Zwang zur Konformität ab, dem sie mit ihrer Rolle als traditionelle Frau nicht gerecht wird.[402] Ihrer Meinung nach wird das Bild einer konservativen Frau mit Dummheit assoziiert und gilt als nicht erstrebenswert. Es sei mit falschen Vorstellungen gefüllt, wie beispielsweise,

> „dass man nicht studiert haben kann oder dass man nicht arbeitet oder man an den Herd gekettet ist, dass man keine Rechte hat oder so."[403]

Teilweise werde sie gefragt: „[W]ie kannst du das nur zulassen, dass dein Mann dich da Zuhause einsperrt".[404] Stahn schlussfolgert aus diesen Reaktionen eine gesellschaftlich sehr negative Sichtweise auf

---

401 Kelle 2013.
402 Stahn/Sellner 2017.
403 Ebd.
404 Ebd.

traditionelle Frauen und sieht die Schuld hieran in feministischen Einflüssen der letzten Jahrzehnte:

> „Das heißt die meisten haben das eigentlich von Anfang an so anerzogen bekommen, du bekommst von Zuhause aus schon gesagt, ja du musst Karriere machen, du darfst auf keinen Fall abhängig von dem Mann werden, und äh, du musst erstmal Abitur und dann am besten noch studieren und dann die Ausbildung hinterher, schau, dass du das alles auf die Reihe gekriegt hast und dann überleg dir ob du vielleicht nen Mann heiratest. Aber das ist ja jetzt auch so ein Konzept was man nicht mehr dringend machen muss, also überleg dir das gut, weil diese Abhängigkeit von einem Mann wahnsinnig schlecht sein soll."[405]

Die feministische Forderung und Kämpfe von Frauen, sich aus einer patriarchal strukturierten und dadurch häufig auch wirtschaftlich verankerten Abhängigkeit zu ihrem männlichen (Ehe-)Partner herauszulösen, sind nach Annika Stahns Analyse zur Doktrin einer ganzen – vom Feminismus beeinflussten – Generation geworden. So stark, dass ein anderes, konservatives Frauenbild nicht mehr legitim ist:

> „Um uns nicht in das traditionelle Rollenbild zu stecken, zog man uns nicht in die Mitte, sondern schob uns in die entgegengesetzte Richtung."[406]

Und weiter:

> „Nachdem die ersten Feministinnen dafür sorgten, dass uns die Männer nichts vorschreiben, müssen wir uns jetzt von

[405] Stahn/Sellner 2017.
[406] Info-Direkt/radikal feminin 2017: 35.

anderen Frauen vorschreiben lassen, wie wir zu leben haben.“[407]

Das Argumentationsmuster des „unterdrückerischen Feminismus“ oder, wie Birgit Kelle es nennt, die „Diktatur des Feminismus“[408], steht auf Basis einer zweiten wichtigen Säule der antifeministischen Argumentation: die gesellschaftliche Omnipräsenz feministischer Themen.

b) Omnipräsenz des Feminismus und dessen Indoktrinationscharakter

Immer wieder weist die Aktivistin Annika Stahn auf eine scheinbare Omnipräsenz von feministischen Inhalten im Alltag hin:

> „Aber halt! Du bist eine Frau? Du wirst unterdrückt! Den ganzen Tag bist du Alltagssexismus ausgesetzt! Ja, wirklich! Glaubst du nicht? Warum steht auf den Nussmischungspackungen im Süßigkeiten-Automat dann „Studenten-Futter“ und nicht etwa „Studierendenfutter“ oder „Studenten_/*innen- futter“. Schon mal drüber nachgedacht? Nein? Tja, willkommen im Klub der unwissenden Frauen, die sich schon so an die Unterdrückung gewöhnt haben, dass sie ihnen gar nicht mehr auffällt. So oder so ähnlich wird dann argumentiert. Mich hat der Begriff Studentenfutter komischerweise nie davon abgehalten, das Zeug trotzdem zu essen. Verrückt.!“[409]

---

[407] radikal feminin 2018a, 06.09.2017.
[408] Kelle 2013: 50f.
[409] Stahn/radikal feminin 2017c.

In den Beiträgen von Annika Stahn und dem gesamten *radikal feminin*-Projekt wird ein Zustand der permanenten Konfrontation mit Feminismus beschrieben. Ob an der Universität, in Gesprächen mit Freund*innen, in den Medien oder beim Shoppen. Bei letzterer Aktivität stehen vor allem Modegeschäfte wie H&M und C&A in der Kritik, da auch sie sich der „feministischen Diktatur" unterwerfen und T-Shirts mit feministischen Slogans verkaufen würden.[410] *Radikal feminin* reagieren mit der Bewerbung eines T-Shirts mit dem Slogan: „ANTIFEMINISMUS- Die radikale Erkenntnis, dass Frauen keine Opfer sind".[411]

Nach Annika Stahn ist es für junge Frauen nahezu unausweichlich, mit feministischen Inhalten in Berührung zu kommen und davon indoktriniert zu werden. So schreibt sie in der *Info-Direkt*: „Wir sind unter Feministinnen aufgewachsen. Die wenigsten Frauen unserer Generation würden sich selbst als solche bezeichnen und doch verhalten sie sich nach diesen Mustern".[412] Feminismus hätte das gesellschaftliche Paradigma geprägt.[413] In der „Generation Feminismus" würden Frauen und Mädchen von feministischen Vorstellungen beeinflusst, ohne es selbst zu bemerken und eine Wahlentscheidung zu haben. Genau an diesem Punkt setzt das Projekt *radikal feminin* an: ein konservatives Rollenmodell wieder als legitime Position zurückzufordern. Ähnlich einer feministischen Argumentation, die auf die Fesseln des Patriarchats aufmerksam macht und Frauen die weitreichenden Folgen von geschlechtsspezifischer Ungleichheit offen zu legen versucht, vermittelt Annika Stahn einen Erleuchtungsmoment in der Erkenntnis, konservativ sein zu wollen und sich damit von den Fesseln des Feminismus zu befreien. So betonen Annika Stahn und Marja auf ihrem Blog, dass es

---

[410] radikal feminin 2018, 04.09.2017.
[411] radikal feminin 2018a, 05.09.2017; Herv. i. O.
[412] Info-Direkt/radikal feminin 2017: 34.
[413] Vgl. Stahn/Sellner 2017.

„Mut und Courage" brauche, um „sich heutzutage als moderne und konservative Frau in der Öffentlichkeit zu zeigen" und sie deshalb mit dem Projekt *radikal feminin*

> „einen Einblick in unsere Sichtweise geben und euch erzählen [wollen], wie wir selbst aus der ‚Feminismus-Falle' entkommen sind. Wir wollen euch dabei unterstützen, die eine oder andere Herausforderung, sei es in der Partnerschaft, im Haushalt oder ganz allgemein in der Gesellschaft, leichter zu meistern und zu verstehen, was der ‚dritte-Welle-Feminismus' verursacht hat."[414]

c) Frauen werden durch Feminismus zu Opfern gemacht

Annika Stahn betont an verschiedenen Stellen die formal erreichte Gleichstellung von Frauen und Männern. Im Gegensatz zu früheren Zeiten bestünden für Frauen heute „zumindest in Europa, dieselben Rechte wie Männer und damit auch alle damit einhergehenden Pflichten".[415] Anschließend daran formulieren die *Identitären Mädels und Frauen,* heutige feministische Forderungen würden übers Ziel hinausschießen und Frauen zu Opfern machen, wo sie doch längst keine mehr seien:

> „Früher wehrten sich Frauen dagegen, dass man sie in intellektuellen Kreisen als unvollständige Männer betrachtete, die von Geburt an minder intelligent und minder talentiert seien. Heute wehrt man sich gegen Komplimente wie #süßeMaus oder das Aufhalten einer Tür, weil das angeblich bedeute, dass das Gegenüber einen für unfähig hält. […] Jede Interaktion

[414] radikal feminin 2018b, Was ist radikal feminin?.
[415] Info-Direkt/radikal feminin 2017: 35. Fehlerhafte Schreibweise im Original.

> zwischen Mann und Frau wurde so lange totanalysiert, bis in jede Geste von einem Mann niedere Beweggründe und herabwürdigende Ansichten interpretiert werden konnten. Wir aber haben genug von diesem anerzogenen „Geschlechterkampf". Wir brauchen niemanden, der uns die Opferidentität aufzwängt, aus der heraus wir in jede zwischenmenschliche Handlung eine Herabwürdigung interpretieren müssen."[416]

Der Bogen werde auch beim Thema sexualisierte Gewalt hemmungslos überspannt, wie Annika Stahn beispielhaft im Interview mit dem *Arcadi*-Magazin erläutert. Auf die Frage, wie sie zur #MeToo-Kampagne[417] stehe, erklärt sie deren anfänglich positiven Grundgedanken, jedoch verlaufe das Ganze in eine falsche Richtung. Sie kritisiert eine zu geringe Differenziertheit der Delikte, die Position der Sprechenden – zunächst vor allem erfolgreiche Frauen aus Hollywood – und den dazu widersprüchlichen Eindruck „auf einmal war irgendwie jede schon einmal davon betroffen".[418] Die identitären Aktivistinnen ergreifen Partei für Männer, die durch die Kampagne in ein ungerechtfertigtes Bild vom „perversen, notgeilen Typen" gedrängt würden und sagen:

> „Das [die Kampagne; JH] sorgt nicht dafür, dass Frauen selbstbewusster werden. So stellen sie sich nur selbst die ganze Zeit in die Opferrolle. Frauen sind keine Opfer! Zumindest nicht mehr oder weniger als Männer. Man unterstützt Frauen nicht, indem man ihnen erzählt, dass sie bei der Geburt eigentlich

[416] Identitäre Mädels und Frauen 2018a, 20.11.2016.

[417] „Unter #MeToo thematisieren Frauen seit Oktober 2017 in sozialen Medien sexuelle Übergriffe, Missbrauch und Diskriminierung. Die Aktivistin Tarana Burke hatte den Hashtag bereits 2006 benutzt, um auf sexuellen Missbrauch an afroamerikanischen Frauen aufmerksam zu machen. Elf Jahre später griff die US-amerikanische Schauspielerin Alyssa Milano #MeToo wieder auf, nachdem Vergewaltigungsvorwürfe gegen den Filmproduzenten Harvey Weinstein laut geworden waren" (ZEIT 2018).

[418] Noe/radikal feminin 2018: 9.

> verloren haben, weil sie eine Frau geworden sind. Dass sie unterdrückt sind und Männer sie jagen. Man macht Frauen selbstbewusst, wenn man ihnen zeigt, dass es toll ist, eine Frau zu sein!“[419]

Diese Aussage fügt sich in das restliche Bild der identitären Aktivistinnen ein, die eine starke und stolze Weiblichkeit für sich einfordern und sich der spezifischen und natürlich weiblichen Aufgaben bewusst seien. Zudem bedienen sie sich einer klassisch antifeministischen Relativierungsstrategie von sexualisierter Gewalt gegenüber Frauen, indem sie dieser eine vermeintlich gleichermaßen bedrohliche Gewalt von Frauen an Männern gegenüberstellen. Männer werden durch solche feministischen Vorgehensweisen, so Annika Stahn weiter, als Bedrohung wahrgenommen und der Graben zwischen Frauen und Männern verschärfe sich. Diese Argumentation wird im weiter unten angeführten Zitat zusätzlich deutlich. Die Ablehnung einer vermeintlich vom Feminismus verursachten und ständig vorangetriebenen gesellschaftlichen Opferhaltung von Frauen, insbesondere beim Thema sexualisierte Gewalt, hat abrupt ein Ende, wenn es um die von ihnen als „importiert“ angesehene Gewalt von muslimischen Männern geht.

In dieser Aussage ist zudem eine weitere Argumentationslinie sichtbar: die Parteinahme für Männer, die die tatsächlichen Angriffsziele des Feminismus seien.[420]

---

[419] Ebd.: 10.
[420] Dazu in Kapitel 5.7.

d) Parteinahme für Männer

Durch das letzte Zitat bereits sichtbar geworden, handelt es sich bei diesem Argumentationsmuster ebenfalls um ein klassisch antifeministisches. Durch feministische Bewegungen und Politiken werde Männern Unrecht getan und ein regelrechter Männerhass von Feministinnen propagiert. Männer würden, wenn nicht unter Generalverdacht gestellt, dann doch zumindest klein gemacht und häufig zu „Schoßhündchen" feministisch eingestellter Frauen degradiert werden. In einer Facebook-Diskussion auf *radikal feminin*, in der es um den Kleidungsstil jugendlicher Mädchen ging, folgte daraus die Frage, ob sexy Klamotten sexualisierte Übergriffe provozieren würden. Dazu äußerten sich *radikal feminin*-Vertreterinnen wie folgt:

> „Und das [Tragen von freizügiger Kleidung; JH] kann dazu führen, dass der ein oder andere eben entsprechend mit einem umspringt. Das kann von einem gehässigen Kommentar, über Beleidigung bis hin zum begrapschen gehen. Das Problem ist nämlich, es gibt nach wie vor mehr als genug Menschen die das nicht akzeptieren würden, keinen Respekt haben oder es vielleicht sogar als Einladung sehen. Die Lösung dieses Problems ist nicht, die Menschheit umzuerziehen sondern diese Situation vorzubeugen. Indem man sagt ‚Du Kannst machen was du willst aber das kann unschöne Konsequenzen haben also zieh vielleicht doch lieber etwas anderes an."[421]

Die Verantwortung, der Situation zu entgehen, wird ganz klar bei der potentiell betroffenen Frau gesehen und entlastend für Männer argumentiert. Unterstützt wird dies mit der Aussage: „Auch Männer kön-

[421] radikal feminin 2018a, 04.09.2017.

nen nicht alles tragen ohne damit rechnen zu müssen belästigt oder beleidigt zu werden!“[422]. Sie missachten dabei bestehende Machtungleichgewichte und betreiben eine Täter-Opfer-Umkehr.[423] Bemerkenswert ist zudem die Beobachtung einer Art Ohnmachtserfahrung, die die AutorInnen im Umgang mit sexualisierter Gewalt aufweisen. In den Aussagen wird zweifelsohne deutlich, dass die Vertreterinnen von *radikal feminin* sexualisierte Übergriffe verurteilen, jedoch die Möglichkeit, Menschen zu verändern, demnach in einer weniger sexistischen Gesellschaft zu leben, als niedriger einstufen und die direkte Reaktion von Frauen, sich bedeckter zu kleiden, als wirksameres Werkzeug empfinden.

e) Feminismus mache Frauen ehe- und kinderlos

Feministische Politiken hätten dazu geführt, dass sich Männer und Frauen voneinander entfernten und ein „Geschlechterkampf“[424] entbrannt sei. Feminismus, so Annika Stahn, trage die Haltung vor sich her, „Frauen bräuchten Männer wie Fische Fahrräder“[425]. Die Entscheidung für einen Mann bedeute im ersten Moment zwar ein Eingeständnis von Schwäche, bringe aber eine große Sicherheit mit sich.[426] Wie an einigen anderen Stellen widerspricht sich die Identitäre Stahn hier in ihrer Argumentation. In anderen Aussagen geht sie gerade davon aus, dass auch konservative Frauen Stärke ausdrücken, obwohl oder gerade weil sie einen (Ehe-)Partner haben und Mutter sind. Annika Stahn konstatiert:

---

[422] radikal feminin 2018a, 04.09.2017.
[423] Vgl. Flieder 2017.
[424] Identitäre Mädels und Frauen 2018a, 20.11.2016.
[425] Info-Direkt/radikal feminin 2017: 35.
[426] Ebd.

„Männer und Frauen haben sich, durch den Feminismus, voneinander abgewandt und arbeiten nun nicht mehr miteinander, sondern stehen sich als Gegner gegenüber."[427]

Ein vom Feminismus verursachter geringerer Bindungswille von Frauen führe häufig zur Entscheidung gegen Kinder, denn genau hierfür brauche es eine stabile Partnerschaft. Wie Annika Stahn ausgiebig im Interview mit Martin Sellner schildert, würden Frauen, durch den vom Feminismus vermeintlich diktierten Weg der Karriere, ihre Entscheidung für Mutterschaft zeitlich aufschieben:

„Man muss erstmal des gemacht haben und da abgesichert sein und so, aber dieser Zeitpunkt wird aber nie kommen, die werden sie nie bereit fühlen zu sagen, jetzt kann ich Kinder kriegen. Und dann werden sie es irgendwann, wenns zu spät, ist bemerken und dann kommt zum Beispiel wie bei Frau Wagenknecht, die jetzt Anfang 40 ist so ne Aussage, ja so im Nachhinein hätte ich doch schon gerne Kinder gekriegt. Aber die Karriere war halt wichtiger."[428]

Stahn distanziert sich im Laufe des Gesprächs vom Bild der Gebärmaschine, die Kinder im Sinne klassisch rechter Ideologie für die Front „produzieren" müsse, doch insistiert sie nochmals auf die fatale feministische Beeinflussung von Frauen, die aus Karriere- und Lifestyle-Gründen keine Kinder bekommen möchten:

„Also das ist ein total absurdes Bild was da [...], das erwartet natürlich niemand, aber wenn man junge Frauen fragt, dann ist für die die Vorstellung äh Kinder zu kriegen das schlimmste was ihnen passieren kann, das bedeutet für die das Ende des Lebens, ja, da sind alle Freiheiten auf einmal eingeschränkt,

[427] radikal feminin 2018b, Was ist radikal feminin?
[428] Stahn/Sellner 2017.

man kann da nicht mehr reisen ohne Probleme, man kann da nicht auf Partys gehen, also die glauben, dass ein Kind eigentlich das Ende ihres schönen Lebens bedeutet."[429]

Die antifeministische Argumentation eines vom Feminismus verursachten und problematischen Single-Lebens von Frauen erkennt Faludi ebenfalls in den 1980er Jahren in Mainstream-Medien.[430] Auch der „Fluch der Karrierefrau"[431], kinderlos zu bleiben, ja gar ein „Trend zur Kinderlosigkeit", wurde bereits in den 1980er Jahren von bekannten US-amerikanischen Zeitschriften postuliert und die Schuld bei weiblichen Bestrebungen nach Gleichberechtigung gesucht.

f) Frauen wollen zu besseren Männern werden

Ausgeprägt und häufig in den Daten wieder zu finden ist zudem die Argumentation, Frauen würden durch den Einfluss des Feminismus nach den Positionen von Männern streben. In einem Blogbeitrag mit dem Titel *Macht abgeben & dafür im Stehen Pinkeln* auf dem Blog von *radikal feminin* geht Annika Stahn ausführlich darauf ein. Sie diskutiert darin einen Artikel im Berliner Kurier, der sich mit dem geplanten Bau von Toiletten, in denen Frauen stehend ihre Bedürfnisse verrichten können, auseinandersetzt:

> „Als ich das zum ersten Mal gelesen habe, musste ich unweigerlich an den Freud'schen Penisneid denken. Ja, diese Frauen wollen so gerne auch einen Penis. Dann könnten sie viel einfacher im Stehen pinkeln, mit hunderten Frauen Sex haben und in einem tollen Chefsessel sitzen. Kurz: Sie wollen nicht als

[429] Ebd.
[430] Faludi 1993 [1991]:148–160.
[431] Ebd.: 161ff.

> Frau gleichberechtigt sein, sondern lieber ein Mann werden, aber gleichzeitig die gesellschaftlichen Vorteile, die sie als Frauen haben, behalten. [...] Diese Frauen glauben tatsächlich, dass man es als Mann im Leben einfacher hat und man in dieser Gesellschaft viel leichter an Macht kommt und davon insgesamt auch mehr besitzt."[432]

Stahn kritisiert diesen von ihr identifizierten Wunsch von Frauen, an der Macht von Männern teilhaben zu wollen, und führt in ihrem weiteren Beitrag gegensätzlich die spezifische Macht von Frauen an. Durch Geburt und Erziehung obliege Frauen eine besondere Macht und sie würden so erst dafür sorgen, dass Männer überhaupt die Chefetagen dieser Welt erklimmen könnten.[433] Anstatt eine gleichberechtigte Teilhabe von Männern und Frauen in Wirtschaft und Politik zu fordern, legt sie, wie häufig in den Positionen der *Identitären*, den Fokus auf die „Andersheit der Geschlechter" und deren spezifische Ausformung von Macht. Sie positioniert sich gegen das Streben von Frauen nach der „Macht der Männer" und für eine Rückbesinnung auf die spezifisch weibliche Macht der Mutterschaft und argumentiert:

> „Männer müssen für ihre Macht in der Welt arbeiten, wir bekommen unsere in die Wiege gelegt und wir sollten sie mit Verantwortung und Würde tragen. Also, liebe Frauen, werdet euch wieder eurer natürlichen Macht bewusst und strebt nicht, einfach nur aus Prinzip, nach der zweifelhaften Macht der Männer!"[434]

---

[432] Stahn/radikal feminin 2017b.
[433] Vgl. ebd.
[434] Ebd.

Frauenrechtlerische Positionen

Wie bereits weiter oben angesprochen ist in den Selbstaussagen identitärer Frauen ein auf Geschlechterkonservatismus beruhendes Selbstbild mit teils emanzipatorischen Bestrebungen ersichtlich. Das konservative Frauenideal, das Lenz für die Kategorie beschreibt, wird durch eine moderne Form der Weiblichkeit, die sich in Einzelfällen mit feministischen Selbstermächtigungsprozessen beschäftigt, ergänzt.[435] An dieser Stelle soll die Selbstpositionierung eines in Relation gesehen kleineren Teils der IB-Aktivistinnen – die sich als Frauenrechtlerinnen positionierenden[436] – nachgezeichnet werden.

Verschiedene IB-Aktivistinnen beziehen sich immer wieder auf frauenrechtlerische Positionen beziehungsweise benennen sich selbst als solche, ohne näher zu definieren, was sie darunter verstehen und den Begriff mit Inhalt zu füllen. Im Interview mit dem *Compact*-Magazin bezeichnet die Berliner IB-Aktivistin Lisa[437] sich selbst beziehungsweise die identitären Frauen insgesamt als die „wahren Frauenrechtlerinnen".[438] Wie in einem der folgenden Abschnitte näher beleuchtet wird, wird die Debatte um Frauenrechte meist dann ins Feld geführt, wenn sie in Stellung gegen „importierte" Gewalt oder islamische Werte gebracht werden kann.[439] Im Gegensatz zu aktiven Frauenrechtler*innen des 18. und 20. Jahrhunderts, die für eine rechtliche und politische Gleichstellung für Frauen, beispielsweise für das Wahlrecht, streiten und stritten, sehen sich die „frauenrechtlerischen" identitären Aktivistinnen in einer passiven Rolle. Da die rechtliche Gleichstellung zwi-

---

[435] Lenz 2018.

[436] Eine ausführliche Darstellung des Inhalts und bekannten Protagonistinnen frauenrechtlerischer Kämpfe im 18. und 19. Jahrhundert ist hier zu finden: Müller 2013: 21–44.

[437] Nachname unbekannt.

[438] Dassen/Identitäre Aktivistinnen 2017: 15.

[439] Dazu mehr in Kapitel 5.7.

schen Männern und Frauen bereits vollständig erreicht sei, so die Aktivistinnen einhellig, ist es heutzutage nicht mehr notwendig, für die Gleichberechtigung der (ihrer Meinung nach beiden) Geschlechter zu kämpfen. Sie beziehen sich demnach auf ein, in ihren Augen, überholtes Konzept. Diese strategische Argumentation macht es ihnen möglich, sich auf den Errungenschaften von Frauenrechtler*innen auszuruhen, ohne selbst je wirklich welche zu sein. Neben der lediglich symbolhaften Selbsternennung zur Kämpferin um Frauenrechte, ist es vor allem die Aktivistin Melanie Schmitz, die sich differenzierter zu ihrer Position äußert, Teilzugeständnisse an feministische Bestrebungen macht und selbst feministische Anstöße in ihre Selbstdarstellung aufnimmt. So appelliert sie wiederholt an Frauen, den Wettkampf untereinander zu stoppen und Solidarität zu zeigen. Im Folgenden wird auf die Argumentationslinie der Frauensolidarität und einer frauenrechtlerischen Position, wie die Aktivistin Schmitz sie versteht, eingegangen.

a) Frauensolidarität

Melanie Schmitz postete am 15. Juni 2016 auf ihrem Instagram-Account ein kurzes Statement zum Thema „Konkurrenz unter Frauen“, am 30. Juni stellte sie dazu einen etwas ausführlicheren Text auf ihrem Blog ein. Dabei stellt sie folgende Behauptung an den Anfang ihrer Analyse:

> „Egal ob im Politischen oder in komplett anderen Bereichen - zwischen Frauen herrscht immer eine Stimmung der Konkurrenz. Da ist es egal, ob es sich um die beste Freundin oder die Erzfeindin handelt - das ist einfach gestört.“[440]

[440] Schmitz 2018b, 30.06.2016.

In den darauffolgenden Zeilen gesteht sie, selbst lange so agiert zu haben und rechnet diese Verhaltensweisen der „irrational-emotionalen Natur der Frau“[441] zu. Sie schreibt weiter:

> „Den irrationalen Hass zwischen Frauen zu beenden bedeutet nicht, dass man nun jede andere Frau gern haben muss oder sich gar zusammenrotten muss, in einer fast homoerotischen Gemeinschaft, um im besten Falle noch die Männerwelt zum Ursprung allen Elends zu küren. Es bedeutet aber, dass wir als Frauen aufhören müssen andere Frauen dafür zu erniedrigen, dass sie Frauen sind. […] Wir sollten diesen Wettkampf im Positiven nutzen, um uns anzuspornen und um aneinander wachsen zu können. Wir sollten mehr kameradschaftliche Gefühle empfinden, die uns eine Freundschaft zu einem Mann ebensowenig geben kann, wie die Freundschaft eines Mannes zu einer Frau. Wir müssen die unersetzbaren Vorzüge des innigen Verhältnisses zu Geschlechtsgenossen wiederentdecken.“[442]

Die Forderung nach Solidarität unter Frauen ist bereits seit Jahren und Jahrzehnten ein Leitgedanke feministischer Akteur*innen. Die Forderung nach Frauensolidarität drückt sich auf verschiedene Weisen in der Argumentation von Schmitz aus. So postet sie beispielsweise Fotos auf Instagram, auf denen sie mit Freundinnen oder anderen Aktivistinnen zu sehen ist, mit dem Zusatz #withmagrrrls[443] oder veröffentlicht ein Foto, auf dem sie ein T-Shirt mit der Aufschrift „girls support girls“[444] trägt sowie Beiträge zum Thema #endgirlhate und #womensupporteachother.[445]

---

[441] Schmitz 2018b, 30.06.2016.
[442] Ebd., 30.06.2016.
[443] Schmitz 2018a, 01.01.2017.
[444] Ebd., 09.08.2017.
[445] Beispielsweise ebd., 15.06.2016.

b) Nicht Antifeministin, nicht Feministin, sondern Frauenrechtlerin

Nach dem Aufkommen der #120db-Kampagne Anfang des Jahres 2018 sah sich Melanie Schmitz genötigt, die wiederkehrende Frage nach ihrer Position zu Feminismus ausführlicher zu behandeln. In einem Blogbeitrag vom 18. Februar 2018 mit dem Titel *Frauenrechte und rechte Frauen. Ja heisst ja, nein heisst nein, #120db, der Feminismus und ich* geht sie explizit auf ihr Verständnis von Frauenrechten und Feminismus ein. Der Eintrag bietet einen sehr erkenntnisbringenden Einblick und bündelt weitere Kommentare und Aussagen von Schmitz, er wird daher ausführlich wiedergegeben:

> „Ich ziehe es daher vor mich als ‚Frauenrechtlerin' zu bezeichnen. Der Feminismus, wie er es einst war, zu Zeiten der Frauenrechtsbewegungen, fernab der Moderne mit ihrem liberalen und universalistischen Weltbild, hat noble Ziele verfolgt und ich bin dankbar dass sich Männer und Frauen dafür engagiert haben, dass ich heute hier sitzen kann und so eine riesengroße Fresse haben kann."[446]

Schmitz macht in diesem Absatz Zugeständnisse an einen früheren „noblen" Feminismus, der in den letzten Jahren und Jahrzehnten aber immer weiter von seinem Weg abgekommen sei. Sie stellt sich im nächsten Abschnitt in die Reihe von antifeministischen Autorinnen wie Birgit Kelle und Gabriele Kuby, die auf die naturgegebene Verschiedenheit von Männern und Frauen rekurrieren, die der Feminismus anerkennen müsse.[447]

> „Ich bin der geläufigen Auffassung, dass Männer und Frauen ‚gleichwertig' aber nicht ‚gleichartig' sind. Die Frage ist nun,

[446] Schmitz 2018b, 18.02.2018.
[447] Vgl. Lang/Peters 2018b, 16.

was man aus dieser These macht. Ist die Frau aufgrund ihrer andsartigen Gehirnwindungen nun dazu geschaffen, sich für Putzen und Kleider zu interessieren? Letztendlich ist es wichtig zu erkennen, dass man stolz darauf sein kann eine Frau zu sein und Eigenschaften mit sich zu bringen, die ein Mann niemals erfüllen kann. Ebenso aber auch andersherum: der Mann bringt eben auch Eigenschaften mit sich, die eine Frau trotz aller Bemühungen nicht erlernen kann. [...]"[448]

Wie die Journalistin Alice Brauner-Orthen für die *Neue Rechte* feststellt und auch Thomas Wagner bekräftigt, ist mit Gleichwertigkeit nicht das Gleiche gemeint wie mit Gleichberechtigung, so sei es möglich, die konstante Sichtweise von der „natürlichen" Unterschiedlichkeit von Mann und Frau aufrecht zu erhalten.[449] In mehreren Aussagen betont Schmitz, wie stolz sie auf ihr „Frausein" ist und, dass generell Frauen ihre Weiblichkeit zu schätzen wissen sollten:

> „Und da bin ich wieder so halb bei den Feministen: [...] Aber entgegen der modernen Feministen schätze ich eben auch meine Weiblichkeit und weiss, dass ich irgendwann an meine Grenzen stoße und dass es Dinge gibt, die Männer einfach besser können als Frauen und das fängt beim prügeln an. Trotz allem möchte ich am Ende des Tages in die Arme eines Mannes fallen und mich geschützt fühlen. Das eine muss das andere ja irgendwie nicht ausschließen, auch wenn es immer so dargestellt wird, als wäre ich nur konsequent wenn ich mich für oder gegen den schützenden Mann entscheide."[450]

Schmitz formuliert klar ihren Wunsch, nicht durch konservative Weiblichkeitsvorstellungen beschränkt sein zu wollen, und honoriert

---

[448] Schmitz 2018b, 18.02.2018. Fehlerhafte Schreibweise im Original.
[449] Vgl. Brauner-Orthen 2001: 64; Wagner 2017: 240.
[450] Schmitz 2018b, 18.02.2018.

dahingehend Verdienste eines vergangenen Feminismus. Im weiteren Blogeintrag macht sie Teilzugeständnisse selbst an den heutigen Feminismus, kritisiert ihn jedoch direkt anhand des Beispiels von medial bekannten Akteurinnen: Femen[451]:

> „Feminismus ist so ein politischer Kampfbegriff, den ich nicht nur schwierig finde sondern in seiner gesamten Konnotation auch ziemlich widerlich. Viele grundsätzliche Ideen, der uns der heutige Feminismus vorzustellen hat, sind meiner Meinung nach sehr wichtig und gut, ich stehe ihnen nicht grundsätzlich abgeneigt gegenüber, nur weil sie mit dem Label „Feminismus" versehen sind. Das, was mir bauchschmerzen bereitet, ist eher das, was dann daraus gemacht wird. Das gleiche gilt leider auch für den Antifeminismus. Grundsätzlich also eine total gute Sache. Was der moderne Feminismus daraus macht, lässt mich dann aber wieder zurückschrecken: ich sehe hysterisch schreiende, nackte frauen, die die Männer für all das Elend der Welt verantwortlich machen und so tun, als würden sie für mich, unterdrückte, das Wort ergreifen. Und es leider nicht akzeptieren, wenn ich dazu „nein." sage. Ich finde es gut, dass es Medien gibt, die sich speziell mit diesem Thema Feminismus befassen. Hätte es keine Leute gegeben, die öffentlich dazu Stellung beziehen, wäre ich jetzt wahrscheinlich eine Frauenhasserin die unglücklich mit ihrem Körper ist."[452]

Schmitz zeigt in ihrem Blogbeitrag sehr wirksam die Argumentation der gemeinsamen Sichtweise der identitären Frauen in der Ablehnung des „Dritte-Welle-Feminismus" auf. Während sie sich immer wieder anerkennend an einen vergangenen „guten" Feminismus wendet,

---

[451] Femen ist eine feministische Frauenprotestbewegung, die in der Ukraine gegründet wurde und nun ihren Schwerpunkt in Frankreich hat. Ihre Aktivistinnen erreichen durch provokative Oben-Ohne-Aktionen und Parolen mediale Aufmerksamkeit.

[452] Schmitz 2018b, 18.02.2018.

der auch ihr Momente der Selbstermächtigung und Freiheiten ermöglicht hat, sei der heutige Feminismus gegensätzlich dazu unnötig geworden und übertrieben. Dies sieht auch Aktivistin Lisa im Interview mit dem *Compact*-Magazin so:

> „Im Grunde sind wir die wahren Frauenrechtlerinnen, weil wir im Hier und Jetzt an der Verbesserung der Lebensumstände von Frauen arbeiten und nicht an Männerhass, Sprachkontrolle und Umdefinitionen von Problemen interessiert sind. Wir wollen eine solidarische Gemeinschaft, keinen Geschlechterkampf."[453]

Anschaulich ist zudem diese Antwort von Melanie Schmitz, nachdem sie ein Bild von sich mit kurzen Haaren gepostet hatte und darauf von Follower*innen gefragt wurde, ob sie Feministin geworden sei:

> „[...] that is why I hate the modern (1968 rooted) feminism. But not the feminism or more precise the women movements, that fought for our equality when we once really were inferior to men."[454]

Interessant ist hierbei auch die Festlegung der Ablehnung des Feminismus auf den Zeitpunkt ab den 1968er Jahren. In ihren Blogbeiträgen bezieht sie sich gerade positiv auf feministische Kämpfe die in einem Post-68-Feminismus zu verorten sind, wie beispielsweise Forderungen gegen sexualisierte Gewalt („Nein heißt Nein"). Vielmehr lehnt Schmitz die sich ebenfalls zu dieser Zeit ausbreitende Idee der sozialen Konstruiertheit von Geschlecht und weitergehend die Pluralisierung von Geschlechtsidentitäten ab. Positiv auf feministische Kämpfe und

---

[453] Dassen/Identitäre Aktivistinnen 2017: 15.
[454] Schmitz 2018a, 21.12.2017.

Errungenschaften bezieht sie sich nur dann, wenn die Eindeutigkeit von zwei Geschlechtern nicht infrage gestellt wird.

Es werden jedoch auch Fragmente einer – auch in feministischen Kreisen diskutierten – Kritik an Feminismus sichtbar, wenn sie beispielsweise die Vermarktung feministischer Parolen auf Mode-T-Shirts anprangert: „Wenn Feminismus die Bedeutung verliert und ein weiteres hohles Instrument kapitalistischer Unterdrückungsmechanismen wird".[455] Die Frage der neoliberalen Vereinnahmung feministischer Ideale treibt Feminist*innen nicht erst seit gestern um. Bereits 2009 kritisierte die feministische Wissenschaftlerin Nancy Fraser in ihrem Artikel *Feminismus, Kapitalismus und die List der Geschichte* die Entwicklung feministischer Bestrebungen seit den 1970er Jahren, die sich von einer Kapitalismuskritik entfernt hätten und so für gegensätzliche Auslegungen verfügbar geworden seien.[456] Schmitz äußert also eine Kritik, die auch aus feministischen Reihen zu hören ist, was unter anderem die Diversität sich als feministisch begreifender Organisationen und Strategien belegt.

In ihrer Argumentation springt Schmitz zwischen der allumfassenden Pauschalverurteilung von Feminismus als „gierig" und „widerwärtig" zu Teilzugeständnissen, die sie diesem abgewinnen kann und einer legitimen Feminismuskritik, wie sie auch selbstkritisch von dessen Vertreter*innen formuliert wird. Diese zunächst widersprüchlich erscheinende Argumentation ist weniger verwirrend, wenn man die ideologische Konformität, das heißt den Rückbezug auf eine natürliche Weiblichkeit als konstituierendes Moment ihrer Identität betrachtet. Die ideologisch verwurzelte Heteronormativität wird nach innen, für das Selbst, gegen einen geschlechterpluralen und an der „Festung Zweigeschlechtlichkeit" rüttelnden Feminismus von heute verteidigt. Nach au-

---

455 Schmitz 2018a, 27.07.2017.

456 Vgl. Fraser 2009; auch Müller 2013: 193ff.; Lenz 2018: 24.

ßen hingegen müssen vermeintlich längst erkämpfte Werte und Frauenemanzipation verteidigt werden gegen das Feindbild Islam. Frauenrechtlerische Positionen, wie sie vor allem Schmitz vertritt, bleiben inhaltsleer beziehungsweise erfüllen den einzigen Zweck, wehrhaft gegen die „Gefahr“ von Seiten muslimischer Männer zu sein. Die Inhaltslosigkeit der proklamierten frauenrechtlerischen Position wird auch in deren Teilnahmslosigkeit im folgenden Zitat deutlich:

> „Ja, dieses Problem wird weltweit unterschätzt. Gefordert sind jedoch Politik und die Arbeitgeber, dass man die Altersarmut überwindet und Müttern die Chance gibt, sich für die Kindererziehung, statt Kariere frei entscheiden zu können.“[457]

Was hier auf Politik und Arbeitgeber abgeschoben wird, könnte ebenso gut eine ausdifferenzierte Kritik und eigene inhaltliche Forderung der identitären Frauen sein. Stattdessen werden die Rechte von Frauen vor allem dann stark gemacht und benannt, wenn sie gegen muslimische Männer in Stellung gebracht werden können.

Zusammenfassung

Die Positionen zu Feminismus weisen die stärkste Bandbreite auf. Doch auch den unterschiedlichen Positionen liegt eine gemeinsame Basis – die Ablehnung eines „Dritte-Welle-Feminismus“ – zugrunde. Diese stützt sich auf den Vorwurf der ungenügsamen und gierigen feministischen Politiken, die zudem zu einer falschen Fokussierung auf unwichtige Dinge führten. Weitere Argumentationsfiguren, die der Ablehnung eines als Einheitskonstrukt adressierten Feminismus dienen, sind die Propagierung neoliberaler Grundmuster, die eine individuelle

[457] Identitäre Mädels und Frauen 2018a, 29.09.2017.

Stärke und Durchsetzungsfähigkeit betonen und für Erfolg keine Unterstützung von staatlicher Seite benötigen, sowie „Antigenderismus". Um die eigenen Argumente gegen Feminismus zu kontrastieren, werden sie mit einem weiteren ausgemachten Feindbild, dem Islam, verbunden. Beide Störfaktoren werden wahlweise gegeneinander diskutiert oder ihnen eine Komplizenschaft vorgeworfen. Statt sich auf die wesentlichen Dinge – dem Schutz von Frauenrechten vor vermeintlich muslimisch-rückständigen Werten – zu widmen, vergeude der aktuelle Feminismus seine Zeit mit unnötigen Debatten und bilde dadurch keine Standhaftigkeit gegen die muslimische Gewalt. Feminismus wird daher auf andere (muslimische) Länder verschoben, in denen er tatsächlich noch gebraucht werde. Außerdem wird „dem" Feminismus eine verweiblichende Erziehung von Männern vorgeworfen, die dadurch ihrer Stärke im Kampf gegen das „Fremdländische" beraubt würden.

Aus diesen geteilten Verständnissen und Argumentationsweisen werden jedoch durchaus differente Positionen ersichtlich. Die unterschiedlichen Selbstbilder zum Thema Feminismus bewegen sich entlang der Pole „Antifeminismus" und „frauenrechtlerische Positionen". Erstere speisen ihre Argumentationen aus klassisch antifeministischer und „antigenderistischer" Rhetorik. Feminismus wird als neues Unterdrückungsmoment und als omnipräsent wahrgenommen. Ihm wird vorgeworfen, Frauen zu Opfern und kinder- und ehelos zu machen. Zudem wird Partei für Männer ergriffen und Frauen unterstellt, zu besseren Männern werden zu wollen. Identitäre Frauen bedienen sich dabei alter Muster, wie mit Faludi argumentiert werden konnte.[458] Diese Bemühungen von AntifeministInnen, feministische Errungenschaften in unglückselige Niederlagen umzudeuten[459], treten immer dann auf:

> „[…] wenn die Frauenemanzipation irgendwelche Fortschritte zu machen beginnt, ein anscheinend unvermeidlicher

[458] Vgl. Faludi 1993 [1991].
[459] Vgl. ebd.: 9–13; Holland-Cunz 2018: 11.

Frühfrost, der die kurzzeitige Blüte des Feminismus gleich wieder vernichtet.“[460]

Einige der Aktivistinnen inszenieren sich hingegen selbst als Frauenrechtlerinnen und lassen durchaus Forderungen nach Frauensolidarität in ihren Argumentationen zu. Sie verorten sich selbst in einer Art Zwischenposition zwischen den Polen Antifeminismus und Feminismus. Der vermeintliche Kampf um Frauenrechte wird als Gegenwehr gegen die attestierte „Bedrohung Islam“ thematisiert und eine aktive Rolle von Frauen daher legitim. An mehreren Stellen der Argumentation wurde ein Eingang feministischer Werte in die Selbstbilder identitärer Frauen, wie ihn auch schon Bitzan und andere festgestellt haben, ersichtlich.[461] Die Aktivistin Annika Stahn positioniert sich selbst klar als Antifeministin, genießt zur gleichen Zeit jedoch die – durch feministische Errungenschaften erreichten – Möglichkeiten, beispielsweise, sich politisch als Frau zu engagieren oder zu studieren.

Diese Beobachtung macht bereits Faludi in den 1980er Jahren:

> „Bei den Frauen der Neuen Rechten war es in mancher Hinsicht umgekehrt wie bei ihren progressiveren ‚Yuppie‘-Schwestern, die sich in den Schlingen des Gegenschlags verfingen. Während die normalen berufstätigen Frauen häufiger feministischen Prinzipien vertraten, innerlich jedoch mit den vom Gegenschlag bewirkten Selbstzweifeln und Vorwürfen zu kämpfen hatten, vertraten die Frauen der Neuen Rechten eine antifeministische Haltung – verinnerlichten aber gleichzeitig die Botschaft der Frauenbewegung und integrierten deren

[460] Faludi 1993 [1991]: 86.
[461] Vgl. Bitzan 2000.

Ziele wie Selbstbestimmung, Gleichberechtigung und Entscheidungsfreiheit klammheimlich in ihr eigenes Privatleben."[462]

5.7 Sexismus/sexualisierte Gewalt

In meinen Daten waren vor allem drei Argumentationsstränge des Themas „Sexismus/sexualisierte Gewalt" zu erkennen. Erstens eine klassische, nicht nur in antifeministischen Positionen auftretende Täter-Opfer-Umkehr, zweitens eine lange Zeit in feministischen Gruppierungen vertretene „Nein heißt nein"-Politik und drittens die Zusammenführung konträrer Positionen in einer „Ethnisierung von Sexismus". In dieser letztgenannten Position finden sowohl auseinanderdriftende Argumentationen zum Thema Feminismus (Antifeminismus vs. frauenrechtlerische Positionen) als auch solche zum Thema sexualisierte Gewalt (Täter-Opfer-Umkehr vs. Nein heißt nein-Politik) wieder zusammen und vereinen sich zum Kampf gegen die vermeintlich „fremde Gefahr".

Täter-Opfer-Umkehr

Vordergründig positioniert sich auch die Aktivistin Annika Stahn gegen sexualisierte Gewalt und verurteilt diese und doch räumt sie Betroffenen eine gewisse (Mit-)Schuld ein. Anhand zweier Aussagen von Annika Stahn wird diese Argumentationslinie besonders eindrücklich.

---

[462] Faludi 1993 [1991]: 348.

Ein Blogeintrag vom 01.09.2017 auf *radikal feminin* sowie ein Post und die anschließende Diskussion auf Facebook vom 04.09.2017 behandeln das Thema:

> „Ich habe auch die Befürchtung es handelt sich um die Sorte junger Damen die sagen: ‚Ich bin eine selbstbewusste starke Frau, ich kann mich anziehen wie ich will und ihr dürft mich nicht dafür verurteilen!‘ In Folge dessen schießen sie sich in ein Hautenges Kleid mit Ausschnitt bis zum Bauchnabel und beschweren sich dann aber darüber das ein Mann sie ansieht! Wie kann Mann nur! Der Sinn dieser Kleidung ist es, einem Schönheitsideal zu entsprechen und Attraktiv zu sein. Fakt! Müssen Männer jetzt Scheuklappen tragen und dürfen niemals eine schöne Frau bewundern? Ich bezweifle, dass das möglich ist und noch mehr bezweifle ich, dass es sinnvoll ist.“[463]

Sie spricht hier zunächst über die Ebene von unerwünschten Blicken und möglichen verbalen Kommentaren, die auf das Äußere von Frauen abzielen. Die unterschiedliche Aussagekraft der Verben „ansehen“ und „verurteilen“ erkennt sie in ihrem Kommentar nicht und setzt sie in eins. Über Blicke müssten sich Frauen nicht wundern, wenn sie sie denn selbst durch ihre Klamottenwahl provozierten, so Stahn. Ihre Position zu sexualisierter Gewalt beziehungsweise der Rolle von Frauen bei Übergriffen wird erst in einem nächsten Zitat deutlich:

> „Die Lösung dieses Problems ist nicht, die Menschheit umzuerziehen sondern diese Situation vorzubeugen. Indem man sagt ‚Du Kannst machen was du willst aber das kann unschöne Konsequenzen haben also zieh vielleicht doch lieber etwas anderes an.“[464]

---

[463] Stahn/radikal feminin 2017a.
[464] radikal feminin 2018a, 04.09.2017.

Anders als Feminist*innen kommt sie demnach nicht zu dem Schluss, für die Wahlfreiheit von Frauen beziehungsweise aller Personen einzustehen. Sie sieht die Verantwortung bei den Betroffenen und meint, Frauen müssten in ihrer Kleiderwahl die möglichen Konsequenzen mitdenken. Stahn positioniert sich mit dieser Aussage klar gegen eine feministische Forderung, die die körperliche Unversehrtheit von Frauen fordert, egal was diese tragen. In ihrer Aussage blendet sie die zugrundeliegenden Machtstrukturen aus, die es aus feministischer Perspektive nötig machen, zu intervenieren und sexualisierte Gewalt neben der generellen Verurteilung zudem als Aspekt patriarchaler Herrschaft zu betrachten. Die Slutwalk-Bewegung, auf die Stahn wiederholt anspielt, bildete sich 2011, nachdem ein kanadischer Polizist in Toronto gesagt hatte, dass „Frauen vermeiden sollten, sich wie Schlampen anzuziehen, um nicht zum Opfer zu werden“.[465] Ein wichtiger Gedanke dieses feministischen Aufbegehrens war es, die patriarchalen Strukturen aufzuzeigen, die es immer wieder möglich machen, sexualisierte Gewalt zu verharmlosen und Frauen als Betroffene nicht ernst zu nehmen oder ihnen eine (Mit-)Schuld einzuräumen. Annika Stahn schenkt diesem Hintergrund keine Beachtung und erweckt so erneut den Eindruck, Feminismus übertreibe auch bei diesem Thema. Die *radikal feminin*-Vertreterinnen sehen dabei die Verantwortung, nicht von Männern belästigt zu werden, bei den potentiell betroffenen Frauen. Sie entschuldigen das männliche Verhalten durch die Aussage, dass wir alle „sexuelle Wesen“ seien und sich Männer quasi nicht erwehren könnten, wenn sie durch einen sexy Kleidungsstil von Frauen derart provoziert würden.[466] Interessant ist zudem ihre abwertende Haltung gegenüber Sexarbeiterinnen: „Wie kann man vertreten das jemand mit 14, 15, 16 durch sein äußeres mit dieser Gruppe [Sexarbeit; JH] assoziert wird?“.[467] Im weiteren Diskussionsverlauf kristallisiert sich heraus, dass sexuelle Belästigungen für die *radikal feminin*-Vertreterinnen im

[465] Vgl. Sternburg 2012.
[466] radikal feminin 2018a, 04.09.2017.
[467] Ebd., 04.09.2017.

Bereich der Sexarbeit normal zu sein scheinen, weshalb es besser sei, sich über das eigene Äußere von dieser Gruppe zu distanzieren. Sie pflegen damit das klassische antifeministische, als Gegensatz konstruierte Bild der „heiligen Mutter“ einerseits und der „Hure“ andererseits, was neben Sexarbeiterinnen auch Frauen mit wechselnden Sexualpartnern einschließt.[468] In dieses Schema passt zudem die Ablehnung eines promiskuitiven Lebensstils, wie Annika Stahn im Interview mit Martin Sellner berichtet. Den Blogeintrag beendet Stahn mit folgenden Sätzen:

> „Und noch was. Es ist Volkssport bei Single-Frauen sich irgendwo in ein Café zu setzten und sich die Männer anzusehen die vorbei spazieren. Das ist auch Herabwertend und Sexistisch? oder nicht? Oder kann man Männer gar nicht sexualisieren?“[469]

Die Widersprüchlichkeit dieser Argumentation wird besonders deutlich, da sie in der Verhandlung von sexualisierter Gewalt durch muslimische oder geflüchtete Männer keine Gültigkeit findet.

„Nein heißt nein“-Politik

Melanie Schmitz vertritt diese Politik, wie in dem bereits ausführlich zitierten Blogeintrag vom 18.02.2018, und zeigt auch in diesem Bereich eine Teilzustimmung zu feministischen Forderungen.[470]

> „Mir ist ein ‚Nein‘ noch wichtiger als ein ‚Ja‘. Was soll das jetzt heissen? Ich finde es wichtig, dass ein Bewusstsein dafür geschaffen wird, dass Sex zwischen zwei Menschen nur dann in Ordnung ist, wenn es vorher ein absolutes Einverständnis

---

[468] Ausführlicher: Grant 2014: 115–125.
[469] Stahn/radikal feminin 2017a.
[470] Weiterführend hierzu: Mängel 2016.

beider Parteien gab. Das bedeutet nicht, dass man jetzt jedes mal einen Vertrag aushandeln und unterschreiben muss, das bedeutet auch nicht, dass man sich jedes mal klar und deutlich wörtlich ein ‚ja, ich will.' aussprechen muss, da reichen auch eindeutige Signale. Eine frau [...] die betrunken ist und sich einfach nur nicht wehrt, hat z.b. kein eindeutiges ja von sich gegeben, weder durch Wort und Tat, noch durch Kleidung o-der Verhalten. Viel wichtiger ist mir aber das ‚Nein' - denn egal wie überzeugt ich noch vor 5 Minuten war, merke ich vielleicht plötzlich, jetzt wo die Sache ernst wird, dass ich irgendwie doch nicht mehr will. Und selbst wenn ich splitterfasernackt vor meinem Gegenüber sitze, habe ich das Recht ‚Nein!' zu sagen – und nein heisst nein. Und hier ist der Knackpunkt: ich finde es wahnsinnig wichtig und gut dass ein Bewusstsein für ‚nein heisst nein' geschaffen wird. Viele Frauen müssen da an sich arbeiten, denn einige trauen sich nicht einmal ‚nein' zu sagen und machen mit, aus einem schlechten Gewissen, weil sie sich durch irgendetwas verpflichtet fühlen. Einige Männer werden jetzt vielleicht sagen ‚hä, ist doch selbstverständlich dass nein halt nein heisst.' wenn ihr das so von euch sagen könnt: mega geile Sache! Gibt aber leider genug Männer, die in eben oben genannter Situation komplett ausrasten und ein ‚nein' nicht so leicht akzeptieren, weil sie auf das vorher durch Signale erteilte ‚ja' bestehen."[471]

Sie vertritt damit, gegensätzlich zu Annika Stahn, eine starke Parteinahme für betroffene Frauen. Sie geht sogar so weit, Frauen aufzufordern, sich selbst zu ermächtigen und klar ihren Willen zu artikulieren. Sie selbst ist auf den bei Instagram geposteten Fotos häufig in sexy Klamotten zu sehen und stellt sich bewusst „sexualisiert" zur Schau.

---

[471] Schmitz 2018b, 18.02.2018.

Diese Art der Selbstinszenierung passt wiederum zu der hier dargestellten Bejahung des „Nein heißt nein"-Konzeptes und der Befürwortung von weiblicher Selbstbestimmung.

Die gegensätzlichen Argumentationen der beiden IB-Aktivistinnen, die sich zu diesem Thema bereits vor der #120db-Kampagne äußerten, finden ein gemeinsames Feindbild und der Kampf gegen die vermeintlich „importierte" Gewalt wird zum vereinenden Moment.[472]

„Ethnisierung von Sexismus": Der Mythos der „importierten sexuellen Gewalt"

Spätestens nach der Kölner Silvesternacht 2015/16[473] vermehrten sich die Posts auf der Facebook-Seite der *Identitären Mädels und Frauen* zum Thema sexualisierte Gewalt.[474]/[475]

> „Wir Neurechten interessieren uns für Frauenrechte, weil wir entweder selbst Frauen sind oder Mütter, Töchter und Freundinnen haben, deren Wohl uns verdammt wichtig ist. Frauenrechte sind genau wie Umweltschutz identitäre Themen."[476]

---

[472] Vgl. auch Gensing 2018.
[473] In der *Kölner Silvesternacht 2015/16* kam es zu sexualisierter Gewalt an Frauen am Hauptbahnhof in Köln. Als Täter wurden mehrheitlich aus nordafrikanischen Ländern kommende Männer identifiziert. Für rechte Kräfte war dies eine Möglichkeit, vor allem muslimische Männer und Geflüchtete aus dem arabischen Raum zu denunzieren und sich so als KämpferInnen für Frauenrechte aufzuspielen (vgl. auch Lenz 2018: 26).
[474] Vgl. auch Lenz 2018: 26.
[475] Neben identitären Frauen nutzten auch weitere rechte Frauen die „Kölner Silvesternacht" für ihre Zwecke wie das Autor*innenkollektiv Fe.In aufzeigt (AK Fe.In 2019: 119ff.).
[476] Identitäre Mädels und Frauen 2018a, 13.01.2017.

Dieser Post der *Identitären Mädels und Frauen* ist ein Hinweis auf das von Ellen Kositza verfasste Buch *Die Einzelfalle*.[477] Im folgenden Satz wird Kositza zitiert und darauf hingewiesen, dass Frauen die ersten Opfer dieser strategisch als „Invasion“ betitelten Gefahr seien. Gemeint ist damit, wie Schmitz im bereits zitierten Blogbeitrag deutlich macht:

> „Und da spreche ich von der akutesten Bedrohung, die Frauen in Deutschland momentan im öffentlichen Raum erleiden müssen: importierte sexuelle Gewalt durch Migranten.“[478]

Der Kampf um Frauenrechte wird so immer wieder ins Feld geführt, wenn es darum geht, die vermeintliche Rückständigkeit des Islams unter Beweis zu stellen. Neben der explizit formulierten sexualisierten Gewalt von migrantischen Männern waren weitaus häufiger Formulierungen wie folgende von Annika Stahn zu lesen, die Spielraum für eine eigenständige Interpretation der Lesenden boten:

> „Woher kommt es, dass wir uns immer unwohler auf den Straßen fühlen? Liegt es an Gedichten an Hauswänden oder an bestimmten Gruppen von Männern und deren Verhalten?“[479]

Eindeutige Aussagen wie diese, die unter dem Titel „Frauenrechte statt Multikulti“ propagiert wurden, sind immer wieder vereinzelt auf dem Facebook-Account der *Identitären Mädels und Frauen* zu finden:

> „Spätestens seit der Silvesternacht in Köln befindet sich das linke politische Lager in einem Interessenkonflikt. Wie be-

[477] Kositza 2016.
[478] Schmitz 2018b, 18.02.2018.
[479] Stahn/radikal feminin 2017a.

> rechtigt all die als irrational belächelten Befürchtungen der Bevölkerung waren, wurde in dieser Nacht mit einem Schlag bewiesen. Trotz aller Vertuschungsversuche erfuhr die Öffentlichkeit, wer die Täter waren: fast ausschließlich junge, männliche Asylbewerber. Die Opfer: fast ausschließlich junge, deutsche Frauen."[480]

Im nächsten Zitat wird die Widersprüchlichkeit und das Anlegen zweierlei Maß innerhalb der identitären Politik zu diesem Thema sichtbar. Die Aktivistin Annika Stahn, die eine Täter-Opfer-Umkehr maßgeblich durch ihre Argumentation vorantreibt, verurteilt ebenso wie die *Identitären Mädels und Frauen* sexualisierte Gewalt, sobald die Täter von ihnen als nicht-deutsch gelesen werden:

> „Außer uns problematisiert niemand den drastischen Anstieg der sexuellen Gewalttaten gegenüber Frauen. Stattdessen wird weggesehen, weggeredet und das Opfer zum Täter gemacht, weil es erleben musste, was es nicht hätte erleben müssen und aussprach, was es sah."[481]

Das im Dezember 2016 veröffentlichte Video „eine Botschaft an die Frauen"[482] versuchte bereits, was etwa ein Jahr später in die #120db-Kampagne mündete. Im Video nehmen die Aktivistinnen Bezug auf die „Kölner Silvesternacht 2015/16", in der sie eine Art Wendepunkt sehen. Seit den Geschehnissen auf der Kölner Domplatte könne die Gewalt, die von jungen geflüchteten Männern an weißen Frauen begangen

[480] Identitäre Mädels und Frauen 2018a, 17.11.2016.
[481] Identitäre Mädels und Frauen 2018a, 10.10.2016.
[482] Identitäre Mädels und Frauen 2016.

werde, nicht mehr verschwiegen werden, so die Meinung der Aktivistinnen.[483] Christian Werthschulte setzt dem eine Perspektive entgegen, die die Debatte rund um die Kölner Silvesternacht vielmehr in

> „bereits bestehende kulturelle Interpretationsmuster oder politische Initiativen überführt [...], die ihren Anfang vor Silvester genommen haben."[484]

In den beiden Videos treten identitäre Aktivistinnen auf, die Straftaten und (weibliche) Opfer geflüchteter und migrantischer Männer benennen. Durch die dramatische Inszenierung suggerieren sie eine drohende und übermächtige Gefahr für vor allem (als deutsch/europäisch gelesene) Frauen.[485]

Eine größere, zumindest temporäre Aufmerksamkeit erreichte die #120db-Kampagne höchstwahrscheinlich durch ihren Startzeitpunkt. Während der feministisch geprägte, aus den USA kommende Hashtag #MeToo in den Medien diskutiert wurde, ereignete sich ein Verbrechen in Deutschland, das mediale Aufmerksamkeit erreichte. In Kandel wurde ein junges Mädchen von ihrem sehr schnell als geflüchtet markierten Ex-Freund erstochen.[486] Auf diese Gewalttat wird von den identitären Aktivistinnen immer wieder verwiesen und diese als Beleg für ihre Argumentation genutzt.[487] Der ausschließliche Fokus auf misogynes Verhalten und (sexualisierte) Gewalt migrantischer Männer ist keine neue Argumentationsstrategie rechter Frauen, wie Margarete Jäger bereits 1996 feststellte.[488] Die mediale Öffentlichkeit für dieses

---

[483] Vgl. AK Fe.In 2019: 120.
[484] Werthschulte 2017.
[485] Identitäre Mädels und Frauen 2016.
[486] http://www.sueddeutsche.de/news/panorama/kriminalitaet-tod-einer-15-jaehrigen-erschuettert-kandel-dpa.urn-newsml-dpa-com-20090101-171228-99-432501 (Stand: 28.06.2018).
[487] Ausführlicher zur Instrumentalisierung des Falls „Kandel" von Seiten verschiedener rechter AkteurInnen: AK Fe.In 2019: 144.
[488] Vgl. Jäger 1996.

Thema mag aber möglicherweise ein Sprungbrett für die #120db-Kampagne und weitere *neurechte* Aktivitäten[489] gewesen sein. Aufschlussreich ist jedoch, welche Neuerung in den Aussagen zu finden ist. Bei Melanie Schmitz beispielsweise ist dieses Eingeständnis zu finden:

> „Das Thema fällt mir gerade deshalb schwer, weil der schwerste sexuelle Übergriff den ich bisher am eigenen Leib erfahren musste, von einem deutschen Mann ausging. Ja, wir haben hier vielleicht auch Probleme mit deutschen Männern in Deutschland, das ist aber ein ganz anderes Kaliber.“[490]

Ergänzt wird dies durch die Aussage einer österreichischen Aktivistin, die Martin Sellner ein Interview für die #120db-Kampagne gab:

> „Es gab irgendwie den Vorwurf denk ich, dass gemeint wurde erstens gibt es die meisten Fälle von Gewalt in der Familie – das stimmt. Das ist wahr, da widersprechen wir überhaupt nicht. Nur ist es schwer auf staatlicher Ebene etwas dagegen zu tun. Erstens das und zweitens, das wurde schon angesprochen in der Vergangenheit und wir wollen jetzt etwas ansprechen was noch nie angesprochen wurde.“[491/492]

---

[489] Weitere AkteurInnen bzw. Aktionen sind beispielsweise der von der AfD-Politikerin organisierte „Frauenmarsch“ (https://www.youtube.com/watch?v=M5dSgClhJ9M (Stand: 28.06.2018)) und die Erklärung 2018 (https://www.erklaerung2018.de/ (Stand: 28.06.2018)) oder die Demonstrationen unter dem Motto „Kandel ist überall“, bei denen auch *identitäre* Aktivistinnen mitwirkten (http://kandel-ist-ueberall.de/ (Stand: 28.06.2018)).

[490] Schmitz 2018b, 18.02.2018.

[491] Ariane/Sellner 2018.

[492] Ariane ist eine österreichische Identitäre, sie wird lediglich in Verbindung mit der #120db-Kampagne zitiert.

Die identitären Frauen sehen ihre Kampagne als eine Ergänzung zum Hashtag #MeToo, der die Gewalt von weißen prominenten Männern thematisiert(e), eine bestimmte Form der Gewalt spare der Hashtag jedoch aus, so die österreichische Aktivistin. Jedoch sei es diese ganz spezifisch neue Form der Gewalt, die sich im öffentlichen Raum abspiele, die bekämpft werden müsse. Gegen sexualisierte Gewalt, die im Nahbereich stattfindet und quantitativ die am häufigsten anzutreffende ist, könne in diesem Sinne nichts getan werden, da der Staat keinen Zugang ins Private hätte, so die Aktivistin Ariane.[493] Die identitären Frauen erkennen damit Erfolge von feministischen Kämpfen um die Sichtbarkeit von Gewalt an Frauen an und hebeln sie gleichzeitig aus, indem sie ihr eine neue Form der Gewalt von Migranten und Geflüchteten gegenüberstellen, die als „schlimmer"[494/495] propagiert wird und deren Antwort lediglich „Remigration" und geschlossene Grenzen sein könne.

Auch die durchaus unterschiedlichen Positionen zu und im Umgang mit Feminismus und Sexismus/sexualisierter Gewalt laufen durch diese „Ethnisierung von Sexismus"[496] letztendlich wieder unter einem gemeinsamen Nenner zusammen. In die #120db-Kampagne sind alle bereits genannten Aktivistinnen auf die eine oder andere Art und Weise eingebunden.[497] Der vermeintliche Kampf um „Frauenrechte" bietet für rechte Frauen, wie das Autor*innenkollektiv Fe.In feststellt, auch eine Möglichkeit zur begrenzten „Emanzipation". Frauen werden dabei nicht nur als Opfer wahrgenommen, die es zu beschützen gilt, durch das Thema eröffnen sich, so AK Fe.In:

---

493 Ariane/Sellner 2018.
494 Stahn/Ariane/Pettibone 2018.
495 Brittany Pettibone ist eine US-amerikanische Aktivistin der *Alt-Right.*
496 Jäger 1996.
497 Vgl. auch Gensing 2018; Dörr 2018.

> „Möglichkeiten der Partizipation, denn mit ihm kommen weibliche Anliegen, Ängste und insgesamt das Thema sexualisierte Gewalt in den Fokus der Aufmerksamkeit von Männern* in einer männlich geprägten politischen Arena."[498]

So müsse das Engagement rechter Frauen auch als „Akt der Selbstermächtigung" gesehen werden, so die Autor*innen weiter, da sie die Möglichkeit bereithält

> „den eigenen begrenzten Wirkungsbereich zu überschreiten und in relativer Autonomie Wirksamkeit und Sinnstiftung zu erfahren."[499]

Diese „Emanzipation" stößt durch ihre Unterordnung unter die Volksgemeinschaft und die daraus resultierenden Strukturen zwangsläufig an ihre Grenzen.

Zusammenfassung

Wie in der Darstellung der Positionen zu Feminismus gehen auch in diesem Themenpunkt die Argumentationslinien auseinander. Während die einen mit ihren Aussagen eine aus klassisch antifeministischen Erklärungsmustern kommende Täter-Opfer-Umkehr vorantreiben, folgen die anderen einer feministischen Forderung nach einer „Nein heißt nein"-Politik. Die konträren Positionen laufen in einer dritten Position, der „Ethnisierung von Sexismus", wieder zusammen. Sexualisierte Gewalt wird auf die „Anderen", in diesem Fall geflüchtete und islamische Männer abgewälzt und im speziellen Fall der identitären Frauen als et-

[498] AK Fe.In 2019: 180.
[499] AK Fe.In 2019: 182.

was „Neuartiges“ und zuvor nicht Dagewesenes inszeniert. Die identitären Aktivistinnen reihen sich dabei in rassistische Mobilisierungen für „Frauenrechte“ ein, wie sie seit 2015/16 an verschiedenen Orten zu beobachten sind.[500]

[500] Einen Einblick über rassistische Mobilisierungen für „Frauenrechte“ in den letzten Jahren bietet AK Fe.In 2019: 119–161.

6. Exkurs: Die theoretischen Impulsgeberinnen Ellen Kositza und Birgit Kelle

In der Analyse meines Datenmaterials sind an verschiedenen Stellen und wiederholt direkte Verweise auf zwei Theoretikerinnen sichtbar geworden. Beispielsweise wurde das damals aktuellste Buch von Ellen Kositza *Die Einzelfalle* via Facebook-Post der *Identitären Mädels und Frauen* beworben.[501] Auch positive Bezüge der identitären Aktivistinnen auf die Journalistin und Buchautorin Birgit Kelle waren wiederholt ersichtlich. Durch verschiedene YouTube-Videos wird zudem deutlich, dass sowohl Annika Stahn beziehungsweise *radikal feminin* als auch Melanie Schmitz an Theorie-Seminaren des *Instituts für Staatspolitik*, das als *neurechte* Denkfabrik gilt, teilgenommen haben. Das Institut befindet sich auf dem gemeinsam bewohnten Grundstück von Ellen Kositza und Götz Kubitschek in Schnellroda (Sachsen-Anhalt). Das folgende Kapitel soll eine Ergänzung zum erhobenen Material bieten und der Verbindung von Theorie und Praxis nachspüren. Ich werde daher Argumente und Thesen von Kositza und Kelle, bei denen ein möglicher Zusammenhang zum Datenmaterial besteht, stärker beleuchten. Andere Aspekte werde ich nicht in ihrer Tiefe ausführen können und sie lediglich kurz und prägnant darstellen, um die Argumentation zu komplettieren.

[501] Identitäre Mädels und Frauen 2018a, 13.01.2017.

6.1 Ellen Kositza

Ellen Kositza ist Redakteurin und Autorin auf dem *neurechten* Blog *sezession.de* und bei der Wochenzeitung *Junge Freiheit.* Gemeinsam mit ihren sieben Kindern und ihrem Ehemann lebt die Journalistin auf besagtem „Rittergut“ in Sachsen-Anhalt.[502] Sie gilt als „eine stramm rechte Stimme auch und gerade für Frauen. Eine, die als eigenwillig, umtriebig-belesen und auf eigentümliche Weise cool wahrgenommen wird“.[503] Ihre Kolumnenbeiträge aus den Jahren 2014, 2015 und 2016, die auf dem *neurechten* Weblog *sezession.de* erschienen sind, hat sie 2017 in Buchformat unter dem Titel *Das war's. Diesmal mit Kindern, Küche, Kritik* gesammelt veröffentlicht. Ein Jahr zuvor publizierte sie bereits das Buch *Die Einzelfalle. Warum der Feminismus ständig die Straßenseite wechselt* und im Jahr 2008 erschien ihre circa 70 Seiten umfassende Streitschrift *Gender ohne Ende oder Was vom Manne übrig blieb.* Diese drei Veröffentlichungen sind Grundlage für die Darstellung der Hauptargumentationslinien der *neurechten* Autorin und liefern in ihren unterschiedlichen Schwerpunkten einen umfassenden Überblick. Allen drei Büchern gemein ist ihre konsequente Schreibweise nach der alten Rechtschreibung und einem eher veraltet erscheinenden Sprachgebrauch. Was zunächst verwundert, wird im Laufe der Lektüre durchaus als Ausdruck ihres propagierten konservativ-traditionellen Lebensstils und als Praxis des Widerstandes gegen gesellschaftliche Veränderungen verständlich. Während die ersten beiden Veröffentlichungen einen mehr oder weniger klar erkennbaren Schwerpunkt in der Themensetzung aufweisen, beinhaltet die „Glossensammlung“ von 2017 nahezu jegliche Thematiken, die auch in den vorhergehenden Büchern behandelt wurden. Durch das Format einer Kolumne wird es Kositza möglich, alltägliche Erfahrungen und politische Geschehnisse in sarkastischer und polemischer Schreibweise zu diskutie-

[502] Vgl. Lau 2018.
[503] Lau 2018.

ren. Ich werde daher lediglich an geeigneten Stellen die Kolumnensammlung zur Ergänzung und Verdeutlichung heranziehen. Auch die beiden früher publizierten Bücher sind von einer äußerst polemischen Schreibweise gekennzeichnet, während besonders die beiden aktuelleren sich durch die Wahl von eindrucksstarken Wörtern wie beispielsweise „Invasion“ oder „tickende Zeitbombe“ hervortun und eine höchst dramatische Situation zeichnen, die es dringend zu ändern gilt. Auf einer dieser desaströs erscheinenden gesellschaftlichen Entwicklungen – die sich wandelnden Rollenverständnisse von Frauen und Männern – fußt ihr erstes Buch *Gender ohne Ende*. In ihrer Ideologie fest verankert werden lediglich zwei Geschlechter diskutiert, das weibliche und das männliche als aufeinander bezogen und als natürlich, heißt biologisch, vorausgesetzt. Ihr Fokus liegt dabei auf Männern, die ihrer Männlichkeit beraubt zu metrosexuellen „Modeäffchen“[504], und Frauen, die von ihrer natürlichen Rolle als Mutter entfremdet werden.[505] Während sich das Frauenbild fortschrittlich entwickle, sei das Männerbild durch Regressivität und Rückzug gekennzeichnet, von der konservativen Vorstellung des dynamischen Mannes als Jäger und Beschützer bleibe nicht viel übrig. Feminist*innen würden statt der „harten Kategorie des Sexus die ultraflexible Kategorie Gender“ vorziehen.[506]

Die berühmt gewordenen Worte von Simone de Beauvoir: „Man kommt nicht als Frau zur Welt, man wird es“[507] und der damit einhergehende Einbezug der Trennung von biologischem (*sex*) und sozial konstruiertem Geschlecht (*gender*) in feministische Diskurszusammenhänge spielen an verschiedenen Stellen der Bücher sowohl bei Ellen Kositza als auch bei Birgit Kelle eine prägnante Rolle. Nach Kositza und auch Kelle scheint es, als liege hier der Anfang vom Ende begrün-

---

[504] Kositza 2008: 21.
[505] Vgl. ebd.: 58ff.
[506] Vgl. ebd.: 9f.
[507] de Beauvoir 1992 [1949]: 334.

det. Während sich auf differenzfeministische Ansichten teils sogar positiv bezogen wird, da diese die biologische Verschiedenartigkeit von Männern und Frauen nicht infrage stellen, werden feministische Bestrebungen, die gegen die rein biologisch festgelegte Unterschiedlichkeit der Geschlechter (in ihrer Vielfältigkeit) argumentieren, als die Feind*innen ihres konservativen Weltbildes benannt.[508] Die größte Gefahr – und auf diesen Zustand steuern wir laut Kositza bereits zu – wäre es, ein (soziales) Mischwesen zu produzieren, ein Wesen, das keine natürlichen männlichen oder weiblichen Eigenschaften mehr kennt.[509] Diese Argumentation lässt sich auch stark in den Äußerungen der betrachteten Aktivistinnen der *Identitären* erkennen und wurde im Abschnitt 5.1 tiefergehend betrachtet. Die Schuld für diesen Trend gibt sie feministischen Bestrebungen der letzten Jahrzehnte, namentlich werden häufig Alice Schwarzer und Ursula von der Leyen ins Feld geführt. Forderungen dieser „Emanzen"[510] werden, so die Autorin, immer wieder mit mehr oder weniger Widerstand umgesetzt und zum Mainstream. Folge dieser „männerfeindlichen Phänomene der letzten Jahre"[511] ist die Identitätskrise des deutschen Mannes. Kositza erkennt drei Typen von Männern: (1) den bewegten Tränenmann (Softie, Frauenversteher, „bester Freund"), (2) den halbwegs entzivilisierten Gewaltmenschen (Macho, Pascha, Straßengangster) und (3) das Modeäffchen. Weitere Männlichkeitsbilder sind marginal und können ihrer Ansicht nach vernachlässigt werden.[512] Der dritte Typ ist nach Kositza wohl der am weitesten verbreitete und zeichnet sich durch Harmlosigkeit aus, indirekt ordnet sie ihn einem „metrosexuellen" androgynen Äußeren zu.[513] Während die Männer des ersten Typs vor Feminist*innen buckelten,

---

[508] Vgl. Kositza 2008: 10; Kelle 2015: 11.
[509] Vgl. Kositza 2008: 72.
[510] Ebd.: 13.
[511] Ebd.: 19.
[512] Vgl. ebd.: 21.
[513] Vgl. ebd.: 22.

würden die „Modeäffchen“ zu Objekten, zu Tafeln, „auf die der je neueste Geschlechterentwurf geschrieben werden kann“.[514] All diesen Modellen ist dieselbe Problemdiagnose gemein, sie steckten in einer Identitätskrise, da sie keine „echten“ Männer mehr als Vorbilder in der Gesellschaft vorfänden.[515] Denn während es vor weiblichen Ikonen geradezu wimmle, fehle es an männlichen Identifikationsfiguren. Entgegen einer männlich-patriarchalen Netzwerkarbeit sieht sie diese vermehrt unter Frauen, die sich durch Quotenregelungen die guten Plätze sicherten.[516] Ein Mann könne nur noch in seiner Sexualität als Mann Anerkennung finden und dieses „alte Muster, das der Penetration naturgemäß zugrunde liegt“[517], lasse sich auch nur schwer durch feministische Bestrebungen korrigieren, wie die steigende Anzahl beispielsweise an Werbung für Potenzmittel unterstreiche.[518] Anschließend an ihre Sichtweise zum Untergang der echten Männer sieht sie in ihrem 2016 erschienenen Buch eine neue Herausforderung für Frauen: Diese wüssten angesichts ihrer durch Genderideologie harmlos gemachten „eigenen deutschen“ Männer nicht, wie sie mit den „nicht-domestizierten Nordafrikanern“[519] umgehen sollten. Ein echter Mann, beschreibt sie weiter, sei durch Qualitäten wie Heldenmut, Beschützerinstinkt und Autorität gekennzeichnet.[520] Er müsse seine Frau verteidigen können, wenn nötig auch handgreiflich, standhalten und nicht davonlaufen, er sollte – zusammengefasst – keine Memme sein.[521]

Das weibliche Geschlecht hingegen werde mit einer zunehmenden Entwertung von Mutterschaft konfrontiert. Da Zufriedenheit und

---

[514] Kositza 2008: 23.
[515] Ebd.
[516] Vgl. ebd.: 29.
[517] Ebd.: 35.
[518] Vgl. ebd.
[519] Kositza 2016: 125.
[520] Vgl. ebd.: 133.
[521] Vgl. ebd.: 142f.

Glücklichsein von Müttern heutzutage mit einer finanziellen Unabhängigkeit, also der Lohnarbeit zusammenfiele, sei die Gleichung ganz einfach: „[D]ie alltags abwesende Mutter ist die glückliche, also die gute Mutter“[522]. Kositza bezeichnet das Gebären von Kindern als „eine natürliche Bestimmung der Frau“[523]. Kinder zu bekommen sei schon lange nichts Gewöhnliches mehr, sondern eine Form der Selbstverwirklichung, ein privates Vergnügen.[524] In ihrer Kolumne unterstreicht sie diese Analyse mit Diskussionen ihrer Töchter, die in der Schule bereits schräg angeschaut würden, wenn sie den Wunsch, Mütter zu sein, äußerten. Selbst die Kinder wüssten bereits, „Kinder verbauen einem nur die Karriere“[525]. Aber letztendlich stelle sich natürlich die Frage, wem Frauen denn noch ein Kind gebären sollen – den identitätsgestörten Männern ohne Vorbilder?[526] Die Verantwortung für diese desaströse Entwicklung sieht sie im Feminismus und dessen politischer Agenda des Gender Mainstreaming, als größtes Übel könnten die Gender Studies gesehen werden. Sage und schreibe 15 Mal beschäftigen sich die Kolumnen schwerpunktmäßig mit dem Thema Feminismus und seinen Auswirkungen. Eine ähnlich hohe Quote hat neben dem ständig durchblitzenden Rassismus sonst nur die Kritik an Bildungspolitik und dem Alltag an deutschen Schulen beziehungsweise der Schule ihrer Kinder. Kritisiert wird von ihr die Auswahl der Literatur (nicht traditionell genug), unfähige Lehrer*innen sowie zu viel Erinnerungskultur und Antirassismus-Arbeit. Die prognostizierte „Frühsexualisierung“ Jugendlicher wird ganze neun Mal selbst zum Inhalt.[527] Auch das Thema Abtreibung wird mehrmals in einem ihrer Kolumnenbeiträge behandelt. Im Gegensatz zu Alice Schwarzer, deren Zeitschrift *Emma* sie bereits seit 20 Jahren im Abo habe, positioniert Kositza sich gegen Schwangerschaftsabbrüche und berichtet von ihrem Wunsch, am „Marsch für

[522] Kositza 2008: 49.
[523] Ebd.: 65.
[524] Vgl. ebd.: 64f.
[525] Kositza 2017: 80.
[526] Vgl. Kositza 2008: 70.
[527] Vgl. Kositza 2017.

das Leben“[528] teilzunehmen. In einem Interview mit Thomas Wagner äußert sie sich dazu leicht gegenläufig und meint:

> „Ich bin für eine Legalisierung der Abtreibung, allerdings nicht auf Staatskosten. Für mich ist Abtreibung nach wie vor Mord. Es ist die Rede vom potentiellen Leben, das noch kein Mensch sei. Dass das verlogen ist, ist doch mit Händen zu greifen! 99 Prozent dieser abgetriebenen Föten würden zu Menschen werden. Aber ‚Mein Bauch gehört mir‘ hat etwas für sich. Wenn wir als Rechte von anthropologischen Gewissheiten reden, dann gehört für mich die Verfügungsgewalt der Frau über ihren Körper dazu. Ich bin aber dagegen, dass der Staat die Abtreibung befördert, indem er die Kosten dafür übernimmt.“[529]

Unter besonderen Umständen, wie nach Vergewaltigung oder aus eugenischen Gründen, da ein schwerstbehindertes Kind großzuziehen nicht im „Einklang mit einem organischen Zyklus“[530] stehe, sei eine Finanzierung von Schwangerschaftsabbrüchen jedoch in Ordnung.

Bereits in ihrer Kolumne bespricht sie die Geschehnisse der Kölner Silvesternacht 2015/16 und ihre Sichtweise darauf.[531] Diesem Themenkomplex widmet sie mit *Die Einzelfalle* ein ganzes Buch. Es ist nur schwierig zu verleugnen, dass die oberflächliche Thematik der sexualisierten Gewalt in der Kölner Silvesternacht 2015/16 instrumentalisiert wird, um sie gegen die „Offensivkraft und Eroberungsideologie“[532] des

---

[528] Der *Marsch für das Leben*, früher auch *Tausend-Kreuze-Marsch*, ist eine Demonstration der selbsternannten „Lebensschutz“-Bewegung, die sich gegen Schwangerschaftsabbrüche, Pränataldiagnostik, Sterbehilfe oder auch Stammzellenforschung richtet. Mehr zu dem Thema beispielsweise bei: Sanders/Achtelik/Jentsch 2018.

[529] Wagner 2017: 244.

[530] Ebd.

[531] Vgl. Kositza 2017: 186f.

[532] Kositza 2016: 8.

Islams und die „Flüchtlingskrise“[533] in Stellung zu bringen. Bereits auf den ersten Seiten ihres Buches wird Kositza sehr deutlich und beschreibt das Drohszenario eines Wettkampfes zwischen dem „Orient“ – dem Islam, der durch eine starr fixierte Ideologie geprägt sei, und dem Okzident – dem Abendland mit seinen christlich geprägten Werten, die sich aus einem Erkenntnisprozess heraus geformt hätten.[534] Sie bezeichnet diesen Wettkampf, den das Abendland zu verlieren drohe, mit Renaud Camus als den „Großen Austausch“ und teilt hier die Argumentation der *Identitären*, die in den Kapiteln 3.2 und 3.3 beschrieben wurde.[535] Opfer dieser „Islamisierung oder Überfremdung“[536] seien zuallererst Frauen. „Frauen sind die ersten Opfer einer Invasion, die nicht benannt werden will, darf und soll“.[537] An diesem Zitat lassen sich mehrere Argumentationsstränge verdeutlichen. Im gesamten Buch wird sexualisierte Gewalt vor allem in Bezug auf muslimische Männer thematisiert, die Autorin wird dabei nicht müde zu betonen, dass Übergriffe (leider) auch von deutschen Männern begangen würden, hier jedoch tatsächlich das Wort „Einzelfälle“ zutreffe, wohingegen Belästigungen von „fremdländischen Mitbürgern“[538] die Vielzahl seien. Ein zweites Argument ist der Vorwurf der „Täterverschleierung“ an feministische Akteur*innen.[539] Damit, so ein drittes Argument, würde sexualisierte Gewalt von muslimischen Männern oder Geflüchteten zu Einzelfällen heruntergespielt. Dies sieht sie besonders stark in der medialen Aufbereitung der Kölner Silvesternacht 2015/16, in der linke/feministische und Mainstream-Medien sexualisierte Gewalt von muslimischen Männern als Einzelfälle abgetan und dem entgegen eine omnipräsente sexu-

533 Ebd.: 9.
534 Vgl. ebd.: 8.
535 Vgl. ebd.: 9.
536 Ebd.
537 Ebd.: 14.
538 Vgl. ebd.: 33.
539 Vgl. ebd.: 17.

alisierte Gewalt, die von deutschen Männern ausgehe, benannt hätten.[540] Auf dieses Fehlverhalten der Medien spielt auch der Titel des Buches an. Generell sei es in Deutschland allerdings schon lange unmöglich, sexualisierte Gewalt durch „fremdländische" Männer zum Ausdruck zu bringen. So schreibt sie:

> „Alles Barbarische, was im Namen oder unter dem Banner des Islam geschieht, hat gemäß der Sicht der Täterverschleierer ‚nichts mit dem Islam zu tun'."[541]

Ihre These, den Islam dürfe man in Deutschland nicht kritisieren, sieht sie unter anderem am Schweigen junger deutscher Akademikerinnen zum „Geflüchtetenkomplex" sowie der Menschen, die überhaupt ein Recht hätten, den Islam zu kritisieren, bestätigt. Dies seien lediglich Personen, die selbst dem muslimischen Glauben angehören oder in einer muslimisch geprägten Gesellschaft aufgewachsen sind. Sie nennt dies „ethnische Grenzen der Islamkritik".[542] Neben der Kritik an dem Konzept der Kritischen Weißseinsforschung weist ein weiterer ihrer Gedanken näher auf das zu Grunde liegende Frauenbild hin. Sie

> „gestehe Frauen mehr Emotionalität, mehr Weichheit, ja auch größere Beeinflußbarkeit zu. Auch, daß sie generell ‚zu den Siegern' gehen, also sich zur proklamierten Mehrheit schlagen. Ich halt dergleichen für natürlich, für weder anfechtbar noch aufrechenbar."[543]

Frauen argumentierten stärker über Gefühle und seien deshalb zu einem rationalen Zugang zu Diskussionen häufig nicht fähig.[544] Diese

---

[540] Vgl. Kositza 2016: 14f., 18.
[541] Ebd.: 41.
[542] Vgl. ebd.: 51.
[543] Ebd.: 90.
[544] Vgl. ebd.: 102f.

These baut sie in ihrer Kolumnensammlung, in der sie von „Nähkästchenplaudereien" und gefühlsbetonter Argumentation der Frau spricht, im Gegensatz zur rationalen männlichen Schreibweise, weiter aus.[545] Während Männer eher mit der linken, analytischen Hirnhemisphäre dächten, täten Frauen dies mit der rechten, die „intuitiv, emotional, ja ‚ganzheitlich' verarbeite".[546] Im Interview mit Martin Sellner zur Frage, warum Frauen links wählen, argumentiert die IB-Aktivistin und Bloggerin Annika Stahn von *radikal feminin* sehr ähnlich.[547] Interessant ist zudem Kositzas umgekehrter Vorwurf der Instrumentalisierung von sexualisierter Gewalt durch muslimische Männer, um feministische Bestrebungen – wie nach Köln die Verschärfung des Sexualstrafrechts – voranzutreiben.[548] Im Zuge dieser Argumentation beschreibt sie das Ziel feministischer Bestrebungen als ein Hineinziehen des Staates, der nun „private Händel richten" solle, „und zwar, das ist wichtig, zugunsten der Frau, denn: Schuld ist im Zweifelsfall der Mann".[549]

6.2 Birgit Kelle

Die beiden Bücher von Birgit Kelle *Dann mach doch die Bluse zu! Ein Aufschrei gegen den Gleichheitswahn*[550] und *Gender Gaga. Wie eine absurde Ideologie unseren Alltag erobern will*[551] arbeiten sich weitaus programmatischer an gesellschaftlichen Entwicklungen im Kontext von Geschlechterrollen ab. Kritisiert wird ein Zusammenspiel verschiedener Erscheinungsformen von Feminismus, wie sie in den letzten Jahren stark und damit sichtbar geworden sind, und vor allem

---

[545] Vgl. Kositza 2017: 5f.
[546] Ebd.: 7.
[547] Vgl. Stahn/Sellner 2017.
[548] Vgl. Kositza 2016: 110ff.
[549] Ebd.: 113.
[550] Kelle 2013.
[551] Kelle 2015.

deren politische und gesellschaftliche Auswirkungen. Feminismus wird häufig als ein einziges großes Konstrukt dargestellt, wobei durchaus ein Bewusstsein der Autorin für verschiedene Strömungen sichtbar wird, für Unterschiede in politischer oder aktivistischer Perspektive oder bei Vertreter*innen von Wissenschaft, namentlich benannt den Gender Studies. Diese feministische Vielfalt wird lediglich angesprochen, nicht jedoch anerkannt. Stattdessen wird ein Konstrukt „des“ Feminismus imaginiert, der in seiner Gesamtheit für die angeprangerten Missstände steht. Ähnlich wie Kositza betont auch Kelle allem voran die biologische Unterschiedlichkeit von Männern und Frauen. Auch nach 100 Jahren Feminismus habe diese geschlechtliche Differenz nicht aufgehoben werden können, heute bestehe jedoch der politisch korrekte Zwang, diese Verschiedenheit nicht mehr offen zu benennen.[552] Ein Hauptargument und Intention für die Veröffentlichung ihres Buches sei der Druck, nicht mehr Frau und Mutter sein zu dürfen, den sie von feministischer Seite verspüre. Überall müsse sie sich dafür rechtfertigen, vier Kinder zur Welt gebracht zu haben, einen Ehemann zu haben, der die Familie versorgt, und mit alldem glücklich zu sein. Aus einer gesellschaftlich feministischen Perspektive gelte ihr Lebensentwurf als eine gescheiterte Existenz, da sie das Spiel der Angleichung der Lebensläufe von Frau und Mann nicht mitspiele und ihre Kinder nicht als Klotz am Bein in die Krippe bringe, sondern diese als Erfüllung und Mutter-Sein als erstrebenswertes Ziel formuliere.[553] Immer wieder, erläutert Kelle, schlage ihr der Vorwurf des „Stockholm-Syndroms“ entgegen. Als Frau mache sie sich demnach mit den Geiselnehmern, den Männern, gemein.[554] Sie wirft „dem“ Feminismus vor, dass er seine Ideale, nämlich vielfältige Lebensweisen zuzulassen, nicht erfüllt habe.[555] Aus der festgeschriebenen Gleichberechtigung der Geschlechter habe sich auch ein Zwang für Frauen entwickelt, die neu eröffneten Möglichkeiten zu

[552] Vgl. Kelle 2013: 8.
[553] Vgl. ebd.: 11f.
[554] Vgl. beispielsweise Kelle 2013: 137.
[555] Vgl. ebd.: 11.

nutzen; das Ideal der kinderlosen Karrierefrau werde propagiert und Lebensentwürfe, die die „Chancen“ verstreichen ließen, träfen auf Unverständnis und würden belächelt. So schreibt Kelle: „Der Zwang ist geblieben, nur die Aufseher haben gewechselt. Besser gesagt, die AufseherInnen.“ und weiter:

> „Wir schlittern in eine Diktatur des Feminismus, der allen Frauen nur einen einheitlichen Weg zugesteht. Mussten wir uns früher also von Männern erklären lassen, was das Richtige für uns Frauen ist, müssen wir uns das heute von anderen Frauen gefallen lassen.“[556]

Feminist*innen verträten eine Politik des „es ist nie genug“-Gedankens und Gleichstellung sei für diese erst dann erreicht, wenn die Möglichkeiten nicht nur für alle gleich zugänglich wären, sondern auch von allen tatsächlich genutzt würden, ohne die Frage zu stellen, ob wirklich jede Frau diese Optionen auch in Anspruch nehmen möchte.[557] Männer sind für sie nicht grundsätzlich Feinde, wie sie (angeblich) in Abgrenzung zu feministischen Akteur*innen formuliert, und im Hinblick auf die Aufschrei-Debatte 2013 Opfer einer vorauseilenden Verurteilung. Hier gelte zunächst die Unschuldsvermutung auch für Männer und diese könnten auch nach 100 Jahren Feminismus noch nicht die weiblichen Gedanken lesen, zudem gehöre ein gewisser Spaß am Flirten und die Wahrnehmung körperlicher Reize auch für Frauen dazu, ohne sie wäre die Welt „dröge und asexuell“.[558] Kelle macht jedoch auch klar, dass Sexismus existiere und besonders häufig (aber nicht nur) gegen Frauen gerichtet sei. Sexuelle Gewalt gegen Frauen sei nie gerechtfertigt, die alleinige Deutungshoheit bei der Definition von sexualisierter Gewalt und Sexismus könne jedoch nicht bei den Frauen liegen.[559] Sie

[556] Ebd.: 50f.
[557] Vgl. ebd.: 61.
[558] Kelle 2013: 30.
[559] Vgl. ebd.: 19–32.

spricht sich gegen Schwangerschaftsabbrüche und Gender Mainstreaming aus, findet Frauenquoten unnötig bis hin zu schädlich und empört sich über die staatliche Finanzierung von Krippenplätzen, wohingegen das Betreuungsgeld minimal gering sei. Hierbei gingen feministische Ansprüche – Frauen die gleichen Erwerbsbiographien wie Männern zu ermöglichen – mit kapitalistischen Vorstellungen Hand in Hand, da Frauen durch eine staatliche Kinderbetreuung schnellstmöglich wieder für den Arbeitsmarkt verfügbar seien.[560] Unter Gender Mainstreaming versteht sie nicht das politische Bestreben nach Gleichberechtigung, sondern Gleichmacherei – ein Aufweichen der Kategorie Geschlecht – und argumentiert hierbei ähnlich wie Kositza.[561] Gender Mainstreaming sei, so Kelle, eine politische Handlungsmaxime, die sich in der deutschen Politik etabliert habe und statt Meinungsfreiheit einen politisch korrekten Sprach-Check verursache.[562]

Gemeinsam haben die beiden Autorinnen die Sorge um die „echten Männer", die ihrer typisch männlichen Eigenschaften beraubt würden.[563] Ein neuer Kritikpunkt in ihrem 2015 erschienenen Buch ist der Begriff Gender, „die Wundertüte, in die jeder reinpackt, was er selbst unter Geschlecht versteht".[564] Ihre Kritik an der Beliebigkeit des Begriffs im Gegensatz zu ihrer Überzeugung von zwei biologischen Geschlechtern – Mann und Frau – führt sie beispielhaft an den 60 wählbaren Optionen von Geschlecht bei Facebook aus.[565] Zudem meint sie, Widersprüche innerhalb feministischer Kämpfe aufzuzeigen, das „Gender-Paradoxon"[566] zeige sich in der Argumentation für die Frauenquote, in der sich wohlwollend auf positive weibliche Eigenschaften berufen werde, während die anderen von typisch weiblich oder männlich nichts

---

[560] Vgl. ebd.: 138.
[561] Vgl. ebd.: 88f.
[562] Vgl. ebd.: 22; 2015: 16.
[563] Vgl. Kelle 2013: 188.
[564] Kelle 2015: 18.
[565] Vgl. Kelle 2015: 40ff.
[566] Ebd.: 76.

mehr wissen wollten.[567] Einige Kapitel widmen sich zudem der Darstellung der Omnipräsenz von Gender in unterschiedlichsten Disziplinen und gesellschaftlich-politischen Institutionen wie Universitäten, Straßenverkehrsämtern oder sogar bei christlichen Kirchenvertretungen. Nicht müde wird Kelle der Betonung, wie viel Steuergelder für diese, ihrer Meinung nach unnötigen, Veränderungen verbraucht würden.[568] Genderforschung ist für sie dann akzeptabel, wenn biologische Geschlechter zugrunde gelegt werden, heißt Mann und Frau, dann sollte es jedoch auch eine Männerforschung geben. Die Zuordnung zu diesen beiden Geschlechtern gebe

> „Sicherheit und Stabilität. Aber auch Identifikation und Abgrenzung. Welchen Nutzen hätte sie davon, ihr Mädchensein infrage zu stellen?"[569]

Solche Gedanken und Überlegungen finden immer wieder Eingang in die Argumentationsweise von identitären Frauen und prägen deren Denkweise, wie in der Positionen-Analyse bereits zu sehen war. Im Anschluss werden die theoretischen Überlegungen der *neurechten* Autorin Ellen Kositza und der antifeministischen Publizistin Birgit Kelle mit den praxisnahen Selbstdarstellungen der identitären Frauen zusammengebracht.

---

[567] Vgl. ebd.: 76; 2013: 123.
[568] Vgl. Kelle 2015.
[569] Ebd.: 179.

6.3 Neurechte Argumentationsmuster von Theorie zur Praxis

Theorie und Praxis scheinen bei den identitären Aktivistinnen nahe beieinander zu liegen und die Übergänge sind fließend, weshalb in diesem Kapitel ein Blick auf die gemeinsame Argumentationsstruktur gelegt wird. Durch weitreichendere Ausführungen der beiden Publizistinnen werden Argumentationen der identitären Frauen nochmals kontextualisiert. Da die jeweiligen Argumentationen an anderer Stelle der Studie bereits ausführlich dargestellt wurden, werde ich im Folgenden die geteilten Meinungen lediglich schlagwortartig und prägnant präsentieren.

Die feministische Raupe Nimmersatt und der „Antigenderismus": Sowohl Ellen Kositza als auch Birgit Kelle bedienen die Argumentation eines omnipräsenten Feminismus ebenso wie die Aktivistinnen der *Identitären*. Kelle zufolge würden Feminist*innen „nie genug" bekommen und Gleichstellung sei erst dann erreicht, wenn alle Menschen nicht nur die gleichen Möglichkeiten hätten, sondern diese auch nutzen würden. Doch nicht alle Frauen strebten nach einem Sitz im Aufsichtsrat, sondern präferierten möglicherweise das Mutter-Sein, so auch die Argumentation von *radikal feminin*.[570] Melanie Schmitz stellt sich in ihrem Blogeintrag ebenso gegen einen von ihr wahrgenommenen Vertretungsanspruch „des" Feminismus für alle Frauen, wie es auch Kelle tut, die eine „Diktatur des Feminismus"[571] diagnostiziert.

Auch das Feindbild Gender ist einheitlich bei den Theoretikerinnen und Aktivistinnen zu finden. Kelle spricht sich dezidiert für eine biologische Zweigeschlechtlichkeit und gegen die Pluralität, die der Begriff Gender bietet, aus. Annika Stahns wiederkehrende Aussage, „Frauen

[570] Vgl. Kelle 2013: 61.
[571] Ebd.: 50.

wollten die besseren Männer sein" und strebten nach einer männlichen Macht, ist so auch bei Kelle zu finden, die eine Angleichung der Lebensläufe von Frauen und Männern kritisiert.[572] Einhellig stellen sich Kelle, Kositza und identitäre Frauen zudem gegen die Frauenquote, da Frauen es auch ohne Quote bis an die Spitze schaffen könnten.[573]

„Mutterkraft, die Leben schafft": Auch Anlehnungen an die Werke Birgit Kelles sind kaum zu übersehen. Die Aktivistin Annika Stahn berichtet im Interview mit Martin Sellner, wie sie für den Wunsch, Mutter zu werden, von ihren Freundinnen schief angeschaut werde und gesellschaftliche Ächtung verspüre. Nahezu identisch beschreibt Birgit Kelle die Intention für ihr erstes Buch. Beide Frauen werfen feministischen Bestrebungen vor, ein Mutter-Dasein als gescheiterte Existenz zu bewerten und das Ideal der „kinderlosen Karrierefrau" zu predigen.[574] Von einem gesellschaftlichen Unverständnis, wenn junge Frauen ihren Wunsch zu Mutterschaft äußern, spricht auch Kositza in ihren Kolumnen.[575] Dahingehend beschreibt Freya Honold auf dem Blog *radikal feminin* das Idealbild einer Mutter, die sich aus dem Beruf zurückzieht, während ihre Kinder sie am dringendsten brauchen. Auch Kelle setzt sich für Mütter ein, „die gern Mütter sind und wegen der Mutterschaft auch gern mal lange aus dem Beruf aussteigen".[576]

Die Sorge um den „Einheitsmenschen": Ähnlich der von Judith Goetz aufgezeigten Sorge des identitären Aktivisten Martin Sellner vor einem „Einheitsmenschen" teilt auch Ellen Kositza die Angst um den Verlust von „natürlich" männlichen und weiblichen Eigenschaften.[577]

---

572 Vgl. Kelle 2013: 12.
573 Vgl. Kapitel 5.6 dieses Buches.
574 Stahn/Sellner 2017; Kelle 2013: 11f.
575 Vgl. Kositza 2017: 64f.
576 Kelle 2013: 11; vgl. Kapitel 5.4 dieses Buches.
577 Goetz 2017: 260f.

Dies führe zu einem „unheiligen Mischwesen"[578]. Auch die von mir betrachteten Aussagen der identitären Frauen, allen voran die sichtbare Betonung und der Stolz auf die eigene Weiblichkeit, zeugen von einem Kampf für die „Rückvereindeutigung"[579] von klaren geschlechtlichen Zuschreibungen. Auch die Frage, wer Schuld an dieser Entwicklung habe, wird von den Aktivistinnen und Kositza ähnlich unpräzise beantwortet: der Feminismus der letzten Jahre.[580] Die aus der Sehnsucht nach „echten" Männern (und Frauen) abgeleitete Feststellung einer „Identitätskrise des deutschen Mannes"[581] drückt sich ebenfalls in der wiederholten Anrufung der identitären Frauen nach „echten" Männern aus, die keine „Waschlappen"[582] sein dürfen. Die „Krise der Weiblichkeit"[583] liege jedoch, so Kositza, vielmehr in der zunehmenden Entwertung von Mutterschaft.[584] Das Gebären von Kindern sei „eine natürliche Bestimmung der Frau"[585] und nicht, wie in heutigen Zeiten, eine Form der Selbstverwirklichung. Auch diese Argumentation ist bei den Aussagen der identitären Frauen stark vertreten und wird vor allem durch das antifeministische Projekt *radikal feminin* immer wieder thematisiert.[586]

Die Emotionalität von Frauen und ihre spezifische Macht: Die bei allen betrachteten Aktivistinnen vorfindbare Komponente einer „natürlichen" höheren Emotionalität von Frauen wird in Kositzas Büchern ebenso begründet und biologistisch argumentiert. Sie selbst reklamiert für sich eine eher gefühlsbetonte Argumentationsweise und stellt diese einer rationalen männlichen Weise gegenüber, was an dem Denken in

---

[578] Kositza 2008: 72.
[579] Goetz 2017: 262.
[580] Vgl. Kositza 2008: 13.
[581] Vgl. ebd.: 19.
[582] Noe/radikal feminin 2018: 11.
[583] Marja/radikal feminin 2017.
[584] Kositza 2008: 49.
[585] Ebd.: 65.
[586] Vgl. Kapitel 5.1 dieses Buches.

verschiedenen Hirnhälften von Frauen und Männern liege, so Kositza.[587] Annika Stahn beschreibt in einem Beitrag auf dem Blog *radikal feminin* ausführlich eine spezifisch weibliche Macht, die auch Kositza in ihrem Buch *Gender ohne Ende* ausführt. Wichtigste Eigenschaft dieser Macht sei die Kommunikation, die unter Frauen schon immer eine wichtige Rolle spiele, so Kositza. Durch den Wechsel in ein Medienzeitalter erhalte die Funktion der Kommunikation entscheidenden Charakter und Frauen könnten durch ihre Fähigkeit zur Manipulation den „kulturellen Unterbau" bestimmen.[588]

Relativierung von sexualisierter Gewalt: Birgit Kelle plädiert für eine „Unschuldsvermutung" für Männer und führt sexuelle Belästigungen auf Missverständnisse zwischen Frauen und Männern zurück. Zudem trügen Frauen eine Mitschuld an Sexismus und sexualisierter Gewalt, so wie diese sich nach außen hin präsentierten.[589] Eine ähnliche Täter-Opfer-Umkehr ist beispielsweise bei *radikal feminin* zu finden. Dazu kommt sowohl bei Kelle als auch in einem der Texte von Annika Stahn der Vorwurf, dass Frauen sexuelle Belästigung nur dann als störend empfänden, wenn sie von den „falschen" Männern komme.[590]

Ethnisierung von Sexismus: Eine enge Verzahnung der theoretischen Konzepte Kositzas und der Aussagen von identitären Frauen wird im Rahmen der #120db-Kampagne besonders deutlich. Die in dem 2016 erschienenen Buch D*ie Einzelfalle* ausgebreitete Argumentation wird teilweise fast lehrbuchhaft von den identitären Frauen wiedergegeben. Besonders eindrücklich ist dies in dem längeren Statement von Melanie Schmitz auf ihrem Blog[591], in dem sie eingesteht, selbst die schlimmsten sexualisierten Übergriffe von einem weißen/deutschen Mann erlebt zu haben, um direkt im Anschluss auf die Neuartigkeit der

[587] Vgl. Kositza 2017: 5f.
[588] Vgl. Kositza 2008: 11; vgl. auch Kapitel 5.4 dieses Buches.
[589] Vgl. Kelle 2013: 20.
[590] Vgl. ebd.: 21; vgl. Kapitel 5.7 dieses Buches.
[591] Vgl. Schmitz 2018b.

„importierten“ Gewalt zu verweisen. Kositza spricht ebenfalls sexualisierte Gewalt von „deutschen“ Männern an, wobei diese ganz gegensätzlich zu der Gewalt von „fremdländischen Mitbürgern“ jedoch selten vorkomme.[592]

Staatliche Maßnahmen oder lieber doch nicht?: Eine weitere Überschneidung der Diskussionen von #120db-Aktivistinnen und Kositza ist in der Ausführung eines durchaus vorhandenen Bewusstseins über sexualisierte Gewalt im Nahbereich der Betroffenen zu finden. Ariane[593], eine österreichische *Identitäre*, betont die Präsenz dieser Gewalt, sagt jedoch im gleichen Atemzug, dass dagegen anders als bei „importierter“ Gewalt wenig getan werden könne, da der Staat keinen Zugang zur Familien habe.[594] Kositza wirft hingegen Feminist*innen vor, den Staat in „private Händel“ hineinziehen zu wollen, worin sie bereits bestätigt, dass staatliche Maßnahmen sehr wohl vordringen könnten und dann nämlich auf Kosten des Mannes gingen.[595] Auch Kelle schießt in die gleiche Richtung und positioniert sich gegen „eine Politik, die Frauen und Männer zwingen will, im Namen der Gleichstellung alle Lebenslagen möglichst paritätisch aufzuteilen“.[596] Während Ariane sich auf dem Argument der „geringen Eingriffsmöglichkeiten“ ausruht und sich lieber auf die „eindeutigen Maßnahmen“ gegen nicht-deutsche Männer fokussiert – nämlich „Remigration“ und geschlossene Grenzen – klagt Kositza Feminist*innen dafür an, überhaupt staatliche Maßnahmen zu fordern.[597]

In dieser Argumentation wird die an zahlreichen Stellen ersichtliche Doppelmoral der *neurechten* und identitären DenkerInnen sichtbar.

---

[592] Vgl. Kositza 2016: 33; vgl. Kapitel 5.7 dieses Buches.
[593] Nachname unbekannt.
[594] Ariane/Sellner 2018.
[595] Vgl. Kositza 2016: 113.
[596] Kelle 2013: 63.
[597] Vgl. Kositza 2016: 113.

Staatliche Maßnahmen sind dann legitim, wenn sie gegen nicht-deutsche oder muslimische Männer gerichtet sind. Sobald sie die „eigenen" Männer angreifen, sind sie jedoch von einem männerfeindlichen Feminismus gesteuert.

Nutzbarmachung feministischer Errungenschaften für die eigene Argumentation: Besonders im Bereich der sexualisierten Gewalt findet eine Teilanerkennung feministischer Bestrebungen statt, um diese jedoch sogleich als Ausdruck der eigenen Argumentation zu verwenden. So sagt Kelle beispielsweise zum Thema sexualisierte Gewalt:

> „[...] die Frauenbewegung hat hier ihre großen Verdienste, dass wir uns nicht mehr vorschreiben lassen müssen, wie lang der Rock und wie zugeknöpft der Ausschnitt sein muss. [...] Das sind die positiven Seiten der sexuellen Revolution und der Emanzipation. Wir dürfen uns also zeigen als Frauen von heute."[598]

Feminismus habe demnach den Weg bereitet, stolz auf das eigene Frau-Sein zu sein und dieses genießen zu können. Die eigene Weiblichkeit könne nun ungefährlich ausgelebt werden und Frauen sollten dies nun auch tun und nicht nach der Auflösung der „natürlichen" Unterschiede streben.

Wie an den vorangegangenen Punkten unübersehbar wird, fließen die theoretischen Überlegungen der Publizistinnen Kositza und Kelle in die Selbstverständnisse der Aktivistinnen ein und werden von diesen in praktisches Handeln übersetzt. Die Bezüge überschneiden sich durchaus, wobei eine stärkere Tendenz von Vertreterinnen einer konservativen Weiblichkeit zu antifeministischen Schriften von Birgit Kelle zu erkennen ist. Die Facebook-Seite der *Identitären Mädels und Frauen* bezieht sich sehr ausgewogen auf beide, wohingegen die Aktivistin

---

[598] Kelle 2013: 29.

Schmitz in ihrer Argumentation größere Ähnlichkeiten mit den Theorien Kositzas aufweist. Für weitergehende Betrachtungen wäre es interessant, die den *Identitären* nahestehende und von diesen häufig genannte Theoretikerin Caroline Sommerfeld-Lethen (Österreich)[599] näher zu betrachten.

[599] Sommerfeld 2018; Sommerfeld/Sellner 2018.

7. Analytische Erkenntnisse

Im Sinne der Grounded Theory wurden übergreifende Kategorien anhand von Schlüsselkategorien ermittelt. Aus diesem Prozess resultieren das Konzept der *wehrhaften Femininität* (7.1) und die Feststellung von drei Weiblichkeitstypen (7.2). Die folgenden übergreifenden Konzepte speisen sich aus Ergebnissen der Positionen-Analyse, auf die in der Darstellung an den prägnanten Stellen verwiesen wird.

7.1 Das Konzept der „wehrhaften Femininität“

In der diskursanalytischen Betrachtungsweise der Aussagen identitärer Frauen hat sich ein übergreifend erkennbares Muster herauskristallisiert: eine *wehrhafte Femininität*. Dieses Konzept setzt sich aus verschiedenen bereits vorgestellten Haltungen und Selbstdarstellungen zusammen und ist bei allen betrachteten Aktivistinnen vorzufinden, doch auch hier in unterschiedlicher Ausprägung und Intensität. Im folgenden Abschnitt werde ich das Muster ausführen und an markanten Stellen auf die Positionen-Analyse verweisen.

Den analysierten Aktivistinnen sind ein ständiger Rückbezug und die starke Betonung ihrer Weiblichkeit gemein. Die Beobachtung einer wiederkehrenden Berufung auf die eigene naturhafte „weibliche Essenz“[600], findet sich auch in der Analyse dieses Buches wieder. Sei es

[600] Goetz 2017: 258.

durch eine Bildsprache wie bei Melanie Schmitz, die sich auf zahlreichen Fotos auf ihrem Instagram-Profil verführerisch in die Kamera schauend präsentiert, leicht bekleidet posiert oder sich lasziv auf ihrem Bett räkelt, oder durch Bilder von Aktivistinnen auf dem Facebook-Account der *Identitären Mädels und Frauen*. „Weibliche Reize“ und weiblich konnotierte Attribute werden bewusst dargestellt und in die Öffentlichkeit getragen. Auch wenn Annika Stahn auf dem Blog *radikal feminin* von einer „unsichtbaren Macht“ (Kapitel 5.4) von Frauen spricht, appelliert sie an den Stolz von Frauen auf ihre eigene Weiblichkeit, die keine männliche Macht benötige. Die Vorstellungen und Darstellungen von Weiblichkeiten, wie in Kapitel 5.3 aufgezeigt, sind zwar durchaus unterschiedlich ausgeprägt und von den Aktivistinnen verschieden interpretiert, doch teilen sie den Stolz auf die eigene Weiblichkeit. Zu dem klaren Bekenntnis ihres „Frau-seins“ kommt das Bedürfnis der Aktivistinnen als stark und selbstbestimmt wahrgenommen zu werden, bei gleichzeitigem Erhalt ihrer Weiblichkeit. Die weiblichkeitsbetonenden Bilder auf Melanie Schmitz’ Instagram-Profil konterkarieren dabei eine sonst provokativ bis hin zu aggressiv auftretende Schmitz, die sich auf Angriffe auf ihre Person mit Humor und Schlagfertigkeit wehrt (Kapitel 5.3). Durch ihre Instagram-Galerie wird eine Verbindung von identitätsstiftender Weiblichkeit und Wehrhaftigkeit äußerst deutlich. Es scheint fast so, als müssten die eher männlich assoziierten Attribute, wie laut, aggressiv und kämpferisch zu sein, mit der sexualisierten Darstellung ihrer Weiblichkeit und „typisch weiblichen“ Eigenschaften, wie der Liebe zum Backen, Kochen oder kreativen Aufgaben, ausgeglichen werden. Bitzan beschreibt das Eindringen von Frauen in die Kampfsphäre von Männern am Beispiel des „Straßenkampfes“ als durchaus problematisch und zitiert Gudrun Axeli-Knapp, die eine Störung von „Initiationsriten“ rechter Männer durch die Gleichberechtigungsbestrebungen von Frauen erkennt.[601] Männer würden in den Kämpfen gerade eine Differenz zum Weiblichen erleben und eine besondere Männlichkeit unter Beweis stellen. Sollten Frauen an der Seite

[601] Bitzan 2000: 246.

von Männern kämpfen (dürfen), wäre dieses Verhältnis gestört.[602] Durch das selbstbewusste und des Selbstschutzes durchaus mächtige Auftreten der identitären Frauen entziehen sie den männlichen *Identitären* die Möglichkeit, als „männlich“ (d. h. „Schutz gebend“) und different wahrgenommen zu werden.[603] Melanie Schmitz möchte zwar nicht aktiver Teil des Straßenkampfes sein, ähnelt in ihrem politischen Auftreten und dem Wunsch, Teil der männlichen „Crew“ zu sein, jedoch deutlich männlichen *Identitären*. Möglicherweise werden die Aktivistinnen daher nicht müde, zum Ausgleich eine eigene Schutzbedürftigkeit zu betonen.

Auch Paula Winterfeldt, präsentiert sich auf ihrem Instagram-Profil auf ähnliche, wenn auch dezentere Art und Weise. Auf sexualisierte Darstellungen verzichtet sie weitestgehend, doch betont beispielsweise ein Bild von ihr im Abendkleid auf dem Wiener Akademikerball ihre weibliche Seite[604] neben ihrer sonst ebenfalls schlagfertigen Art und teils „mackerigen“ Ausdrucksweise. Der Name *radikal feminin* des antifeministischen Projektes lässt bereits auf einen starken Bezug zur eigenen Weiblichkeit schließen und, wie die Aktivistinnen beschreiben, das Projekt soll als Gegenentwurf einer „Weiblichkeit in der Krise“ fungieren. Das Symbol von *radikal feminin*, das aus der Hälfte einer Handgranate und der Hälfte einer roten Rose besteht, zeigt die Symbiose von Weiblichkeit und Wehrhaftigkeit. Eine Rose steht als Symbol für Liebe und Romantik, was wiederum mit der Grundannahme der höheren Emotionalität von Frauen harmoniert und Weiblichkeit zum Ausdruck bringen soll. Die Handgranate als Waffe hingegen steht sinnbildlich für die Verteidigung und den Kampf um die eigenen Vorstellungen von Weiblichkeit. Das Zusammenspiel der beiden Symbole fasst das Konzept der *wehrhaften Femininität* treffend zusammen.

---

[602] Vgl. Bitzan 2000: 246.
[603] Vgl. ebd.
[604] Winterfeldt 2018, 28.01.2018.

Die Aktivistinnen sprechen sich alle gegen das Klischee des „Heimchens am Herd“ aus und präsentieren sich als eigenständige und selbstbewusste Frauen. Die Facebook-Seite der *Identitären Mädels und Frauen* postet Tipps zur Selbstverteidigung, zeigt Frauen mit Fackeln in der ersten Reihe von Demonstrationen oder betont in Reaktionen immer wieder die Eigenständigkeit und Selbstbestimmtheit der weiblichen Aktivistinnen.[605] So antwortet die Identitäre Aline Manescu auf die Frage, ob Frauen in der IB hinter den Herd gestellt werden oder bei Aktionen mitmachen dürfen:

> „Ja man sollte sogar [mitmachen; JH], weil wir sind die andere Hälfte der Bevölkerung. Wir sind nicht jemand dem man die Hand geben muss und sagen muss hier du bist benachteiligt wir müssen jetzt extra was für dich machen, nein, wir sind die andere Hälfte der Bevölkerung. Wir haben ein, wir haben die Verpflichtung mitzusprechen. Und ja, das ist wichtig.“[606]

Immer wieder präsentieren die Aktivistinnen eine selbstbewusste Widerständigkeit, vor allem in Bezug auf ihre politischen Gegner*innen. Paula Winterfeldt postet beispielsweise wiederholt Bilder von sich in der Rigaer Straße in Berlin, in der ein bekanntes, von Linken bewohntes Haus steht.[607] Auch Bilder, auf denen sie Antifa-Sticker entfernt, sollen provozierend wirken und die eigene Stärke betonen.[608] Hashtags wie #stillnotlovingantifa sind nicht nur bei Winterfeldt häufig zu finden, sondern auch bei Schmitz, wenn sie sich in einem T-Shirt mit jenem Slogan auf Instagram präsentiert.[609] Bildunterschriften wie: „Licht aus, Messer raus!“[610] oder die zu ihrem Wildschwein-Tattoo „Gegen alle Widerstände“ suggerieren Stärke und Selbstbewusstsein.

---

605 Identitäre Mädels und Frauen 2018a.
606 Manescu/Sellner 2017.
607 Winterfeldt 2018, 21.10.2017.
608 Winterfeldt 2018, 12.10.2017.
609 Schmitz 2018a, 13.04.2015.
610 Ebd., 01.03.2018.

Ein bereits häufig in den Medien geteiltes Foto von Melanie Schmitz in einem kurzen Kleid und mit Baseballschläger in der Hand[611] steht ebenso symbolhaft wie das Logo von *radikal feminin* für eine starke, selbstbewusste und vor allem wehrhafte Frau, die dabei ihre Weiblichkeit nicht verliert. Auf den Punkt bringt dies Aktivistin Lisa im Interview mit dem *Compact*-Magazin:

> „Frauen, die mich inspirieren, sind historische Figuren bei den Germaninnen oder Spartanerinnen. Das sind starke Frauen, die ihre Weiblichkeit nicht einbüßen."[612]

Paula Winterfeldt und Melanie Schmitz zeigen sich wiederholt bei Sportübungen und demonstrieren ihren Willen zur körperlichen Disziplin. Die IB als „Bootcamp", wie Aktivistin Nadja im *Compact*-Magazin formuliert, stärkt ihre Mitglieder und ist nichts für schwache Frauen.[613] Während identitäre Frauen wie Schmitz und Winterfeldt ihre *wehrhafte Femininität* besonders über ein selbstbewusstes und lautstarkes Auftreten auch bei Aktionen sowie durch körperliches Training nach außen tragen, präsentieren sich Aktivistinnen wie Annika Stahn und andere Autor*innen von *radikal feminin* weniger forsch. Dennoch vermitteln sie das Bild einer *wehrhaften Femininität* dadurch, dass sie für das einstehen, woran sie glauben, wie Stahn im Interview mit Martin Sellner sagt.[614] Ihr Mittel der Wahl, um Widerständigkeit zu präsentieren, ist die verbale, oftmals harmlos anmutende Provokation. Es ist häufig keine direkte Ansprache, sondern richtet sich vielmehr gegen eine kollektive links-feministische Gegner*innenschaft. Beispielhaft ist diese Antwort auf die Frage nach ihren Lieblingsfilmen im *Arcadi*-Interview:

---

611 Ebd., 29.05.2015.
612 Dassen/Identitäre Aktivistinnen 2017: 15.
613 Ebd.: 16.
614 Stahn/Sellner 2017.

> „Unsere Lieblingsfilme sind: Sissi: (Alle Teile) Ein absoluter Mädchenfilm, sehr schmalzig und heimatverbunden. Viel Drama, tolle Kleider und echtes Prinzessinen-Feeling. Das Boot: Der Albtraum aller Feministinnen. Eine ausschließlich männliche Besetzung, es wird ein soldatisches Männerbild gezeigt, es herrschen autoritäre, militärische Befehls- und Machtstrukturen, es geht um Krieg, Frauen kommen nur als Prostituierte oder Ehefrauen vor und U-Boote sind eigentlich auch nur riesige, schwimmende Phallussymbole.“[615]

Zudem geht es den identitären Aktivistinnen um eine „Emanzipation von der Emanzipation“ wie das Autor*innenkollektiv Fe.In festhält:

> „Es wird als befreiend empfunden, sich nicht emanzipieren zu müssen, sondern sich klare Ordnungsmuster zurückwünschen zu dürfen bzw. darauf zu setzen. Selbsterhöhung und Unterwerfung, Befreiung und Befreiung von der Notwendigkeit zur Befreiung gehören also zusammen.“[616]

Aus dieser Perspektive betrachtet sind die Aktivistinnen, die am stärksten für antifeministische Positionen einstehen, ebenso in einem „Emanzipationsprozess“ wie auch ihre Kameradinnen, die teils feministische Inhalte teilen, nämlich dem der „Emanzipation von der Emanzipation“, den sie selbstbewusst und wehrhaft vollziehen.

Um die eigene Stärke und Unabhängigkeit unter Beweis zu stellen, führen die Aktivistinnen immer wieder feministische Politiken an, die Frauen zu Opfern und schwach machten. Wie in den Positionen zu Feminismus dargestellt, argumentieren die identitären Frauen beispielsweise gegen die Frauenquote, da (starke) Frauen es auch ohne

---

[615] Noe/radikal feminin 2018: 11.
[616] AK Fe.In 2019: 183.

„Hilfe“ schaffen könnten. Im Gegensatz zu Feminismus, der Frauen wie ständige Opfer behandle und sie durch seine Hilfe beschützen wolle, hätten die Aktivistinnen der *Identitären* dies nicht nötig. Sie sehen sich selbst als stark und selbstbewusst genug, zumindest in diesem Aspekt.

Neben dem Stolz auf die eigene Weiblichkeit und der Demonstration von Selbstbewusstsein, Stärke und Widerständigkeit ist ein weiterer wichtiger Bestandteil des Musters der *wehrhaften Femininität* zudem die in Kapitel 5.5 ausführlich dargelegte Selbstsicht, ein gleichberechtigter Teil der *Identitären* zu sein. Auch wenn diese tatsächliche Aktivität und die politischen Handlungen unterschiedlich ausgestaltet und interpretiert werden, teilen die identitären Frauen jedenfalls die Wahrnehmung, gleichberechtigt in der Gruppe agieren zu können. Sie sind damit Teil einer sich immer wieder nach außen hin stark und anwachsend gebenden, politischen Gruppierung, die obendrein ständig ihre eigene Wichtigkeit und die Fähigkeit, Veränderung herbeizuführen, betont.

Das Gemeinsame und das Konzept *wehrhafte Femininität* Charakterisierende sind prägnant formuliert: die in den Selbstbildern erkennbaren Eigenschaften Selbstbewusstsein, Stärke und Widerständigkeit bei gleichzeitiger Betonung ihrer identitätsstiftenden „weiblichen Essenz“. Eindrücklich sind zudem der Einsatz und das argumentative Spiel mit diesem Konzept. Die in der Positionen-Analyse lediglich kurz aufgezeigte Dynamik zwischen der Einhegung feministischer Werte in die eigene Selbstdarstellung und der gleichzeitigen starken Rückbindung auf die ideologischen Wurzeln des identitären Denkens findet in der *wehrhaften Femininität* Ausdruck. Es scheint als könnten die identitären Aktivistinnen lediglich Schritte nach vorne wagen, wenn sie zugleich das ideologische Sicherheitsseil, das sie hält, ein Stückchen enger ziehen. Je stärker die Frauen feministisch geprägte Werte für sich in Anspruch nehmen und in ihr Leben integriert haben, desto intensiver müssen sie Elemente, die aus einer rechten Ideologie entspringen, hervorheben. Dies zeigt sich beispielsweise an einem Verhalten, das sich dem männlicher Aktivisten annähert versus einer Überbetonung des weiblichen Erscheinungsbildes oder auch der Ausdruck von Stärke versus einer betonten Schutzbedürftigkeit, die Männer wiederum in ihrer „soldatischen Männlichkeit" bestärkt. Diese Dynamik scheint grundlegend zu sein für die Zugehörigkeit von Frauen in der extremen Rechten, die nicht dem klassisch propagierten Bild des „Heimchens am Herd" entsprechen (wollen). Das Wechselspiel zwischen Versatzstücken feministischer Positionen und der starken ideologischen Rückbindung wird auch in der Doppelmoral der Argumentationen erkennbar. Die Aktivistinnen zeigen sich selbst als starke Kämpferinnen, jedoch nur dann, wenn die rassistische Ideologie dies notwendig macht. Während in der Aussage von Annika Stahn zur MeToo-Bewegung beispielsweise eine durch die Kampagne bestärkte „Opferrolle" von Frauen kritisiert wird, machen die identitären Frauen in ihrer Anfang des Jahres gestarteten und als Ergänzung zu #MeToo präsentierten #120db-Kampagne exakt dasselbe. Sie stilisieren sich darin, jedoch auch schon früher, wie Goetz herausarbeitete, als erste Opfer eines vermeintlich „Großen Austausches" und im konkreten Fall als Betroffene von sexualisierter Gewalt durch Migranten/muslimische Männer.[617] In diesem Fall wird es legitim, sich als Opfer zu stilisieren, um daraufhin an den Willen von Frauen zu appellieren, sich zur Wehr zu setzen und laut zu werden.[618] Die Aufrufe hierzu sind mit der Kampagne verstärkt aufgekommen, doch die identitären Frauen weisen bereits seit der Kölner Silvesternacht 2015/16 mit Aktionen, wie der Verteilung von Pfefferspray oder Selbstverteidigungs-Tutorials[619], auf die Gefahr „importierter" Gewalt hin. Gefahren für Frauen erkennen die Aktivistinnen jedoch nicht nur in Angriffen von „Außen", sondern auch in der Infragestellung der eigenen „inneren" Weiblichkeit. Sie diagnostizieren, Weiblichkeit sei

[617] Goetz 2017: 255f.
[618] Vgl. #120db Blog 2018.
[619] Bspw. Identitäre Mädels und Frauen 2018a, 21.04.2017.

in der Krise und der „Genderwahn" auf dem Vormarsch. Mit einer Pluralisierung von Geschlechtsidentitäten und der Vorstellung eines sozial konstruierten Geschlechts werden die Grundüberzeugungen eines binären und natürlichen Geschlechtersystems in seinen Grundfesten erschüttert. Durch den Ausgangspunkt einer *wehrhaften Femininität* gelingt es den Aktivistinnen, sich nach beiden Seiten abzugrenzen und zu verteidigen: nach innen gegen die Infragestellung ihrer „weiblichen Essenz" und nach außen gegen die Angriffe des „Fremden", die Stärke und Widerstand von Frauen legitim machen.

Das Konzept der *wehrhaften Femininität* bietet so zudem eine Rechtfertigungsgrundlage für identitäre Frauen wie Schmitz und Winterfeldt, ihre „selbstbewusste Weiblichkeit" innerhalb der Bewegung leben zu können, da der gemeinsame Kampf gegen das „Fremde", wie auch schon bei klassisch rechten Frauen[620], ein verbindendes Element zu männlichen Aktivisten und in dieser „Ausnahmesituation" akzeptiert ist. Ob sich Frauen bei den *Identitären* am Ende dieser Kampfsituation wieder zurückziehen müssten, wie eine Aktivistin es in der Untersuchung von Bitzan formuliert, ist nicht voraussagbar.[621] Aussagen in diese Richtung gibt es in meinen Daten nicht. Frauen mit einer ausgeprägten *wehrhaften Femininität* sind jedenfalls in deutlich geringerer Zahl bei den *Identitären* vertreten. Zudem sind das dargestellte Selbstbewusstsein und das kämpferische Auftreten sicherlich nicht nur strategisches Handeln, sondern, wie Annika Stahn es negativ beschreibt, eine Folge der „feministischen Indoktrination". Die Aktivistinnen sind mit erkämpften Freiheiten und Möglichkeiten aufgewachsen, wie Schmitz selbst in ihrem Blogbeitrag positiv beschreibt.

---

[620] Bspw. vgl. Döhring/Feldmann 2005: 19; Kapitel 3.1 dieses Buches.

[621] Bitzan 2000.

7.2 Die drei Formen von Weiblichkeiten

Im Hinblick auf meine Forschungsfrage, ob es ein einheitliches Selbstbild von identitären Frauen gibt, konnten drei unterschiedliche Bilder von Weiblichkeit herausgearbeitet werden. Im Zuge der durchgeführten Diskursanalyse stellten sich drei Selbstverständnisse und Erscheinungsbilder von „Weiblichkeiten" bei identitären Frauen besonders deutlich heraus: (1) eine konservative, (2) eine rebellische und eine Zusammenführung aus Elementen der beiden erstgenannten, (3) eine moderne Weiblichkeit. Die im Folgenden vorgestellten Weiblichkeiten müssen als Idealtypen betrachtet werden.

Konservative Weiblichkeit – das anständige Mädchen

Eine konservative, jedoch in Aspekten modernisierte Weiblichkeit bedient vorrangig klassische Weiblichkeitsideale. Eine dezente Make-up-Nutzung, wie im Kapitel 5.3 zu Erscheinungsbildern beschrieben, modische, auch figurbetonte Kleidung, jedoch nicht zu provokant, und längere Haare kennzeichnen den Eindruck des „anständigen Mädchens". Eine gepflegte Sprache in Videos und schriftlichen Interviews ist zu bemerken, dies unterstreicht Annika Stahns Antwort im Interview mit Martin Sellner auf die Frage nach dem Buch, das sie gerade liest: „ansonsten lese ich gerade ein Buch über mehr so Etikette und so was"[622]. Anständige Mädchen stehen für eine traditionelle Weiblichkeit ein, die sie nicht als „Nostalgie, sondern einen auf Altes bauenden Neubeginn"[623] verstehen. Sie bedienen fast schon klischeehafte Frauenbilder, wie beispielsweise in Stahns favorisierten Filmen sichtbar wird. Auf die Frage nach ihrem Lieblingsfilm antwortet sie: „Sissi mit Romy

[622] Stahn/Sellner 2017.
[623] Marja/radikal feminin 2017.

Schneider“[624]. In den Argumentationen ist eine eher schwach ausgeprägte *wehrhafte Femininität* zu erkennen, die aber nicht mit Schüchternheit zu verwechseln ist. Die Seiten von *radikal feminin*, ob Blog, Facebook oder Instagram, sind durch wiederholte Rückfragen an die Follower*innen nach deren Meinung oder Zustimmung gekennzeichnet. Entschuldigende Worte an Kommentator*innen sowie Aufforderungen, höflich und sachlich miteinander umzugehen, lassen immer wieder Rückschlüsse auf die „sanfte Natur“ von Frauen und deren Bedürfnis nach Harmonie zu. Das Verhalten auf den Plattformen ist, vor allem im Kontrast zu Melanie Schmitz und Paula Winterfeldt, von sehr viel weniger Selbstüberzeugung und Standhaftigkeit geprägt. Insbesondere in Gesprächen mit männlichen Interviewpartnern erscheinen ProtagonistInnen einer konservativen Weiblichkeit zurückhaltend und unterordnend. Die bereits in Abschnitt 5.5 angeführte Beobachtung der Akzeptanz des „eigenen Platzes“ bei den *Identitären* stützt sich auf den starken Bezug auf eine explizit „weibliche Macht“ und eine Anerkennung und Unantastbarkeit von „männlicher Macht“. In den Gesprächen zwischen Martin Sellner und Annika Stahn oder auch Aline Manescu ist die Dominanz Sellners unschwer zu erkennen, was sich beispielsweise in den unterproportionalen Redeanteilen der Frauen ausdrückt. VertreterInnen einer konservativen Weiblichkeit beschränken sich inhaltlich auf frauenpolitische Themen und folgen der Argumentation einer weiblich-emotionalen versus männlich-rationalen Gegenüberstellung, durch die sie sich in politischen Belangen, die sie nicht direkt betreffen, argumentativ zurückhalten. Dem entgegen werden Themen wie Mutterschaft, „natürliche“ Weiblichkeit oder Antifeminismus in breitem Umfang verhandelt. Dies passt wiederum zu Aussagen der Identitären Stahn, die Frauen aufgrund ihrer Emotionalität die Fähigkeit für politisches Handeln abspricht. Als Vertreterinnen dieses Typus können die beiden Autorinnen des Blogs *radikal feminin* genannt werden, wobei lediglich Annika Stahn explizit in Erscheinung tritt, sowie #120db-

[624] Stahn/Sellner 2017.

Aktivistin Aline Manescu. Für Österreich ist auch Alina Wychera dieser Kategorie zuzuordnen.

Rebellische Weiblichkeit – die selbstbewusste Rebellin

Eine rebellische Weiblichkeit drückt sich am markantesten durch non-konforme Verhaltensweisen aus und spielt mit den Grenzen des Möglichen innerhalb der IB. So tritt vor allem Melanie Schmitz auf ihrem Instagram-Profil mal sportlich mit den neuesten Sneakers und weitem Pullover, mal super sexy und feminin in einem 1920er-Jahre-Kleid auf. An einem Tag fotografiert sie sich stark geschminkt, an einem anderen erzählt sie selbstbewusst von ihrer Hautkrankheit. Auffallend sind vor allem eine kämpferisch aggressive Haltung und ein hoher Grad an selbstbewusster Widerständigkeit.

Entgegen der konservativen Weiblichkeit treten selbstbewusste Rebellinnen wie beispielsweise Paula Winterfeldt und Melanie Schmitz als Teil der sonst eher männlich dominierten „krew" auf und nehmen für sich die gleichen Rechte in Anspruch. Schmitz reklamiert für sich ebenso Alkoholkonsum wie den ganzen Tag rauchen zu dürfen, ohne dabei für „unweiblich" gehalten zu werden. Kennzeichnend für diesen Typus ist eine starke Argumentationsfähigkeit, die nicht auf „frauenpolitische" Aspekte beschränkt ist, sondern sich auf eine eigenständige Analyse gesellschaftlicher Probleme, IB-Positionen, aber auch darüberhinausgehende Diskussionen ausdehnt. Schmitz war beispielsweise Teil einer Damenverbindung[625] und argumentiert unentwegt Positionen und Konzepte der IB auf ihrem Instagram-Profil. Auch Winterfeldt zeigt immer wieder eine eigene Analyse von gesellschaftlichen Ereignissen und gibt ihre politische Meinung auf ihrem Instagram-Profil preis. Auch die Tätowierungen der beiden Aktivistinnen, die auf IB-

---

[625] Schmitz 2018a, 17.12.2015.

Positionen verweisen, zeigen ihre Überzeugung für die politische Organisation. Im Gegensatz zu einer unterwürfigen Haltung in Bezug auf männliche Interviewpartner wird deutlich, dass Schmitz beispielsweise theoretisch und argumentatorisch eine starke Gesprächspartnerin ist.[626] Das wichtigste Merkmal ist in ihrer, auch gegen das „eigene Lager", gerichteten Widerständigkeit zu sehen. Neben der Auseinandersetzung um ihren Kurzhaarschnitt sind ihre teils anerkennenden Worte für feministische Errungenschaften ein Ausreißer. Auch der häufige positive Bezug auf ihren Vater als Idol und prägende Figur tanzt inmitten der heroischen Darstellung von Mutterschaft aus der Reihe. Schmitz muss sich an zwei Fronten durchsetzen: „Während mich mein Lager als feministisch betrachtet, betrachtet mich das andere Lager als antifeministisch."[627]

In Reinform ist diese Form der rebellischen Weiblichkeit lediglich bei Melanie Schmitz zu erkennen, Paula Winterfeldt teilt ebenfalls viele der angeführten Eigenschaften einer „selbstbewussten Rebellin", die Auflehnung gegen das „eigene Lager" jedoch nicht.

Moderne Weiblichkeit – die angepasste Unterstützerin

Eine Mischform aus der Figur des anständigen Mädchens und der selbstbewussten Rebellin bildet die moderne Weiblichkeit. Sie wird durch selbstbestimmte und ideologisch angepasste Frauen präsentiert, die ihren Platz bei den *Identitären* sehr genau kennen und den Bogen, anders als Schmitz, nicht zu sehr (über)spannen. Klassisch weiblicher Chic ist ebenso in Ordnung wie ein sportliches Erscheinungsbild. Sie verkörpern ein zeitgemäßes und gesellschaftlich häufig vorzufindendes Weiblichkeitsideal. Die angepassten Unterstützerinnen zeigen sich

626 Bspw. Schmitz/Bass/Thiesen 2018.
627 Schmitz 2018b, 18.02.2018.

deutlich wehrhafter und selbstbestimmter als die Vertreterinnen einer konservativen Weiblichkeit und sind in der Lage, IB-Positionen zu argumentieren, andererseits fallen sie nicht durch „Tabubrüche“ im eigenen Lager auf. Für die Vermarktung dient vor allem die Facebook-Seite der *Identitären Mädels und Frauen*, wo zwischen Tutorials zu Flechtfrisuren und traditionsbewussten und naturverliebten Frauen Selbstverteidigungstipps und Frauen beim Boxen dargestellt werden. Ingrid Weiss aus Österreich passt als Mutter, Aktivistin und „erste identitäre Foodbloggerin“[628] von *European Kitchen* in dieses Bild.

Während Schmitz oder auch Winterfeldt teils ein gleichberechtigtes Dasein in der Bewegung für sich einfordern, scheint eine moderne Weiblichkeit am ehesten das Bild einer Kampfgefährtin zu erfüllen, die selbstbewusst stark, jedoch angepasst an der Seite von männlichen Aktivisten steht. Sie muss im entscheidenden Moment jedoch am Spielfeldrand Platz nehmen und akzeptiert dies ohne Widerspruch. Die konservative Weiblichkeit entspricht hingegen einem modernisierten Bild vom „Heimchen am Herd“, das, wie auch schon bei anderen rechten Frauen, jedoch vor allem auf einen bestimmten Zeitabschnitt im Leben abzielt, nämlich auf jenen, in dem Kinder die volle Aufmerksamkeit und Fürsorge einer liebenden Mutter benötigen; eine anschließende erneute Berufstätigkeit ist durchaus möglich.

628 Sellner/Weiss 2017.

8. Zusammenfassende Diskussion der Ergebnisse im Hinblick auf die Forschungsfragen, weitere theoretische Konzepte und bisherige Forschung

8.1 Die Ergebnisse im Kontext der Forschungsfragen und bisheriger Forschung

Im Rahmen dieser Studie stellte ich zunächst die Frage, ob ein einheitliches oder mehrere verschiedene Selbstbilder identitärer Frauen zu erkennen sind. Die durchgeführte Diskursanalyse zeigte sowohl Gemeinsamkeiten als auch Unterschiede in den Positionen der Aktivistinnen auf, die es ermöglichten, drei verschiedene Selbstbilder beziehungsweise Vorstellungen von Weiblichkeit herauszuarbeiten: (1) eine konservative, (2) eine rebellische und (3) eine moderne Weiblichkeit. Die Forschungsfrage nach einem identischen Selbstbild der identitären Frauen kann demnach mit den vorgestellten drei uneinheitlichen und durchaus differenten Selbstbildern beantwortet werden. Die drei vorgestellten Typen und auch die Nuancen dazwischen spiegeln Weiblichkeitsvorstellungen wider, wie sie auch gesamtgesellschaftlich wahrnehmbar sind. Die Selbstbilder identitärer Frauen weisen jedoch gemeinsame Elemente auf, wie das Konzept der *wehrhaften Femininität* und den grundlegenden Bezug auf eine „weibliche Essenz" sowie ein heteronormatives Geschlechterverständnis. Ein weiterer Punkt der Forschungsfrage beinhaltet den Vergleich der Selbstbilder identitärer Frauen mit denen rechter Frauen aus früheren Forschungen. Der Frage, ob und inwiefern Veränderungen zwischen dem bisherigen Forschungsstand und den Selbstbildern identitärer Frauen sichtbar werden, widmet sich der zweite Teil der Forschungsfrage. Dieser soll nun im Anschluss durch die Gegenüberstellung der in Kapitel 3.1 vorgestellten bisherigen Forschung und der Ergebnisse dieser Studie nachgegangen werden.

Für den Vergleich soll nochmals hervorgehoben werden, dass sich beispielsweise die Forschung von Bitzan[629] auf verschiedene Spektren der extrem Rechten bezieht, worunter die *Identitären* lediglich eine Gruppierung sind. Die einführende Frage nach einem einheitlichen Selbstbild mag daher zu Beginn dieses Buches näher gelegen haben als bei Bitzans Untersuchung unterschiedlicher rechter Gruppen. Vor dem Hintergrund der Ergebnisse von pluralen Positionen identitärer Frauen innerhalb der gleichen Organisation gewinnt eine Diskussion um die in der Einleitung aufgeworfenen Fragen nach Modernisierungsstrategien innerhalb rechter Gruppierungen, die größere Entfaltungsräume für Frauen bereithalten, erneut an Brisanz. Weitere Analysen über die *Identitären* als neue Erscheinungsform der extremen Rechten sind notwendig.

Viele der rechten Frauen verstehen sich nicht nur als Mutter und (Ehe-)Frau, sondern als Kameradin und auch als Kämpferin, so Bitzan.[630] Sich selbstbewusst nach außen zu präsentieren, ebenso wie die „treusorgende" Mutter und Partnerin zu sein, ist beispielsweise am Slogan „Politik ist auch Frauensache" des *Rings Nationaler Frauen* (RNF) zu sehen. Die häufig gesetzte Bildunterschrift der identitären Frauen „Heimatliebe ist nicht nur Männersache!" weist deutliche Ähnlichkeit auf. Interessanterweise äußerten sich die rechten Frauen in Bitzans Untersuchung zu sehr ähnlichen Themenfeldern wie die identitären Frauen in dieser Forschungsarbeit und auch mit sehr ähnlichen Positionen. Die Stellung von Mutterschaft im Leben der rechten Frauen wird von Bitzan als sehr divers herausgestellt.[631] Für die einen ist sie

[629] Bitzan 2000.
[630] Ebd.: 126.
[631] Bitzan 2000: 130–161.

Lebensaufgabe, für andere eine begrenzte Phase oder nicht zwangsläufig einzugehen. Auch bei den identitären Aktivistinnen kann diese Bandbreite festgestellt werden, wobei keine der Aktivistinnen eine spätere Mutterschaft infrage stellt, auf die eine oder andere Weise drücken sie alle ihre zukünftigen Pläne, Mutter zu sein, aus. Bei den Aktivistinnen, die ihre politische Arbeit maßgeblich über dieses Thema definieren, kann der antifeministische Trend, Frauen wieder für die Lebensvorstellung „Zurück-an-den-Herd" begeistern zu wollen, bemerkt werden.[632]

Berufstätigkeit wird entgegen Bitzans Ergebnissen nicht speziell thematisiert, scheint jedoch von allen Aktivistinnen als Teil ihres täglichen Lebens begriffen zu werden. Da nahezu alle Aktivistinnen sehr jung sind und sich die meisten noch in ihrem Studium befinden, wird eine zukünftige Berufstätigkeit vor allem in Bezug auf Mutterschaft besprochen. Freya Honold plädiert auf dem Blog *radikal feminin* für ein Zurücktreten von Frauen aus dem Berufsleben im Dienste der Kindererziehung, dies ist jedoch lediglich eine Vorstellung aus dem Typ der konservativen Weiblichkeit. Andere Aktivistinnen äußern sich nicht explizit dazu. Ebenso unterschiedliche Standpunkte wie zu Berufstätigkeit und Mutter-Sein stellt Bitzan im Hinblick auf Sexualität fest.[633] Einer tugendhaften Sexualität steht eine ausschweifende sexualisierte Selbstinszenierung von beispielsweise Skingirls gegenüber. Diese starke Varianz drückt sich ähnlich, jedoch nicht ganz so vehement bei den identitären Frauen aus. Eine sexualisierte und objektivierte Darstellung ist deutlich bei Aktivistinnen auf der Facebook-Seite der *Identitären Mädels und Frauen* zu sehen oder auch bei der Aktivistin Melanie Schmitz. Vertreterinnen einer „Tugendhaftigkeit" sind vor allem die Frauen rund um das Projekt *radikal feminin*, die sich jedoch nicht zwingend durch lange Röcke und Flechtzöpfe ausdrücken, sondern vielmehr einem

[632] Vgl. Faludi 1993 [1991]: 133.
[633] Bitzan 2000: 160, 169.

klassisch weiblichen Chic entsprechen (Kapitel 5.3). Bitzan stellt zudem fest, dass sich rechte Frauen, die sich zum Thema sexualisierte Gewalt äußern, parteiisch zu den Betroffenen verhalten und anklagend gegenüber den Tätern sind. Dies trifft nur zum Teil auf die identitären Frauen zu. Oberflächlich lehnen sie zwar einheitlich sexualisierte Gewalt ab, die einen befürworten jedoch eine „Nein heißt nein"-Politik, während die anderen eine Täter-Opfer-Umkehr mitverantworten. Gemeinsam ist den Aktivistinnen und auch den rechten Frauen in Bitzans Untersuchung die Verbindung von Antisexismus und Rassismus. Das Phänomen der „Ethnisierung von Sexismus"[634], das heißt Sexismus als bestimmtes Merkmal einer ethnischen Gruppe zu sehen, um diese abzuwerten, ist ein starker gemeinsamer Bezugspunkt rechter und darin eingeschlossen identitärer Frauen. Was Bitzan für die Perspektiven rechter Frauen im Jahr 2000 beschreibt, drückt sich bei den identitären Aktivistinnen auf vielfältige Weise, gebündelt jedoch seit Anfang des Jahres 2018 in der #120db- Kampagne aus. Auch in Bezug auf die Positionen zu Feminismus ist sowohl in früherer Forschung als auch in dieser Untersuchung eine breite Palette an Argumentationen erkennbar. In Bezug auf die identitären Aktivistinnen ist es zudem lohnend, einen Blick auf die Erkenntnisse der US-amerikanischen Soziologin Susan Faludi[635] zu werfen. Sie erkennt in ihrer Analyse wiederholte und regelmäßig erscheinende „Gegenschläge" gegen eine Frauenemanzipation. Diese gewännen immer dann an Fahrt, wenn die Chancen von feministischer Seite, den Kampf um Gleichberechtigung tatsächlich zu gewinnen, gestiegen seien, so Faludi.[636] Die durchaus unterschiedlichen, im Kern jedoch ähnlichen Argumentationsweisen der identitären Frauen ähneln in erstaunlicher Weise, wie nur oberflächlich in Kapitel 5.6 gezeigt wurde, denen, die bereits Faludi für den „Gegenschlag" in den 1980er Jahren herausgearbeitet hat. Die Diagnose liegt daher nahe, dass zumindest der Versuch von Seiten der *Identitären* unternommen

---

634 Jäger 1996.
635 Faludi 1993 [1991].
636 Ebd.: 23.

wird, zu einem erneuten antifeministischen Konterschlag auszuholen. Dieser Eindruck verhärtet sich bei der Berücksichtigung von Faludis Worten:

> „Wenn der jetzige Gegenschlag einen Geburtsort hatte, dann hier in den Reihen der Neuen Rechten, wo er zum ersten mal als Bewegung mit eindeutigem ideologischem Programm Gestalt annahm. Die Führer der Neuen Rechten gehörten zu den ersten, die den Kernpunkt des Gegenschlags formulierten – daß die Gleichberechtigung der Grund für die Unzufriedenheit der Frauen sei.“[637]

Elverich stellt für den *Front National* in Frankreich Modernisierungsstrategien in Familien- und Frauenfragen und die strategische Platzierung von Frauen in führenden Positionen fest.[638] In der Politikwissenschaft ist dieser „Marine le Pen“-Effekt[639], der es Frauen (auch) aus strategischen Gründen ermöglicht, an die Spitze von rechten Parteien zu gelangen, bereits seit längerem Thema. So bemerkt auch Faludi für die *Neue Rechte* in den USA:

> „In altbewährter Weise hatten antifeministische rechte Führer Frauen eingespannt, die die schwersten Geschütze gegen ihre eigenen Rechte selbst abfeuern sollten.“[640]

Auch bei den identitären Frauen ist dieses Phänomen zu beobachten.

Bitzan durchbrach mit ihrer Analyse die sehr engstirnige Vorstellung eines einheitlichen Rollenverständnisses von rechten Frauen als

---

637 Faludi 1993 [1991]: 316.
638 Elverich 2005: 109.
639 Mayer 2013: 163.
640 Faludi 1993 [1991]: 328.

Mutter und (Ehe-)Frau an der Seite des männlichen Kämpfers. Sie stellte vielfältig lebbare Entwürfe von rechten Frauen heraus und erweiterte so den Blick auf sie und ihre aktive Rolle in der Szene.[641] Die herausgearbeiteten Selbstbilder identitärer Frauen zeichnen sich ähnlich divers, sind aber in der Modernisierung noch weiter fortgeschritten. Die Ergebnisse kennzeichnen sich daher weniger durch grundlegend neue Vorstellungen von Frauenrollen oder ihrer Position innerhalb der jeweiligen rechten Gruppierung, sondern vielmehr durch ihr Auftreten innerhalb einer Organisation. Die *Identitären* reihen sich in die vielfältigen rechten Gruppierungen ein, die von völkischem Siedlertum über autonome Strukturen und Netzwerke bis in die Parteienlandschaft reichen. Bitzan betrachtete eine Bandbreite an Frauen, die sich in verschiedenen Bereichen dieser Felder bewegen. Das Wiederfinden dieser unterschiedlichen Selbstbilder innerhalb einer rechten Organisation und vor allen Dingen eine nach außen signalisierte Akzeptanz dieser Diversität bedürfen einer genaueren Betrachtungsweise. Erste Anhaltspunkte für eine mögliche Erklärung werden im folgenden Abschnitt diskutiert.

8.2 Pluralisierte Weiblichkeitsvorstellungen als Strategie

Der Rückbezug und die Verteidigung einer klaren, eindeutigen und unwiderruflichen Identität zeigt sich auf vielen Ebenen im identitären Denken, so auch bei der identitätsstiftenden Kategorie Geschlecht. *Identitäre* bekräftigen durch ihre Aussagen immer wieder die „natürliche“ Verschiedenheit von Mann und Frau und beziehen sich auf eine

[641] Vgl. Bitzan 2000.

„Essenz des Weiblichen“[642]. Doch wie in anderen Punkten des identitären Denkens, beispielsweise dem Konzept des „Ethnopluralismus“, findet auch in der Verhandlung geschlechterpolitischer Themen eine Modernisierung statt. Der Leitgedanke „gleichwertig, jedoch nicht gleichartig“ bietet eine Modernisierungsmöglichkeit nicht nur in Hinsicht auf den Wandel der Begriffe von Rassismus hin zu „Ethnopluralismus“, er hält auch für das Geschlechterverständnis neue Artikulationsmöglichkeiten bereit.[643]

Das Erkennen eines gesellschaftlichen Wandels und vor allem das Einbeziehen dieser Veränderungen in Form modernisierter Terminologien und Begriffe zieht sich durch die politische Strategie der *Neuen Rechten* und der IB und macht vor Weiblichkeitsvorstellungen nicht Halt. Die Vielfalt an gesellschaftlich wahrnehmbaren Vorstellungen von Weiblichkeit findet sich auch innerhalb der *Identitären* wieder. Immer wieder wird von AktivistInnen auf die vielfältig lebbaren (vor allem) Frauenbilder hingewiesen, die IB spiegle „einen Querschnitt der Bevölkerung“[644], so eine Aktivistin aus Bayern.[645] Die Aussagen sollen ein „Bei-uns-ist-für-alle-etwas-dabei“ suggerieren, so halten sich die *Identitären* für ein breites Publikum attraktiv und die identitären Ideen und Gedanken können in den kulturellen Mainstream eindringen.

Sicherlich ist es zu kurz gegriffen, die Vielfalt lediglich mit strategischen Gründen erklären zu wollen. Die eigene Sozialisation der Aktivistinnen, die mit erkämpften Freiheiten und Möglichkeiten aufgewachsen sind, lässt sie vor einem allzu konservativen Frauenbild zurückschrecken.[646] Selbst die antifeministische und gegen Frauen in der

---

642 Goetz 2017: 258.
643 Vgl. Goetz 2017: 271.
644 Identitäre Mädels und Frauen 2018b.
645 Auch Schmitz 2018a, 12.03.2018; Karig 2016.
646 Vgl. auch Heß 2015.

Politik argumentierende Annika Stahn will sich das Wahlrecht nicht mehr nehmen lassen.

Anschließend an Bitzan, die für ihre Ergebnisse bereits ein Eindringen beziehungsweise eine Prägung durch jahrzehntelange Kämpfe um Gleichberechtigung und deren Erfolge erkannte und daraus einen sich verändernden gesamtgesellschaftlichen Wertekodex wahrnimmt: „der wiederum auch von Rechten integriert und genutzt werden kann und wird“[647], erkenne ich die beschriebenen Einflüsse bei den identitären Aktivistinnen deutlich wieder. Für identitäre Frauen ist nur vereinzelt ein direkter Eingang feministischer Forderungen in die eigene Argumentation zu sehen. Diese „Ausnahmen“ finden sich vorrangig bei der Aktivistin Melanie Schmitz, wie in Kapitel 5.6 aufgezeigt werden konnte, oder werden von den *Identitären* in Stellung gegen vermeintlich rückständige islamische Werte oder „importierte“ Gewalt gebracht (Kapitel 5.7). Vielmehr als die direkte Benennung findet eine Anpassung an den Mainstream statt, in dem sich Errungenschaften der Frauenbewegungen mit dem Rückenwind eines neoliberalen Kapitalismus ausdrücken – einen Status Quo, den die *Identitären* strategisch anerkennen (müssen) und in ihrer Ideologie verarbeiten. Bitzan stellt zudem fest, dass die Bestrebungen von Frauen um Gleichberechtigung und mehr Freiheiten innerhalb der extremen Rechten jedoch immer dem Kampf um das eigene Volk und die Nation untergeordnet sind. Verschiedene Frauenbilder sind denk- und machbar, solange die Volksgemeinschaft an erster Stelle steht.[648] Ergänzend dazu hat die Analyse der identitären Aktivistinnen gezeigt, dass diverse Vorstellungen von Weiblichkeit solange akzeptiert sind, wie diese ideologisch konform bleiben, heißt, wie sie ihre „weibliche Essenz“ als „natürliches“ und

[647] Bitzan 2000: 358; auch Antifaschistisches Frauennetzwerk 2005: 9f.
[648] Vgl. Bitzan 2011: 115; 1997d: 243.

konstituierendes Moment ihrer Identität erleben. Dieses einerseits eisern festgeschriebene Fundament der biologisch zugeschriebenen Weiblichkeit oder Männlichkeit eröffnet andererseits vielfältige Interpretationsräume und die Möglichkeit, auf gesellschaftlicher Ebene verschiedene Formen und Ausdrucksweisen anzunehmen. Ob nun anständiges Mädchen, angepasste Unterstützerin oder selbstbewusste Rebellin, sie alle teilen den Stolz auf die eigene Weiblichkeit. Solange dieser wichtige Teil der eigenen Identität nicht infrage gestellt wird, sind auch Tattoos, kurze Haare und eine offensive Ausdrucksweise für identitäre Frauen möglich. Dieses grundlegende Gedankenkonstrukt fügt sich in die Strategien der *Neuen Rechten* und *Identitären* ein, für eine breite Bevölkerungsgruppe zugänglich zu sein und plurale Betätigungsfelder innerhalb der Organisation anzubieten. Für den Kampf um kulturelle Hegemonie ist ein Wandlungsprozess von einer klassischen extremen Rechten hin zur *Neuen Rechten* erkennbar, der sich auch in der Akzeptanz verschiedener gesellschaftlicher Weiblichkeitsbilder ausdrückt. Auch wenn die modernen Weiblichkeitsvorstellungen auf Kritik aus dem „eigenen Lager" treffen, erfüllen sie auch darin eine strategische Funktion, die es den *Identitären* ermöglicht, mit alten Bildern der klassischen extremen Rechten zu brechen und sich kontrastierend als hippe und moderne Variante anzupreisen.

Zusammenfassend kann gesagt werden, dass die vielfältigen Selbstbilder identitärer Frauen per se kein neues Phänomen sind, jedoch zum einen neue Elemente in ihren Positionen aufweisen und zum anderen innerhalb *einer* rechten Organisation präsent sind. Im Zuge der Modernisierungsstrategien der *Neuen Rechten* und der *Identitären* auf unterschiedlichen Ebenen ist auch eine Erneuerung in der Verhandlung von geschlechterpolitischen Themen zu erkennen. Die allzu deutliche Ablehnung von feministischen beziehungsweise frauenrechtlerischen Errungenschaften ist für viele (junge) Frauen nicht ansprechend. So wird sich nach Außen von einem offensiv propagierten und streng konservativen Frauenbild ebenso abgewendet wie von einem Rassismusverständnis der klassischen extremen Rechten. Das Konzept des „Ethnopluralismus“ ist der Versuch, den ideologisch inhärenten Rassismus zu verdecken. Die pluralen Frauenbilder sollen hingegen über das tiefverankerte geschlechterkonservative und biologistisch festgeschriebene starre Geschlechterverständnis der *Identitären* hinwegtäuschen. Die Anerkennung und Darstellung pluraler Lebensentwürfe, deren Akzeptanz und Bündelung innerhalb einer Gruppierung, ist so als Mittel im Kampf um eine „Kulturrevolution von rechts“ zu verstehen und bietet andererseits Identifikations- und Partizipationsmöglichkeiten für anständige Mädchen ebenso wie für selbstbewusste Rebellinnen.

8.3 Rechte Frontfrauen – die Verhandlung eines Widerspruchs

Neben Paula Winterfeldt oder Melanie Schmitz sind es auch ihre Pendants aus dem englischsprachigen Raum wie Brittany Pettibone oder Lauren Southern, die sich offensiv auf YouTube und Instagram zeigen. Ältere Aktivistinnen der *Neuen Rechten* wie Ellen Kositza oder Caroline Sommerfeld-Lethen sind federführend an der Theorieproduktion beteiligt und in den *neurechten* Think Tanks wie dem Institut für Staatspolitik prominent vertreten. Sie stehen dabei stark und selbstbewusst für eine ebenso rassistisch wie frauenfeindliche Denkweise ein. Jene Frauen, die sich durch ihr Handeln und Auftreten von den geschlechterpolitischen Grundsätzen der extremen Rechten entfernen, müssen sich auf andere Arten und Weisen der ideologischen Verbundenheit rückversichern – für sich selbst, jedoch auch für ihre männlichen Mitstreiter. Wie also legitimieren rechte Frontfrauen ihre Positionen? Über die Betonung der eigenen Weiblichkeit und der Argumentation eines vermeintlichen Ausnahmezustandes hinaus, ergeben sich aus der Positionen-Analyse weitere Strategien der Legitimierung:

Überbetonung der eigenen Weiblichkeit

Ein Grundprinzip der *wehrhaften Femininität* ist der Bezug auf die eigene Stärke und Widerständigkeit bei gleichzeitiger Betonung der identitätsstiftenden Weiblichkeit. Je stärker die Frauen feministisch geprägte Werte für sich in Anspruch nehmen und in ihr Leben integriert haben, desto intensiver müssen sie Elemente, die einer rechten Ideologie entspringen und ihre „natürliche" Weiblichkeit betonen, hervorheben. Während sie also auf sozialer Ebene die Akzeptanz eines veränderten und sich fortschrittlich entwickelten Frauenbildes propagieren und leben, gehen sie immer wieder auf die vermeintlich biologische Unterschiedlichkeit von Mann und Frau ein. Die Identitäre Schmitz zeigt beispielsweise einerseits ein emanzipiertes kämpferisch-aggressives Auftreten, versucht jedoch andererseits dieses durch zahlreiche Fotos auf ihrem Instagram-Profil, auf denen sie ihre Weiblichkeit durch sexualisierte Darstellungen zum Ausdruck bringt, zu konterkarieren.

Argumentation eines „Ausnahmezustandes“

Ein weiterer Aspekt, der es den identitären Frauen ermöglicht sowohl auf theoretischer als auch auf aktivistischer Ebene aus der Geschlechterideologie herauszutreten, ist die Argumentation einer „Ausnahmesituation“. Die von *neurechter* Seite attestierten Gefahren der „Masseneinwanderung und Überfremdung Europas“ und die damit einhergehende sexualisierte „importierte“ Gewalt, die von muslimischen geflüchteten Männern ausgehe, bieten eine Legitimation für die Wehrhaftigkeit rechter Frauen. Der gemeinsame Kampf gegen das „Fremde“, wie auch schon bei klassisch rechten Frauen[649], ist ein verbindendes Element zu männlichen Aktivisten und in dieser „schwierigen Situation“ akzeptiert. Im Angesicht einer angeblichen „Krise von Weiblichkeit“, dem grassierenden „Gender-Wahn“ und einer damit einhergehenden gefühlten Bedrohung durch die Pluralisierung von Geschlechtsidentitäten scheint vieles möglich. Durch den Ausgangspunkt einer *wehrhaften Femininität* gelingt es den Aktivistinnen, sich nach beiden Seiten abzugrenzen und zu verteidigen. Nach innen kämpfen sie gegen die Infragestellung ihrer „weiblichen Essenz“ und der natürlichen Geschlechterrollen und nach außen gegen die Angriffe des „Fremden“. Beide Aspekte legitimieren scheinbar die Stärke und den Widerstand von rechten Frauen.

Schmälerung der eigenen intellektuellen Fähigkeiten

Vor allem bei der *neurechten* Denkerin Ellen Kositza zeigt sich eine weitere Strategie. Sie betont ihre weibliche Seite u. a. durch ihre siebenfache Mutterschaft. Sie wird nicht müde, die Gegensätzlichkeit

649 Bspw. vgl. Döhring/Feldmann 2005: 19.

zu ihrem Ehemann zu betonen und sich als liebende Ehefrau neben ihrem Gatten, jedoch keinesfalls vor ihm, zu positionieren. In Rückbezug auf das geschlechterpolitische Fundament der extrem rechten Ideologie versteht sie es, ihren Einfluss und ihre Position innerhalb der *neurechten* Denkzirkel kleiner darzustellen, als er vielleicht ist, und sich so zumindest verbal aus der Arena der männlichen Denker zu entfernen. Frauen würden stärker über Gefühle argumentieren und seien, so Kositza, deshalb zu einem rationalen Zugang zu Diskussionen häufig nicht fähig.[650] Die Bedeutung des Umstandes, dass sich ihre Kolumne trotz dieses angeblichen Mangels an Rationalität einer gewissen Beliebtheit unter Rechten erfreut, wird bereits in dessen Anfängen geschmälert, indem sie sie als „Nähkästchenplaudereien" als Gegensatz zur männlichen analytischen Denkweise anpreist.[651] Eben jene den Frauen zugeschriebene höhere Emotionalität bringt die identitäre Aktivistin Annika Stahn zu dem Schluss, Frauen sollten keine Politik machen, und verhilft der *neurechten* Denkerin Kositza wiederum dazu, über ihre eigene, durchaus einflussnehmende Position hinwegzutäuschen. Auch die Identitäre Schmitz spricht von ihrer „irrational-emotionalen Natur"[652] und hegt dadurch ihre intellektuellen Fähigkeiten wieder in den ihr zugestandenen Rahmen hinter den männlichen Kameraden ein.

---

[650] Vgl. Kositza 2016: 102f.
[651] Vgl. Kositza 2017: 7.
[652] Schmitz 2016.

Verschiebung auf ein zweites „Spielfeld"

Dieser Argumentationsstrategie folgend versuchen einige der Aktivistinnen, sich ein zweites, nicht mit dem männlichen konkurrierendes Spielfeld zu schaffen. Sie greifen auf das in Kapitel 5.4 vorgestellte Argument der „unsichtbaren Macht" von Frauen zurück. Diese ermögliche es Frauen, bereits seit Jahrhunderten Einfluss zu nehmen und den „kulturellen Unterbau"[653] zu bestimmen. Statt eine gleichberechtigte Position auf dem politischen Spielfeld einzufordern, verschieben die identitären Frauen ihr „Spiel" stattdessen auf ein zweites, ganz eigenes und scheinbar ebenso wirkmächtiges wie das der Männer. In vorauseilendem Gehorsam bemühen sich die Aktivistinnen, die Arena zu räumen, bevor die männlichen Spieler sie vertreiben. Die Argumentationshilfe der eigenen Machtressource, die sich aus der Mutterrolle und den weiblichen Beeinflussungsmöglichkeiten von Männern speist, ist dabei lediglich ein Trostpreis, der als Hauptgewinn verkauft wird. Die vermeintliche Selbstwirksamkeitserfahrung steht immer in Abhängigkeit zu männlichen Personen. Die Macht verbleibt in einer patriarchalen Gesellschaftsordnung letztendlich bei männlichen Personen, sei es der Sohn, der durch Erziehung beeinflussbar sei oder der Edelmann, der manipulative Gedanken von Mätressen zugeflüstert bekommt, wie die Aktivistin Stahn es darstellt.[654] Rechte Frontfrauen propagieren an dieser Stelle erneut das Zurücktreten hinter das männliche Geschlecht, ohne sich selbst dem „verkauften Bild" zu fügen.

---

[653] Kositza 2008: 11.
[654] Noe/radikal feminin 2018: 10.

Betonung der eigenen Mutterschaft

Bei älteren neurechten Theoretikerinnen zeigt sich neben einer Betonung der (körperlichen) Weiblichkeit[655] eine Überbetonung ihrer Mutterschaft und ihrer hingebungsvollen Rolle als Ehefrau. Kositza trägt ihre siebenfache Mutterschaft stolz vor sich her und bei der Vorstellung von Caroline Sommerfeld-Lethen werden die Gesprächspartnerinnen nicht müde, deren drei Kinder zu erwähnen. Auch in diesem Umstand steckt eine Legitimation der eigenen politischen Aktivität. Fast so, als müssten die Akteurinnen versichern, ihre „ideologisch vorgesehene Rolle" bereits erfüllt zu haben und deshalb wieder im sonst „männlichen" Metier der Politik mitmischen zu dürfen.

Anrufung einer „soldatischen Männlichkeit"

All diese Argumentationsstrategien werden begleitet durch die omnipräsente Anrufung einer „soldatischen Männlichkeit"[656]. In ihrem Buch *Gender ohne Ende* beklagt Kositza den desaströsen Zustand der Männer in dieser Gesellschaft. Während sich das Frauenbild fortschrittlich entwickle, so analysiert Kositza, befinde sich „Männlichkeit" auf dem Rückzug und von einer konservativen Vorstellung des dynamischen Mannes als Jäger und Beschützer bleibe nicht mehr viel übrig. Kositza lenkt mit diesem argumentativen Kniff geschickt von ihrer eigenen, recht emanzipierten Position ab und richtet stattdessen ihr Augenmerk auf die „männerfeindlichen Phänomene der letzten Jahre"[657], die zu einer Identitätskrise des deutschen Mannes geführt hätten. Die

---

[655] Kositza zeigt sich beispielsweise in figurbetonten Outfits und geschminkt.
[656] Debus/Laumann 2014: 21, 27.
[657] Kositza 2008: 19.

Anrufung einer beschützenden und starken Männlichkeit eint sämtliche betrachtete Aktivistinnen. Ob nun Melanie Schmitz sich am Ende des Tages in die schützenden Arme eines Mannes wünscht[658], Aline Manescu sich um die allzu weiblichen und verweichlichten Männer sorgt[659] oder Annika Stahn Männer auffordert, keine Waschlappen[660] zu sein – sie befördern das Ideal des starken, kämpferischen und beschützenden (weißen, „deutschen") Mannes. Mit dem Zeigefinger auf eine vermeintlich zugrunde gehende Männlichkeit bei den weißen „deutschen" Männern zu zeigen, lenkt zudem geschickt den Blick von den eigenen aufbegehrenden Verhaltensweisen ab. Selbstbewusst und prominent auftretende Aktivistinnen wissen dieses Ablenkungsmanöver geschickt für sich zu nutzen.

Wenn die neurechten AktivistInnen lautstark eine kämpferische Männlichkeit für die „eigenen" Männer fordern, sind es paradoxerweise die gleichen Eigenschaften mit denen sie die „anderen" als bedrohlich und einer archaischen Gesellschaft zugehörig diffamieren. Die Worte in Kositzas Schriften über die „muslimische Kultur" enthalten - in all ihrer Ablehnung - einen Hauch von Anerkennung und Neid.

Gegenwind aus den eigenen Reihen

Bei all den Legitimierungsstrategien treffen die Aktivistinnen mit ihrem ideologisch nonkonformen Verhalten nicht nur auf Zustimmung. Die britische *Alt-Right*-Aktivistin Tara McCarthy prangerte Ende 2017 öffentlich auf ihrem Twitter-Account das sexistische Verhalten ihrer

---

658 Schmitz 2018b,18.02.2018.
659 Manescu/Sellner 2017.
660 Noe/radikal feminin 2018: 11.

„Mitstreiter" an. Frauen in der *Alt-Right*, so McCarthy, werden im Internet von anonymen Trollen belästigt und sollen so aus den sozialen Medien gemobbt werden. Die politischen Aktivistinnen werden demnach von ihren eigenen Kameraden immer wieder auf ihre Plätze in der zweiten Reihe verwiesen. Dies missfällt nicht nur McCarthy. Auch Lauren Southern, eine kanadische *Alt-Right*-Aktivistin, reagiert verärgert auf Anfeindungen aus den eigenen Reihen, die ihre Ehe- und Kinderlosigkeit thematisieren.[661] Ein ähnliches Szenario spielte sich im März 2018 auf dem Instagram-Profil der identitären Aktivistin Melanie Schmitz ab. Von Gleichgesinnten wurde sie für ihre Piercings, Tattoos, vor allen Dingen jedoch für ihren neuen Kurzhaarschnitt kritisiert. Schmitz attestierte daraufhin: „Auch das rechte Lager hat Stellenweise echt Nachholbedarf"[662]. Die eigene emanzipierte Position provoziert demnach auch Kritik am Sexismus aus den eigenen Reihen.

Die rechten Frauen genießen durch jahrzehntelange feministische Kämpfe erreichte Freiheiten und fühlen sich als politische Aktivistinnen und Theoretikerinnen wohl. Sie legitimieren ihre häufig prominenten Stellungen in der extremen Rechten durch eine vielseitige Argumentation von Schmälerung und Ablenkung ihrer Position. Diese Tarnung der eigenen Fähigkeiten und vor allem des eigenen Einflusses führen zu einer gewissen Duldung in der Szene. Zudem verhelfen Frontfrauen der *Neuen Rechten* nicht nur dazu, sich friedfertiger nach außen zu geben, sondern auch dazu, ihrem strategischen Ziel, Frauen als „politische Kraft"[663] zu gewinnen, ein Stückchen näher zu kommen. Mit ihrem selbstbewussten Auftreten eröffnen die *neurechten* Frauen breite Beteiligungsräume und demonstrieren eine Rechte, die für Frauen – zu-

---

661 Vgl. Lauer 2017.
662 Schmitz 2018a, 12.03.2018.
663 Stahn/Sellner 2018.

mindest oberflächlich betrachtet – mehr als den Platz hinterm Herd bereithält. Die Theoretikerinnen und Aktivistinnen entwickeln hierbei eine eigene politische Motivation sowie Einflussmöglichkeiten, die nicht unterschätzt werden sollten, sondern ernstgenommen werden müssen.

9. Ausblick

In diesem Kapitel wird nochmals ein intensiver und reflektierender Blick auf die Erkenntnisse des Kapitels 5.6 (Positionen zu Feminismus) geworfen. Dieses Feld erhält abschließend einen besonderen Schwerpunkt, zum einen aufgrund aktueller Kampagnen der identitären Frauen wie der #120db-Kampagne, in der die Verbindung von sexualisierter Gewalt, Rassismus und Antifeminismus/Kampf um Frauenrechte thematisiert wird. Zum anderen drücken sich in den Positionen zu Feminismus nochmals eindrücklich die Beobachtungen der Selbstdarstellungen anhand der sechs weiteren Themenfelder aus. Beispielhaft aufgezeigt, weisen die Aussagen der Aktivistin Schmitz zu Weiblichkeit (5.3), ihre Erscheinungsform sowie ihr selbstbewusster Umgang mit ihrem Äußeren oder die Forderung, ein gleichberechtigter Teil der Bewegung sein zu wollen, auf ihre Position zu Feminismus, genauer: einer Teilanerkennung feministischer Errungenschaften, hin. Annika Stahn hingegen, als Vertreterin einer konservativen Weiblichkeit, arbeitet in ihrer thematischen Schwerpunktsetzung auf allen Ebenen eine traditionelle antifeministische Position heraus.

Die Verhandlung von Feminismus bei den identitären Frauen muss von zwei unterschiedlichen Blickrichtungen betrachtet werden: (1) feministische Werte und erkämpfte Rechte drücken sich in der Argumentationsweise und Selbstdarstellung der Aktivistinnen aus und haben so eine Wirkung nach innen und (2) die Instrumentalisierung oder auch Umkehrung feministisch-emanzipatorischer Kämpfe ist relevant für ein Wirken nach außen.

(1) Einerseits konnte wiederholt in den Ergebnissen dieser Studie, ebenso wie in bisheriger Forschung zu rechten Frauen, ein Eingang feministischer Bestrebungen und Errungenschaften in die Argumentationsweise und Selbstdarstellung der Aktivistinnen erkannt werden. In den meisten Fällen, außer bei der Aktivistin Melanie Schmitz, findet keine positive Bezugnahme auf diese feministischen Verdienste statt, sie werden als gesellschaftlichen Status Quo verhandelt. Aussagen der Aktivistin Stahn über eine Indoktrination „des“ Feminismus machen es schwer, den Aktivistinnen Unwissenheit in Bezug auf erkämpfte Werte und Rechte zu unterstellen – sie nutzen sie vielmehr für sich und wollen sie doch gleichzeitig bekämpfen. Auch dieses beobachtbare Verhalten steht in Tradition von antifeministischen Backlash-Bewegungen.[664]

(2) Andererseits werden feministische Kämpfe, allen voran der gegen sexualisierte Gewalt wie in Kapitel 5.7 aufgezeigt, für eine rassistische Argumentation missbraucht. Die Aktivistinnen glauben eine Gefahr für Frauen auf körperlicher Ebene, aber auch auf der von Werten und Normen erkannt zu haben. Diese gehe von einem vermeintlich rückständigen Islam aus. Die wahrgenommene Bedrohung führt auch bei antifeministischen Aktivistinnen zu einem plötzlichen Einstehen für Frauenrechte. Die Instrumentalisierung feministischer Positionen kann an dieser Stelle recht schnell entlarvt werden. Interessanter sind hingegen die Verknüpfungen, die in einer durchaus vorzufindenden Gesellschafts- beziehungsweise Kapitalismuskritik mit den Themen Mutterschaft, Vereinbarkeit von Beruf und Mutterschaft, Liebe oder auch Feminismus stattfinden.

Beide in diesem Kapitel benannten Blickrichtungen erfordern eine tiefergehende Betrachtung und weitere Analysen. Zum Ersteren, dem Einzug feministischer Werte in die Argumentation rechter Frauen, gibt

[664] Vgl. Faludi 1993 [1991]: 348.

es bereits grundlegende Erkenntnisse. Die Ergebnisse dieser Forschung stellten einen weiter fortgeschrittenen Eingang fest und konnten so bisherige Erkenntnisse bestätigen. Näher zu betrachten wären an dieser Stelle die Widersprüchlichkeiten, die sich aus dieser Entwicklung ergeben. Wie bei der Ergebnispräsentation an einigen Stellen aufgezeigt, befinden sich die identitären Frauen in einem Wechselspiel zwischen Schritten hin zu einer eigenen emanzipatorischen Entfaltung bei gleichzeitigem Rückschritt im Sinne einer Überbetonung der ideologisch abgeleiteten Erwartungen an sie. Besonders sichtbar wird dies im Verhalten der selbstbewussten Rebellin, die sich viele Freiheiten und Abweichungen zu klassisch rechten Idealen erlaubt, sich kämpferisch und stark präsentiert, dabei gleichzeitig jedoch eine Überbetonung ihrer Weiblichkeit und Schutzbedürftigkeit nach außen trägt. Einzelne identitäre Aktivistinnen bewegen sich in diesem Spannungsfeld und es bleibt zu beobachten, wie weit dieses ausreizbar ist, sich öffnet und weitere Entfaltungsmöglichkeiten für sie bereithält – oder sich wieder zusammenzieht.

Solidarisch-innerfeministische versus exklusiv-rechte Kritiken an Feminismus?

An dieser Stelle und wie im Rahmen dieses Ausblick-Kapitels möglich, wird sich etwas ausgiebiger des zweiten Blickwinkels – der Instrumentalisierung oder auch Umkehrung feministisch-emanzipatorischer Kämpfe für ein Wirken nach außen – gewidmet. Auch hier können nur schlaglichtartig Punkte diskutiert werden und eine Darstellung kratzt lediglich an der Oberfläche. Die nicht ganz so offensichtlichen Versuche der identitären Aktivistinnen und ihrer Vordenkerinnen, sich feministischer Diskussionen und Themensetzungen zu bedienen und sie mit den jeweils eigenen konservativ-traditionellen bis rassistischen Antworten zu füllen, erscheinen als wichtiger Punkt für weitere Forschung sowie für eine feministisch-politische Praxis.

Einen ersten Aufschlag für die Frage nach (gefährlichen) Verbindungslinien von Positionen rechter Frauen und feministischen Ansätzen lieferte Renate Bitzan[665] mit ihrem Aufsatz *Differenz und Gleichheit. Zur Geschlechterideologie rechter Frauen und ihren Anknüpfungspunkten zu feministischen Konzepten* im Sammelband *Braune Schwestern?*[666]. Bitzan spricht hierbei die Gefahr einer Anschlussfähigkeit zwischen verschiedenen feministischen Strömungen und Ansätzen rechter Geschlechterpolitiken an. Für die Ergebnisse der Selbstbilder der Aktivistinnen ist, wie in Bitzans Analyse[667], eine Ähnlichkeit zwischen differenzfeministischen Ansätzen und einem binären Geschlechterdenken beziehungsweise den daraus abgeleiteten Konsequenzen zu erkennen. Nochmals deutlicher wird dies zudem in den Texten von Ellen Kositza.

Zunächst sollen hier nochmals einige Aspekte zu der Instrumentalisierung eines feministischen Kampfes um die Sichtbarkeit von Gewalt an Frauen, die insbesondere in der #120db-Kampagne zum Ausdruck kommt, zusammengefasst werden. Die identitären Aktivistinnen nutzen hierbei eindeutig vormals feministische Kämpfe und münzen sie für ihre Argumentation passend, auf nicht-deutsche Männer um. Diese „Ethnisierung von Sexismus"[668] ist, wie gezeigt wurde, kein neues Phänomen. Neu ist der Einbezug von feministischen Erkenntnissen, die –

665 Bitzan 2005.
666 Antifaschistisches Frauennetzwerk 2005.
667 Bitzan 2005.
668 Jäger 1996.

möglicherweise gesellschaftlich so gefestigt – nicht mehr infrage gestellt werden (können), wie die Tatsache, dass die häufigsten sexualisierten Übergriffe im Nahbereich der Betroffenen stattfinden. Diesen Umstand hebeln die identitären Frauen und auch Politikerinnen der AfD (beispielsweise Leyla Bilge) aus, indem sie eine neue Form der Gewalt von Migranten und Geflüchteten, die „schlimmer"[669] sei, propagieren. In Interviews nutzten Aktivistinnen zum Teil den Begriff sexualisierte Gewalt[670], der auf eine feministische Diskussion zurückgeht[671]/[672].

Neben dieser, auch von einigen Mainstream-Medien recht schnell als Instrumentalisierung und Strategie der identitären Frauen gekennzeichneten Kampagne wurden in der Analyse weitere Argumentationslinien ersichtlich. Die Aktivistinnen kopieren dabei nicht direkt eine feministische Position und setzen sie in einen anderen Kontext, wie bei der #120db-Kampagne, sondern benennen tatsächlich Schwierigkeiten, mit denen Frauen in der derzeitigen Gesellschaft konfrontiert sind. Sie verknüpfen Gesellschafts- beziehungsweise Kapitalismuskritik beispielsweise mit den Themen Mutterschaft, Vereinbarkeit von Beruf und Mutterschaft, Liebe oder auch Feminismus. Wie an mehreren Stellen dieser Studie gezeigt werden konnte, äußern Teile der identitären Aktivistinnen und deren Vordenkerinnen Kritik an heutigen feministischen Politiken und deren Entwicklungen. Nicht immer liegen sie dabei so weit von Kritiken entfernt, die auch von Feminist*innen selbst geäußert

---

669 Stahn/Ariane/Pettibone 2018.

670 Zum Unterschied der Begriffe sexualisierte und sexuelle Gewalt: „Der Begriff sexualisierte Gewalt setzt sich als wissenschaftlich richtige Bezeichnung zunehmend durch. Diese Begrifflichkeit macht deutlich, dass es sich in erster Linie um eine Gewalttat handelt, die mittels sexueller Übergriffe ihren Ausdruck findet. Sexuelle Handlungen werden instrumentalisiert, um Gewalt und Macht auszuüben. Dies unterscheidet sexualisierte Gewalt von körperlicher, psychischer und struktureller Gewalt" (Zartbitter 2018).

671 Honold/Wolsfeld 2018.

672 Zur Kritik an linken Umgangsweisen mit der Vereinnahmung von rechts: AK Fe.In 2019: 134ff.

und diskutiert werden. Ein großer Unterschied ist jedoch in der Intention der jeweiligen Kritik zu sehen.[673] Rechte Aktivistinnen nutzen Kritik an Feminismus oder Antifeminismus häufig, um die eigene rassistische und völkische Ideologie zu legitimieren und wie im Folgenden gezeigt wird, um die eigenen Vorstellungen zu propagieren. So halten die Antworten der rechten und antifeministischen Seite auf Problemstellungen (für Frauen) unterkomplexe, exklusive und auf traditionellen und reaktionären Vorstellungen beruhende Lösungsvorschläge bereit. Sie streben gerade nicht nach einem „mehr an Freiheit“ und freien Entfaltungsmöglichkeiten für alle Menschen. Die von ihnen aufgeworfenen und problematisierten Themenfelder sind damit jedoch nicht per se von einer rechten Ideologie besetzt. Auch feministische Wissenschaftler*innen üben Kritik am Zusammenspiel von Kapitalismus und bestimmten feministischen Strömungen und/oder Entwicklungen. Parallelen in der Kritik an Feminismus werden ebenso sichtbar wie auseinanderdriftende Antworten von exklusiv-rechter und solidarisch-innerfeministischer Kritik. Diese Beobachtungen werden knapp anhand zweier Beispiele aus dieser Forschung in Bezug auf Herausforderungen für Feminismus in einer kapitalistischen Gesellschaft demonstriert.

[673] Vgl. auch AK Fe.In 2019: 134.

Herausforderungen für den Feminismus

Wie in einem obigen Kapitel ausführlich dargestellt, stört sich die Aktivistin Melanie Schmitz an feministischen Slogans auf T-Shirts in einer großen Modekette und zwar nicht, weil sie, laut eigener Aussage, die Sprüche als verwerflich empfindet, sondern vielmehr leitet sie daraus den Bedeutungsverlust einst edler feministischer Ideale ab, die zu einem weiteren „hohle(n) Instrument kapitalistischer Unterdrückungsmechanismen“[674] werden. Neben weiteren, vor allem feministisch-marxistischen Autorinnen, hat die US-amerikanische feministische Wissenschaftlerin Nancy Fraser eine Vereinnahmung feministischer Ideale durch neoliberale Tendenzen angeprangert.[675] Durch den Einzug feministischer Politiken in popkulturelle Milieus haben feministische Ideen nicht nur mehr Verbreitung und Zustimmung erfahren, sondern auch einen Verlust an Radikalität erlitten. Der Begriff Feminismus hat an Schärfe und Inhalt verloren, er sei „verwässert“, wie Müller[676] beschreibt. Einige feministische Strömungen hätten sich von Kapitalismuskritik entfernt, so Fraser, und sind für gegensätzliche Auslegungen offen geworden. Kapitalistischen Unternehmen ist es möglich, Feminismus für die eigenen Zwecke nutzbar zu machen.[677] Die Kritik an einer inhaltlichen Entleerung des Feminismus-Begriffs und der daraus resultierenden neoliberalen Vereinnahmung ist demnach auch in feministischen Kreisen vertreten. Die jeweiligen Antworten, die aus der Kritik resultieren, sind jedoch unterschiedlich bis hin zu konträr. Während diese Beobachtung für Schmitz ein weiterer Beleg für ihre gänzliche Ablehnung des „heutigen Feminismus“ und dessen Redundanz ist, sprechen sich viele solidarisch-innerfeministische Kritiker*innen für

---

[674] Schmitz 2018a, 27.07.2017.
[675] Vgl. Fraser 2009; auch Müller 2013: 193ff.
[676] Müller 2013: 14.
[677] Vgl. Fraser 2009; auch Müller 2013: 14.

eine verstärkte Debattenkultur, für die Inklusion verschiedener Perspektiven und eine erneute Schärfung, eine Re-Politisierung des Feminismus-Begriffs aus.[678]

Zudem drehten sich vergangene feministische Kämpfe unter anderem um den Umstand, Frauen die Möglichkeit zu geben, eigenständig und frei entscheiden zu können, einer Lohnarbeit nachzugehen und sich so aus der Abhängigkeit zu Männern herauszulösen.[679] Auch an dieser Stelle sind die Darstellungen von Fraser und Müller bezüglich der Verzahnung feministischer Forderungen mit kapitalistischen Interessen relevant.[680] In den letzten Jahrzehnten konnte ein neoliberaler Kapitalismus es sich nicht mehr leisten, Frauen aus der Erwerbssphäre auszuschließen und verlieh feministischen Forderungen dadurch zusätzlichen Rückenwind. Die Umsetzung feministisch-radikaler Forderungen hatte demnach nicht nur positive Konsequenzen für die Frauen selbst, sondern auch für eine kapitalistische Gesellschaft. Für Frauen beziehungsweise Mütter gewannen Fragen der Vereinbarkeit von Berufstätigkeit und Mutter-Dasein an Bedeutung. Auch Diskussionen um Reproduktionstechnologien, wie beispielsweise das social-egg-freezing[681], bringen erneut die Frage auf den Plan, wie viel Einfluss kapitalistisch agierende Unternehmen auf die „freien" Entscheidungsmöglichkeiten von Menschen, in diesem Fall Frauen, nehmen und inwiefern feministische Bestrebungen mit kapitalistischen Interessen Hand in Hand gehen (können). Beim Thema Mutterschaft prangern sowohl Kelle und Kositza als auch beispielsweise die Aktivistin Freya Honold die Schwierigkeit der

---

678 Unterschiedliche Meinungen beispielsweise Müller 2013: 13ff.
679 Vgl. kritisch dazu beispielsweise: hooks 1984 und Davis 1982.
680 Fraser 2009 und Müller 2013: 193ff.
681 „Beim Social Freezing lassen sich Frauen unbefruchtete Eizellen entnehmen, um sich diese im Fall eines späteren Kinderwunsches wieder einsetzen zu lassen. Die Zellen werden kryokonserviert (schockgefrostet) und lagern bei minus 196 Grad Celsius. Selbst nach vielen Jahren können sie noch aufgetaut, befruchtet und in die Gebärmutter eingepflanzt werden" (Köneke 2016).

Vereinbarkeit von Mutterschaft und Beruf an. Ihre daraus resultierende Antwort ist es, als Frau den Beruf hintenan zu stellen und sich zumindest eine gewisse Zeit völlig auf Kinder und Haushalt zu konzentrieren. Damit präsentieren sie als Lösung des diagnostizierten Problems eine Einschränkung der erkämpften Rechte und Freiheiten von Frauen und ein „Zurück" in traditionell-konservative Geschlechterrollen. Die Veränderungen, die feministische Kämpfe und Emanzipationsbestrebungen erwirkt haben, sollen so zurückgedrängt werden. Auch feministische Akteur*innen kritisieren die Doppelbelastung von Frauen auf dem Arbeitsmarkt und in ihrer zusätzlichen Rolle als für den Haushalt Zuständige. Doch auch an dieser Stelle ist das Ziel solidarisch-innerfeministischer Kritiken, ein „mehr an Freiheiten", im Sinne von beispielsweise gleichberechtigteren Erziehungsmodellen, zu befürworten. Auch Kämpfe um Anerkennung von Reproduktionsarbeiten, wie die von marxistischen Feministinnen in den 1970er Jahren ins Leben gerufene *Lohn für Hausarbeit*-Debatte[682], finden in einer feministischen Narration Platz.

Die identitären Aktivistinnen und ihre Vordenkerinnen sprechen in ihren Argumentationen wiederholt Themen an, bei denen sie ein vermeintliches Versagen oder eine Vernachlässigung von feministischer Seite bemerken. Sie nutzen diese Problemdiagnosen, die für viele Menschen tatsächlich Konflikte bereithalten, um ihr völkisches Weltbild zu propagieren und feministisch-emanzipatorische Erfolge zurückzudrängen. Rechte Kräfte nutzen hierbei – nicht nur, jedoch auch – die von Müller als „Verwässerung" des Feminismus-Begriffs ausgedrückte Entpolitisierung feministischer Kämpfe.[683]An dieser Stelle ist es für einen politischen Feminismus ebenso wie für sich als feministisch verstehende Wissenschaftler*innen notwendig, einen Reflexionsprozess zu

[682] Eine kurze Zusammenfassung der Debatte bei Müller 2013: 86–91.
[683] Müller 2013: 14.

durchlaufen. Dabei müssen feministische Entwicklungen und auch ursprünglich nicht intendierte Verkettungen kritisch reflektiert und benannt werden. Auch selbstkritische Überlegungen, wie die Frage nach einem hegemonial vertretenen Feminismus-Verständnis, müssen Raum haben. Auch feministische Bewegungen und Politiken in ihrer Differenziertheit müssen sich die Frage gefallen lassen, für wen sie zugänglich sind und wessen Lebensrealitäten sie abbilden. Ein Feminismus, der lediglich auf der Grundprämisse „Antisexismus“ verbleibt, ohne weitere gesellschaftliche Machtverhältnisse mitzudenken, drückt sich allzu häufig in einem exklusiven, lediglich für eine bestimmte Gruppe begünstigenden Verständnis aus und zeigt sich letztendlich als Komplizin neoliberaler Tendenzen. Um den Versuchen identitärer Frauen, Feminismus-Kritik zur Argumentation der eigenen Zwecke zu nutzen, entgegenzuwirken, sollten innerfeministische Debatten angestoßen werden. Um den Antworten rechter Frauen feministisch-emanzipatorische Antworten entgegen setzen zu können, muss solidarisch-innerfeministische Kritik an Entwicklungen feministischer Politiken geäußert und zugelassen werden. Wie Holland-Cunz in Bezug auf Antifeminismus formuliert und den Theorien von Schwarzen Feminist*innen, wie bell hooks und Audre Lorde entlehnt, provozieren die Angriffe von außen

> „nach innen nicht selten Forderungen nach einer kritiklosen Vergemeinschaftung – eine Art feministische Burgmentalität, in der politische und politiktheoretische Debatten zum Schweigen gebracht werden. An die Stelle einer radikalen oder liberalen Allianzpolitik, die im Streit die Chance für Vielfalt und Stärke sieht, tritt dann Vereinheitlichung, die nachhaltig

schwächt; statt gelebter Solidarität entstehen repressive Pseudosolidarisierungen."[684]

Es ist Holland-Cunz folgend demnach wichtig, sich eine solidarische, innerfeministische Kritik nicht von rechten Kräften streitig machen zu lassen. Hierbei gilt es sicherlich zu differenzieren, an welchen Stellen diese Kritik angebracht werden kann und wann eine „Vergemeinschaftung" gegen Angriffe zunächst sinnvoll erscheint. Für den Umgang mit rechten Frauen, die sich feministische Kritik auf die eine oder andere Art zunutze machen, ist (auch) ein selbstkritischer Reflexionsprozess feministischer Strukturen notwendig. Neben Reaktionen auf die Vereinnahmungsstrategien rechter Frauen, müssen auch eigene Inhalte und Antworten auf derzeitige gesellschaftlich-feministische Herausforderungen erarbeitet werden. Die Versuche rechter Frauen, Kritik an Feminismus (in seiner Vielfalt) für die eigenen rassistischen Zwecke nutzbar zu machen, sowie ihre Strategie, Feminismus durch seine Komplizenschaft mit einem neoliberalen Kapitalismus zu diskreditieren, müssen entlarvt und innerfeministische Reaktionen und Antworten diskutiert werden. Nur so können feministische Forschung und Praxis gewappnet sein für eine sich abzeichnende Phase eines erneuten „Gegenschlags".

[684] Holland-Cunz 2018: 11.

Anhang

Verzeichnis der Aktivistinnen und Projekte

Annika („Franziska“, „Berit“) Stahn, IB Tübingen, dann IB Wien

Laut dem Antifa-Infoportal Tübingen Rechtsaußen heißt die im Netz lediglich unter den Vornamen Annika, Franziska und/oder Berit auftretende Aktivistin Annika Stahn.[685] Ob es sich bei den beiden anderen Namen um Pseudonyme oder Zweit- beziehungsweise Drittnamen handelt, ist unklar. Stahn wohnte bis Anfang 2018 in Tübingen und studierte Germanistik und Kunstgeschichte. Eigenen Angaben zufolge war Stahn im Jahr 2018 22 Jahre alt.[686] Stahn war bei den *Identitären* in Tübingen aktiv, bevor sie nach Wien umzog und in der dortigen identitären Ortsgruppe mitwirkte.[687]

Aktivitäten: Bekannt wurde Stahn vor allem durch das antifeministische Online-Projekt *radikal feminin*, für das sie neben Marja Hauptverantwortliche war. Annika Stahn war eines der Gesichter der #120db-Kampagne. Für die Kampagne ist sie in mehreren YouTube-Videos mit Martin Sellner (IB Österreich) und Brittany Pettibone (US-amerikanische Aktivistin der *Alt-Right*) zu sehen. Von den Anfängen ihrer Social Media-Präsenz bis Mitte des Jahres 2018 war eine zunehmende Professionalisierung erkennbar. Seit Mitte 2018 ist Stahn seltener präsent und hat sich medial zurückgezogen. Die Homepage des Projektes *radikal feminin* sowie der Twitter- und Instagram Account sind nicht mehr aktiv. Die letzten Einträge auf der Facebook-Seite von *radikal feminin* sind von Anfang 2018.

---

[685] Vgl. Tübingen Rechtsaußen 2017; 2018a.
[686] Vgl. radikal feminin 2018b.
[687] Tübingen Rechtsaußen 2018b.

Aline Catinca Manescu, IB Dresden

Auf der Internetseite der *Identitären* Deutschland stellt sich Aline mit dem Nachnamen „Moraes" vor.[688] Angaben einer Antifa-Recherche-Plattform zufolge heißt die Aktivistin Aline Catinca Manescu. Die 1995 geborene Manescu studiert Werkstoffwissenschaft an der TU Dresden und ist in der dortigen IB-Regionalgruppe aktiv.[689]

Aktivitäten: Aline Manescu war an der versuchten Blockade des Justizministeriums in Berlin beteiligt und eine wichtige Protagonistin der #120db-Kampagne.[690] Für diese gab sie Interviews in einem ungarischen Fernsehsender und reiste beispielsweise nach London, um eine Rede auf einer rechten Demonstration zu halten. Sie führt kein öffentlich zugängliches Facebook-, Twitter- oder Instagram-Profil, zeigt sich jedoch öffentlich für die Regionalgruppe und im April 2017 (vor der #120db-Kampagne) bereits in einem Video-Interview mit Martin Sellner. Gemeinsam mit der Aktivistin Paula Winterfeldt trat sie in dem Video-Blog *Laut Gedacht* der Identitären Alexander Kleine und Philip Thaler auf.[691]

Freya Honold, IB Dresden

Die 1996 geborene Honold studiert an der TU Dresden Biologie. Sie ist in der IB-Regionalgruppe und in der akademischen Damenverbindung *Regina Maria-Josepha* aktiv. Freya Honold hat unter dem Pseudonym *Fenya* auf dem antifeministischen Blog *radikal feminin* Artikel veröffentlicht.[692]

Aktivitäten: Honold war in der #120db-Kampagne aktiv und war, wie Aline Manescu, an der versuchten Blockade des Justizministeriums in Berlin beteiligt.[693] Im Zuge der #120db-Kampagne gab sie mehrere

---

688 Vgl. IB Deutschland 2018.
689 Vgl. indymedia 2017.
690 Vgl. Lauer 2018.
691 Bspw. Laut gedacht 2017.
692 Vgl. indymedia 2017.
693 Vgl. Lauer 2018.

Interviews und reiste ebenso wie Manescu nach England, um dort bei einer rechten Demonstration zu sprechen.

Alina von Rauheneck
siehe: **Alina Wychera**

Melanie Schmitz, IB Essen, ehemals Kontrakultur Halle

Melanie Schmitz zeigte sich über eine längere Zeit als „weibliches Gesicht“ der *Identitären* in Deutschland. Durch ihren bis Mai 2018 überaus aktiven Instagram-Account setzte sie sich immer wieder selbst in Szene und erregte Aufmerksamkeit in rechten, aber auch in Mainstream-Medien. Schmitz kommt aus Essen und war dort Mitglied in der Damenverbindung *Atrytone Assindia.* Von 2015 bis 2018 lebte sie in Halle und war in der dortigen Ortsgruppe *Kontrakultur* aktiv. Die 1992 geborene Aktivistin studierte in Halle Medien- und Kommunikationswissenschaft sowie Anglistik und Amerikanistik. Im Jahr 2018 zog sie zurück nach Essen, wo sie in der regionalen *Identitären*-Gruppe aktiv war.

Aktivitäten: Schmitz nahm an zahlreichen Aktionen der *Identitären* teil, hielt Reden und zeigte sich häufig in der ersten Reihe auf Demonstrationen. Neben den Aktivistinnen Ingrid Weiss und Alina Wychera aus Österreich sowie der Aktivistin Paula Winterfeldt ist sie in der 3sat-Doku *Mit den Waffen einer Frau* zu sehen. Der Spiegel verfasste über sie 2017 ein Porträt. Auch in einer niederländischen Dokumentation kommt sie ausgiebig zu Wort.[694] Schmitz ist nicht in dem #120db-Kampagnen-Video zu sehen, trat jedoch bei der ersten Aktion auf einer Podiumsdiskussion der Berlinale im Februar 2018 in Erscheinung.

---

[694] Vgl. Würger 2017.

Paula Winterfeldt, IB Berlin

Paula Winterfeldt ist eine Aktivistin der *Identitären* in Deutschland. Sie ist bei den *Identitären* in Berlin aktiv. Winterfeldt hat eine starke Präsenz im Internet über ihren Instagram- und Twitter-Account.

Aktivitäten: Winterfeldt zeigt durch ihr Instagram-Profil immer wieder die Verbindung zum *Institut für Staatspolitik* in Schnellroda auf. Sie war bereits mehrmals (auch gemeinsam mit Aline Manescu) im identitären Videoblog *Laut Gedacht* zu sehen[695]. Im Juni 2017 Rednerin auf der *Identitären*-Demonstration und im September 2017 bei *PEGIDA* in Dresden.

Alina Wychera (alias „Alina von Rauheneck"), IB Österreich

Alina Wychera ist eine Aktivistin aus Wien, die bereits seit Beginn der *Identitären* in Österreich in Erscheinung tritt. Sie pflegt ein reges Leben auf sozialen Medien und inszeniert sich dort als schüchterne, naturverliebte und traditionelle Frau. Wychera kommentiert regelmäßig die Instagram-Beiträge von Winterfeldt, Schmitz und Stahn.

Ingrid Weiss, IB Österreich, IB Leipzig

Ingrid Weiss ist eine Aktivistin aus Wien in Österreich. Sie betreibt als „identitäre Foodbloggerin"[696] einen Videoblog mit dem Titel *European Kitchen.* Derzeit wohnt sie in Leipzig und hat vor einigen Monaten mit dem Identitären Alexander Kleine ein zweites Kind bekommen. Sie ist Mitte 2019 die einzig bekannte junge Aktivistin, die bereits Mutter ist. Auch sie sorgt mit ihren Kommentaren unter den Posts der deutschen Aktivistinnen für Vernetzung zwischen den identitären Frauen. Sie verkörpert das Mutter-Ideal der *Identitären* und propagiert dieses rege auf ihrem Instagram-Profil.

---

695 Bspw. Laut gedacht 2017.

696 Sellner/Weiss 2017.

Lisa, IB Berlin

Es ist unklar, ob sie unter Pseudonym oder mit ihrem richtigen Vornamen in dem Interview *Identitärer Mädels und Frauen* mit dem *Compact*-Magazin auftrat.

Marja

Sie hat gemeinsam mit Annika Stahn das antifeministische Projekt *radikal feminin* betrieben. Im Gegensatz zur zeitweise stark präsenten Stahn hält sich Marja sehr bedeckt. Sie verfasst Beiträge auf dem Blog, zeigt sich aber nicht öffentlich in den Medien. Laut eigenen Angaben studiert sie Kulturanthropologie und war im Jahr 2018 23 Jahre alt.[697]

Nadja, IB Berlin

Es ist unklar, ob sie unter Pseudonym oder mit ihrem richtigen Vornamen in dem Interview *Identitärer Mädels und Frauen* mit dem *Compact*-Magazin auftrat.

---

[697] Vgl. radikal feminin 2018b.

Projekte der identitären Aktivistinnen

Identitäre Mädels und Frauen/Facebook-Gruppe

Die Facebook-Seite der *Identitären Mädels und Frauen*, zunächst unter dem Namen *Mädelgruppe Edelweiss* bekannt, bestand seit Anfang 2015.[698] Es handelte sich um eine überregionale (deutschsprachige) Plattform, zu der verschiedene Aktivistinnen Zugang hatten und so Einfluss nahmen. Selbsternanntes Ziel der Seite war es, gegen das vermeintliche Vorurteil, die IB sei eine reine „Männerbewegung", vorzugehen, so steht es in einem Post vom 15.10.2016. Dies entspreche nicht der Wahrheit und so möchten die identitären Mädels und Frauen „euch Tag für Tag genau zeigen: was wir machen, wer wir sind und wofür wir stehen".[699] Der Charakter der Seite veränderte sich über die Monate bis zu ihrem letzten Post im September 2017. In den ersten Monaten waren vor allem Posts und Meldungen der restlichen IB-Seiten zu sehen, unter die sich in regelmäßigen Abständen Werbungs-Posts mischten. In diesen stellten die Aktivistinnen sich vor oder bewarben Kleidung des Phalanx-Versandhandels. In der zweiten Hälfte des Jahres 2016 und verstärkt ab 2017 waren zunehmend Posts zu Themen wie Feminismus/Antifeminismus, Islam und sexualisierte Gewalt zu registrieren. Die Seite war ebenso wie das Instagram-Profil von Melanie Schmitz und weiteren identitären Social Media-Kanälen im Mai 2018 von der „Lösch-Welle" von Facebook und Instagram betroffen und ist nicht mehr zugänglich.[700]

---

698 Vgl. Goetz 2017: 266.

699 Identitäre Mädels und Frauen 2018a, 15.10.2016.

700 Vgl. Rafael 2018.

Schwabenmaedels_identitaer und nrwmaedels_identitaer

Bei den beiden Instagram-Profilen handelt es sich um Versuche, weibliche Aktivistinnen sichtbar zu machen.

Schwabenmaedels_identitaer: Der Account verspricht „Einblick in die Welt der identitären Mädels aus Schwaben“ (eigene Aufzeichnungen). Das Profil kam im Zeitraum von Januar bis Mai 2018 auf lediglich zehn Beiträge, bevor die Profile gelöscht wurden.[701] Die Posts zeigten die Aktivistinnen bei Aktionen oder Gruppenaktivitäten.

nrwmaedels_identitaer: Laut Selbstbezeichnung war dies die „offizielle Seite der identitären Mädels und Frauen aus Westfalen und dem Rheinland“ (eigene Aufzeichnungen). Die Aktivistinnen aus NRW waren lediglich von März bis Mai 2018 unter diesem Profil erreichbar, danach wurde es gelöscht.[702]

Radikal feminin

Seit Ende August/Anfang September 2017 existiert das Projekt *radikal feminin*. Durch einen Blog und eine Facebook-Seite, etwas später auch über ein Instagram-Profil, wandten sich die Aktivistinnen an die Öffentlichkeit. Das Projekt wurde von Annika Stahn und Marja betreut. Während erstere sich als Gesicht des Projektes repräsentierte, hielt sich Marja im Hintergrund. Über ihre Identität und ihr Aussehen ist wenig bekannt. Neben den beiden schrieb auch Freya Honold unter dem Pseudonym Fenya für den Blog. Das antifeministische Projekt sollte laut den Aktivistinnen eine Gegenbewegung zu einer negativ von feministischen Politiken beeinflussten Gesellschaft sein. Sie versprechen darin einen Weg aus der „Feminismus-Falle“ und sprechen sich für ein konservativ-traditionelles Frauen- und Familienbild aus. Annika Stahn und Marja bedienen in ihren Aussagen klassische antifeministische und „antigenderistische“ Argumente und halten das Ideal der Frau als Mutter

[701] Ebd.
[702] Ebd.

hoch. Seit Februar 2018 sind keine neuen Meldungen auf den sozialen Medien des Projekts zu finden.[703]

#120db-Kampagne

Die #120db-Kampagne startete Ende Januar 2018 und hatte sich zum Ziel gesetzt, „alle Erfahrungen von Frauen mit importierter Kriminalität ein(zu)fangen und öffentlich machen“[704] zu wollen. Nach eigenen Angaben verstehen sie ihre Kampagne als Ergänzung des Hashtags #MeToo. Das Ziel des Ende 2017 gestarteten Hashtags war es, auf sexualisierte Gewalt zunächst in Hollywood, aber auch darüber hinaus und in anderen Ländern hinzuweisen. Entgegen der MeToo-Debatte stellen die #120db-Aktivistinnen eine vermeintlich besonders schwere Gefahr durch „importierte“ Gewalt fest. Diese würde von MeToo-Anhänger*innen verschwiegen und wäre gesellschaftlich nicht sagbar.

Der Name der Kampagne ist auf die Lautstärke eines Taschenalarms zurückzuführen. Anfänglich versuchten die Aktivistinnen, die Kampagne nicht mit den *Identitären* in Verbindung zu bringen. Schnell wurde diese Taktik entlarvt und Überschneidungen zu Martin Sellner, bekannter Sprecher der *Identitären*, offensichtlich. In den ersten Tagen und Wochen folgten Interviews mit den Aktivistinnen (häufig von Martin Sellner geführt). Auf der Blog- und Facebook-Seite war es bereits nach kurzer Zeit ruhiger geworden. Die Aktivistinnen nutzten die Kampagne nach innen für eine europäische Vernetzung und professionalisierten sich teilweise merklich. Selbsternanntes Ziel der Kampagne war es, „Frauen als politische Kraft“[705] zu gewinnen. Im Sommer 2019 wurde öffentlich, dass die Frauengruppe #120db von „oben“ aufgelöst wurde.[706]

---

[703] Vgl. radikal feminin 2018a; 2018b; 2017.
[704] #120db-Blog 2018.
[705] Stahn/Sellner 2018.
[706] https://twitter.com/ibdoku/status/1136621471692988416?lang=de (Stand: 10.06.2019).

Hinweise zu den Online-Medien und Zeitschriften

Facebook

Das Unternehmen wurde 2004 durch Mark Zuckerberg gegründet und sollte eine Möglichkeit bieten, Personen miteinander zu vernetzen und ihnen ermöglichen, in einen Austausch zu treten. Durch eine kostenlose Anmeldung erhalten die Nutzer*innen ein Profil, auf dem eine individuelle Startseite gefüllt mit unterschiedlichen Informationen, Texten und Bildern von befreundeten Personen oder Gruppen zu sehen ist. Öffentliche Facebook-Seiten von Gruppen können abonniert werden und tauchen so auf der eigenen Startseite auf. So wird es möglich, schnell und unkompliziert über die Aktivitäten anderer Personen und Gruppen informiert zu werden. Zudem kann durch den „Gefällt mir"-Button Zustimmung ausgedrückt werden und Posts können direkt kommentiert werden. Für März 2018 gab Facebook 1,45 Milliarden tägliche Nutzer*innen an.[707]

Instagram

Auch bei dem 2010 veröffentlichten und 2012 von Facebook übernommenen Unternehmen Instagram ist eine Anmeldung kostenfrei. Dieser Online-Dienst ist vor allem auf die Verbreitung von Fotos und Videos ausgerichtet. Eine App für Smartphones macht das direkte Einspeisen aufgenommener Bilder einfach. Auch hier ist es möglich, Personen zu suchen, ihnen durch einen Klick zu „folgen" und so bei deren Aktivitäten und neuen Posts eine Benachrichtigung zu erhalten.[708] Die Internetseite *Statista* verzeichnet bis Juni 2018 eine Nutzer*innenzahl

[707] Vgl. Facebook-Newsroom 2018.
[708] Vgl. Aschermann 2015.

von einer Milliarde weltweit, für Deutschland werden 15 Millionen Nutzer*innen angegeben.[709]

YouTube

Im Jahr 2005 gegründet und seit 2006 zu Google gehörend, ist Y-ouTube ein Online-Video-Portal, auf dem die Nutzer*innen Videos anschauen und hochladen können. Die Nutzung ist kostenfrei und es besteht die Möglichkeit, Kanäle (von Personen) zu abonnieren und so über Neuigkeiten informiert zu werden.[710]

Arcadi-Magazin

Das *Arcadi-Magazin* ist ein Lifestyle-Magazin, das sich vor allem an junge rechte Personen wendet. In einem Artikel auf bento.de wird es als: „die ‚Neon' für AfD-Wähler"[711] bezeichnet. Neben Themen wie Traditionalismus, Volk und Vaterland oder Geflüchtete geht es auch um Film, Musik, Ernährung, Sport und Sex.[712] Bevor das Magazin im Oktober 2017 zum ersten Mal gedruckt erschien, war es bereits ein Jahr lang online verfügbar. Es soll alle zwei Monate erscheinen, Chefredakteur ist Yannick Noé, Vorstandsmitglied des AfD-Kreisverbandes Leverkusen. Neben Mitgliedern der AfD und *Identitären* pflegt das Blatt auch Kontakte zu neonazistischen AktivistInnen.[713]

Compact-Magazin

Das *Compact. Magazin für Souveränität* erscheint seit Dezember 2010 monatlich. Laut eigenen Angaben hatte das Magazin im Februar 2016 eine Auflage von 80.000 Stück. Das Compact- Magazin zählt zu

---

[709] Vgl. Statista 2018.
[710] Vgl. Taskin 2015.
[711] Flachsenberg 2018; Herv. i. O.
[712] Vgl. ebd.
[713] Ausführlich: Landauer 2017.

den größten Publikationen im Bereich der Verschwörungstheorien und sogenannter „alternativer Medien“.[714] Es steht den rassistisch aufgeladenen PEGIDA[715] Demonstrationen ebenso positiv gegenüber wie den Mahnwachen für den Frieden, die der Friedensbewegung nahestehen. Das Magazin pflegt Kontakt zu *neurechten* AkteurInnen wie dem *Institut für Staatspolitik*, den *Identitären* oder der AfD. Chefredakteur ist Jürgen Elsässer. Das *Compact*-Magazin kann als Beispiel für „Querfront-Politiken“ gesehen werden. Neben der monatlichen Zeitschrift werden auch große Konferenzen und Diskussionsveranstaltungen unter dem *Compact*-Label organisiert sowie ein Internet-Sender, *Compact TV*, betrieben.[716]

Info-Direkt-Magazin

Das aus Linz, Österreich kommende rechte Magazin erscheint seit 2015 vierteljährlich. Die Zeitschrift hat enge Verbindungen zu österreichischen Politiker*innen der FPÖ und zu bekannten Personen der extrem rechten Szene. Es sieht sich selbst als Teil der „alternativen Medien“ und zeichnet sich durch eine pro-russische Haltung aus.[717] Laut eigenen Angaben hat das Blatt eine Auflage von 5.000 Stück.[718] Redakteure sind einem Antifa-Infoportal zufolge: Jan Ackermeier, Michael Scharfmüller und Ulrich Püschel.[719]

---

[714] Vgl. Culina 2018: 92–95.

[715] Patriotische Europäer gegen die Islamisierung des Abendlandes (PEGIDA).

[716] Vgl. ebd.

[717] Vgl. Winter 2017.

[718] Vgl. stopptdierechten 2015.

[719] Vgl. Antifa-Recherche Info 2017.

Gesamtheit der gesichteten identitären und neurechten Quellen inklusive Quellen aus dem Datenkorpus

Ariane/Sellner (2018): GEZ für Tagesschau verleumdet #120db – Ariane reagiert. Erschienen am 04.02.2018 auf YouTube. Online verfügbar unter: https://www.youtube.com/watch?v=mGpsxUI_KK4 (Stand: 26.10.2019).

Camus, Renaud (2015): Le grand remplacement. In der deutschen Übersetzung erschienen: Camus, Renaud/Lichtmesz, Martin (2016): Revolte gegen den großen Austausch. Schnellroda: Antaios Verlag.

Dassen, Marc/Identitäre Aktivistinnen (2017): Jung, wild, patriotisch. Marc Dassen im Gespräch mit Mädels der Identitären Bewegung (IB). In: Compact 2/2017, S. 14–16.

Honold, Freya/radikal feminin (2017): Arbeit und Familie – Als traditionelle Frau. Erschienen am 28.09.2017 auf dem radikal feminin-Blog. War online verfügbar unter: https://radikalfeminin.wordpress.com/2017/09/28/arbeit-und-familie-als-traditionelle-frau/#more-563 (Stand: 26.10.2019).

Honold, Freya/Wolsfeld, Miró (2018): Freya über die Identitäre Bewegung, #120db, Meinungsfreiheit und Rollenbilder | #speakup. Erschienen am 05.05.2018 auf YouTube. War online verfügbar unter: https://www.youtube.com/watch?v=QBRlsYucJoE (Stand: 26.10.2019).

IB Deutschland (2018): Homepage der Identitären Deutschland. Online verfügbar unter: https://www.identitaere-bewegung.de/ (Stand: 26.10.2019).

Identitäre Mädels und Frauen (2018a): Facebook-Seite der Identitären Mädels und Frauen. War online verfügbar unter: www.facebook.com/ibfrauen (Stand: 11.04.2018).

Identitäre Mädels und Frauen (2018b): Interview mit einer Aktivistin aus Bayern auf der Facebook-Seite der Identitären Mädels und Frauen. War online verfügbar unter: www.facebook.com/ibfrauen (Stand: 05.04.2018).

Identitäre Mädels und Frauen (2016): Identitäre Bewegung: Eine Botschaft an die Frauen. Erschienen am 19.12.2016 auf YouTube. Online verfügbar unter: https://www.youtube.com/watch?v=sTMoGod5d6o (Stand: 26.10.2019).

Info-Direkt/radikal feminin (2017): Wir wollen Frauen bleiben. Das Projekt „Radikal feminin" stellt sich vor. In: Info-Direkt. Das Magazin für eine freie Welt, 18, 2017, 34–35.

Kelle, Birgit (2015): GenderGaga. Wie eine absurde Ideologie unseren Alltag erobern will. Asslar: adeo Verlag.

Kelle, Birgit (2013): Dann mach doch die Bluse zu!: Ein Aufschrei gegen den Gleichheitswahn. Asslar: adeo Verlag.

Kositza, Ellen (2017): Das war's. Diesmal mit Kindern, Küche, Kritik. Schnellroda: Antaios Verlag.

Kositza, Ellen (2016): Die Einzelfalle. Warum der Feminismus ständig die Straßenseite wechselt. Schnellroda: Antaios Verlag.

Kositza, Ellen (2008): Gender ohne Ende oder Was vom Manne übrigblieb. Schnellroda: Antaios Verlag.

Laut gedacht (2017): Frauenquote im Sommerloch | Laut Gedacht #045. Online verfügbar unter: https://www.youtube.com/watch?v=3O4FYp2JeA8 (Stand: 18.10.2019).

Manescu, Aline C./Sellner, Martin (2017): Im Gespräch mit Aline. Aktivismus, Frauen und Europa. Erschienen am 17.04.2017 auf YouTube. Online verfügbar unter: https://www.youtube.com/watch?v=7Reiz4QPWDU (Stand: 26.10.2019).

Marja/radikal feminin (2017): Was ist radikal an feminin? Erschienen am 19.09.2017 auf dem radikal feminin-Blog. War online verfügbar unter: https://radikalfeminin.wordpress.com/2017/09/19/was-ist-radikal-an-feminin/ (Stand: 26.10.2019).

Noe, Yannick/radikal feminin (2018): radikal feminin. Interview mit Franziska von *radikal feminin*. In: Arcadi – das neue Kultur- und Lifestyle-Magazin, 2, 1/2018, S. 8–11.

Phalanx Europa (2018): Homepage des Versandhandels „Phalanx Europa". Online verfügbar unter: https://phalanx-europa.com/de/ (Stand: 26.10.2019).

radikal feminin (2018a): Facebook-Seite des antifeministischen Projektes *radikal feminin*. Online verfügbar unter: https://www.facebook.com/radikalfeminin/ (Stand: 26.10.2019).

radikal feminin (2018b): Homepage des antifeministischen Projektes *radikal feminin*. War online verfügbar unter: https://radikalfeminin.wordpress.com/ (Stand: 07.03.2018).

radikal feminin (2017): Instagram-Profil des radikal feminin-Projektes. War online verfügbar unter: https://www.instagram.com/radikalfeminin/?hl=de (Stand: 05.07.2018).

Schmitz, Melanie (2018a): Instagram-Profil unter dem Nickname „Rebellanie". War online verfügbar unter: https://www.instagram.com/rebellanie/?hl=de (Stand: 11.04.2018).

Schmitz, Melanie (2018b): Melanie regt sich auf. Blogseite von Melanie Schmitz. Online verfügbar unter: http://melanieregtsich-auf.blogspot.com/ (Stand: 26.10.2019).

Schmitz, Melanie/Bass, Patrick Uli/Thiesen, Johannes (2018): Kontrakultur: Komplott und Melanie über Identitäre Bewegung und Motivation. Erschienen am 06.03.2018 auf YouTube. Online verfügbar unter: https://www.youtube.com/watch?v=HSp61a9VjOE (Stand: 26.10.2019).

Sellner, Martin (2013): Vlog Identitär 8 – Gleichheit vs. Gleichwertigkeit. War online verfügbar unter: https://www.y-outube.com/watch?v=OV5WTXpvaps (Stand: 26.10.2019).

Sellner, Martin/Weiss, Ingrid (2017): Aktivistin&Mutter – Ingrid von European Kitchen. Martin Sellner im Interview mit Ingrid Weiss. Erschienen am 17.11.2017 auf YouTube. Online verfügbar unter: https://www.youtube.com/watch?v=lsjd2P6hKeI (Stand: 26.10.2019).

Sommerfeld, Caroline (2018): Sind wir Feministinnen? Erschienen am 13.02.2018 auf sezession.de. Online verfügbar unter: https://sezession.de/58185/sind-wir-feministinnen (Stand: 26.10.2019).

Sommerfeld, Caroline/Sellner, Martin (2018): Rechter Feminismus? Eine Melange mit Caroline. Erschienen am 05.03.2018 auf YouTube. Online verfügbar unter: https://www.youtube.com/watch?v=jHG-PrFY54Fk (Stand: 26.10.2019).

Stahn, Annika/radikalfeminin (2017a): Gedichte sind jetzt auch sexistisch. Erschienen am 01.09.2017 auf dem radikal feminin-Blog. War online verfügbar unter: https://radikalfeminin.wordpress.com/2017/09/01/gedichte-sind-jetzt-auch-sexistisch/#more-243 (Stand: 05.07.2018).

Stahn, Annika/radikal feminin (2017b): Macht abgeben & dafür im Stehen Pinkeln. Erschienen am 08.09.2017 auf dem radikal feminin-Blog. War online verfügbar unter: https://radikalfeminin.wordpress.com/2017/09/08/macht-abgeben-dafuer-im-stehen-pinkeln/#more-399 (Stand: 05.07.2018).

Stahn, Annika/radikal feminin (2017c): Kulturschock Uni. Erschienen am 22.09.2017 auf dem radikal feminin-Blog. War online verfügbar unter: https://radikalfeminin.wordpress.com/2017/09/22/kulturschock-uni/#more-459 (Stand: 05.07.2018).

Stahn, Annika/Sellner, Martin (2018): Es geht Los! Interview mit Franziska von #120db. Erschienen am 01.02.2018 auf YouTube. Online verfügbar unter: https://www.youtube.com/watch?v=0ghJ6y_dRuc (Stand: 26.10.2019).

Stahn, Annika/Sellner, Martin (2017): Radikalfeminin - Frauen gegen Genderwahn. Erschienen am 10.09.2017 auf YouTube. Online verfügbar unter: https://www.youtube.com/watch?v=T5eXlysYF7I (Stand: 26.10.2019).

Stahn, Annika/Ariane/Pettibone, Brittany (2018): The Future Of The #120db Movement. Erschienen am 02.04.2018 auf YouTube. Online verfügbar unter: https://www.youtube.com/watch?v=b79EF-fp_d0&feature=youtu.be (Stand: 26.10.2019).

Winterfeldt, Paula (2018): Instagram-Profil von Paula Winterfeldt. Online verfügbar unter: https://www.instagram.com/paula.winterfeldt/?hl=de (Stand: 26.10.2019).

#120db-Blog (2018): Blog-Seite der #120db-Kampagne. War online verfügbar unter: http://www.120db.info/ (Stand: 26.10.2019).

Gesichtete Quellen, die nicht im Buch zitiert wurden

Ariane/Pettibone, Brittany (2018): #120db: What The #MeToo Movement Ignores. Erschienen am 04.02.2018 auf YouTube. Online verfügbar unter: https://www.youtube.com/watch?v=4QJ3wYi_Fug (Stand: 26.10.2019).

Bódi, Ábel (2018): #120dB: The Documentary. Eine Dokumentation über #120db mit den Aktivistinnen Lena, Ariane und Annika Stahn. Erschienen am 02.04.2018 auf YouTube. Online verfügbar unter: https://www.youtube.com/watch?v=5QoO1KR634k (Stand: 26.10.2019).

Honold, Freya (2018): Generation Identity 120db speech - Speakers Corner 15/04/2018. Erschienen am 15.04.2018 auf YouTube. Online verfügbar unter: https://www.youtube.com/watch?v=iuW5LwbvWh0 (Stand: 26.10.2019).

Identitäre Frauen NRW (2018): Instagram-Profil unter dem Nickname: nrwmaedels_identitaer. War online verfügbar unter: https://www.instagram.com/nrwmaedels_identitaer (Stand: 02.05.2018).

Identitäre Frauen Schwaben (2018): Instagram-Profil unter dem Nickname Schwabenmaedels_identitaer. War online verfügbar unter: https://www.instagram.com/schwabenmaedels_identitaer (Stand: 02.05.2018).

Manescu, Aline (2018): 120db Women Storm the #MeToo Stage. Erschienen am 21.02.2018 auf YouTube. Online verfügbar unter: https://www.youtube.com/watch?v=re7kcheSvYY (Stand: 03.07.2018).

Manescu, Aline (2018): #120dB Addresses FLA in Birmingham. Erschienen am 26.03.2018 auf YouTube. War online verfügbar unter: https://www.youtube.com/watch?v=9wTH2czUMXg (Stand: 26.10.2019).

Sommerfeld, Caroline/Sellner, Martin (2017): Mit Linken Leben – Caroline Sommerfeld im Gespräch. Erschienen am 19.12.2017 auf YouTube. Online verfügbar unter: https://www.youtube.com/watch?v=LheXlkDiRNw (Stand: 26.10.2019).

Stahn, Annika (2018): Twitter-Profil von Annika Stahn mit dem Pseudonym „BeritFranziska“. War online verfügbar unter: https://twitter.com/beritfranziska?lang=de (Stand: 26.10.2019).

Stahn, Annika/Sellner, Martin (2018): SonntagabendStream - Verteidiger Europas, Annika & Egotronic (ab Minute 31:00). Erschienen am 04.03.2018 auf YouTube. War online verfügbar unter: https://www.youtube.com/watch?v=UEKxpkA82yc (Stand: 26.10.2019).

Stahn, Annika/Pettibone, Brittany (2017): What It's Like To Be A Right-Wing Woman In Europe. Erschienen am 18.10.2017 auf YouTube. Online verfügbar unter: https://www.youtube.com/watch?v=12I-tmhRg1M (Stand: 26.10.2019).

Stahn, Annika/Kleine, Alexander (2017): 1 Schnellroda vong heute | Identitäres meet & greet. (ab Minute 4:00) Erschienen am 25.09.2017 auf YouTube. Online verfügbar unter: https://www.youtube.com/watch?v=ZIQX0z6CCew (Stand: 26.10.2019).

Winterfeldt, Paula (2018): Twitter-Profil von Paula Winterfeldt mit dem Pseudonym „_Loewenherz_". Online verfügbar unter: https://twitter.com/__loewenherz__?lang=de (Stand: 26.10.2019).

#120db Kampagnenvideo (2018): Kampagnenvideo auf der Startseite des Blogs. War online verfügbar unter: http://www.120db.info/ (Stand: 26.10.2019).

#120db-Facebook (2018): Facebook-Seite der #120db-Kampagne. War online verfügbar unter: https://de-de.facebook.com/120-Dezibel-1812007069098830/ (Stand: 26.10.2019).

Verzeichnis der Sekundärliteratur

AK Fe.In (2019): Frauen*rechte und Frauen*hass. Antifeminismus und die Ethnisierung von Gewalt. Berlin: Verbrecher Verlag.

Al-Khalaf, Nadja (2018): Die Identitäre Bewegung gibt sich feministisch, um neue Mitglieder anzuwerben. Eine Kampagne namens 120dB ruft Frauen dazu auf, sich gegen Gewalt durch Geflüchtete zu wehren. Wer dahinter steckt und was die Frauen erreichen wollen. Erschienen am 20. Februar 2018 auf ze.tt.de. Online verfügbar unter: https://ze.tt/die-identitaere-bewegung-will-mit-angeblichem-feminismus-mitglieder-anwerben/ (Stand: 12.03.2018).

Antifaschistisches Frauennetzwerk/Forschungsnetzwerk Frauen und Rechtsextremismus (2005): Braune Schwestern? Feministische Analysen zu Frauen in der extremen Rechten. Münster: Unrast Verlag.

Antifa-Recherche Info (2017): „Info-Direkt" – Die Verantwortlichen im Augenschein – Teil 1 Ulrich Püschel. Erschienen am 31.10.2017 auf antifa-recherche.info. Online verfügbar unter: https://antifa-recherche.info/blog/2017/10/31/372/ (Stand: 07.07.2018).

APuZ (2018): (Anti-)Feminismus. Aus Politik und Zeitgeschichte (APuZ), Zeitschrift der Bundeszentrale für politische Bildung, 86, 17/2018.

Aschermann, Tim (2015): Wie funktioniert Instagram: Eine kleine Einführung. Erschienen am 30.11.2015 auf chip.de. Online verfügbar unter: https://praxistipps.chip.de/wie-funktioniert-instagram-eine-kleine-einfuehrung_3508 (Stand: 08.06.2018).

Balibar, Étienne (1992): Gibt es einen »Neo-Rassismus«? In: E. Balibar/I. Wallerstein (Hrsg.), Rasse, Klasse, Nation. Ambivalente Identitäten (S. 23–38). Berlin/Hamburg: Argument-Verlag.

Beck, Ulrich/Beck-Gernsheim, Elisabeth (1990): Das ganz normale Chaos der Liebe. Frankfurt am Main: Suhrkamp Verlag.

Biermann, Kai/Faigle, Philip/Geisler, Astrid/Polke-Majewski, Karsten/Steinhagen, Martín (2017): Die Scheinriesen. Sie wollen als neue Jugendbewegung erscheinen. Deswegen reist ein kleines Grüppchen Identitärer durchs Land – und versucht seine rechtsextreme Herkunft zu verschleiern (unter Mitarbeit von Felix Krebs, Daniel Müller). Erschienen am 26. April 2017 auf ZEIT ONLINE. Online verfügbar unter: http://www.zeit.de/politik/deutschland/2017-04/identitaere-bewegung-rechtsextremismus-neonazis-mitglieder/komplettansicht (Stand: 07.03.2018).

Birsl, Ursula (1994): Rechtsextremismus: männlich–weiblich. Eine Fallstudie. Opladen: Leske+Budrich Verlag.

Birsl, Ursula (2011a): Einleitung. In: Dies. (Hrsg.), Rechtsextremismus und Gender (S. 11–26). Opladen/Farmington Hills: Barbara Budrich Verlag.

Birsl, Ursula (2011b): Rechtsextremistisch orientierte Frauen und Männer: Persönlichkeitsprofile, Sozialisationserfahrungen und Gelegenheitsstrukturen. In: Dies. (Hrsg.), Rechtsextremismus und Gender (S. 172–185). Opladen/Farmington Hills: Barbara Budrich Verlag.

Birsl, Ursula (2011c): Rechtsextremistische Gewalt: Mädchen und junge Frauen als Täterinnen? Wissenschaftliche Erkenntnisse und offene Fragen in geschlechtervergleichender Perspektive. In: Dies. (Hrsg.), Rechtsextremismus und Gender (S. 241–264). Opladen/Farmington Hills: Barbara Budrich Verlag.

Bitzan, Renate (2014): Kann es einen „Feminismus von rechts“ geben? Renate Bitzan im Interview mit Torald Staud. Erschienen am 29.01.2014 auf bpb.de. Online verfügbar unter: http://www.bpb.de/politik/extremismus/rechtsextremismus/174172/kann-es-einen-feminismus-von-rechts-geben (Stand: 04.03.2018).

Bitzan, Renate (2011): „Reinrassige Mutterschaft“ versus „nationaler Feminismus“ – Weiblichkeitskonstruktionen in Publikationen extrem rechter Frauen. In: U. Birsl (Hrsg.), Rechtsextremismus und Gender (S. 115–127). Opladen/Farmington Hills: Barbara Budrich Verlag.

Bitzan, Renate (2005): Differenz und Gleichheit. Zur Geschlechterideologie rechter Frauen und ihren Anknüpfungspunkten zu feministischen Konzepten. In: Antifaschistisches Frauennetzwerk/Forschungsnetzwerk Frauen und Rechtsextremismus (Hrsg.), Braune Schwestern? Feministische Analysen zu Frauen in der extremen Rechten (S. 75–90). Münster: Unrast Verlag.

Bitzan, Renate (2000): Selbstbilder rechter Frauen. Zwischen Antisexismus und völkischem Denken. Tübingen: edition diskord.

Bitzan, Renate (1997a): Einleitung. In: Dies. (Hrsg.), Rechte Frauen. Skingirls, Walküren und feine Damen (S. 9–11). Berlin: Elefanten Press.

Bitzan, Renate (1997b): Themen und Positionen rechter Zeitschriftenautorinnen. In: Dies. (Hrsg.), Rechte Frauen. Skingirls, Walküren und feine Damen (S. 12–17). Berlin: Elefanten Press.

Bitzan, Renate (1997c): Variationen des Zweifels – Feminismus und Faschismus. Theoretische Überschneidungen und Widerstände in brüchigen Traditionen. In: Dies. (Hrsg.), Rechte Frauen. Skingirls, Walküren und feine Damen (S. 84–103). Berlin: Elefanten Press.

Bitzan, Renate (1997d): Resümee. In: Dies. (Hrsg.), Rechte Frauen. Skingirls, Walküren und feine Damen (S. 242–248). Berlin: Elefanten Press.

Blickhäuser, Angelika/von Bargen, Henning (2007a): Was ist Gender Mainstreaming? Materialien zum Thema Gender Mainstreaming. Online verfügbar unter: http://fit-for-gender.org/toolbox/toolbox/5.%20Materialien/5.%20Materialien%20PDF/5.1.pdf (Stand: 15.06.2018).

Blickhäuser, Angelika/von Bargen, Henning (2007b): Definitionen. Materialien zum Thema Gender Mainstreaming. Online verfügbar unter: http://fit-for-gender.org/toolbox/toolbox/5.%20Materialien/5.%20Materialien%20PDF/5.1%20(3).pdf (Stand: 15.06.2018).

Book, Carina (2017): Mit Metapolitik zur ‚*Konservativen Revolution*'? Über Umfeld und Strategie der ‚Identitären Bewegung' in Deutschland. In: J. Goetz/J.M. Sedlacek/A. Winkler (Hrsg.), Untergangster des Abendlandes. Ideologie und Rezeption der rechtsextremen ‚Identitären' (S. 113–131). Hamburg: Marta Press.

Botsch, Gideon/Kopke, Christoph (2018): Der »Volkstod«. Zur Kontinuität einer extrem rechten Paranoia. In: J. Lang/U. Peters (Hrsg.), Antifeminismus in Bewegung. Aktuelle Debatten um Geschlecht und sexuelle Vielfalt (S. 63–90). Hamburg: Marta Press.

bpb (2018): Debatte: Extremismustheorie. Eine Überblicksseite der Bundeszentrale für politische Bildung (bpb). Online verfügbar unter: http://www.bpb.de/politik/extremismus/rechtsextremismus/200097/debatte-extremismustheorie (Stand: 28.06.2018).

Brauner-Orthen, Alice (2001): Die Neue Rechte in Deutschland. Antidemokratische und rassistische Tendenzen. Opladen: Leske+Budrich Verlag.

Bruns, Julian/Glösl, Kathrin/Strobl, Natascha (2017): Die Identitären – mehr als nur ein Internet-Phänomen. Erschienen am 26. Januar 2017 auf bpb.de. Online verfügbar unter: http://www.bpb.de/politik/extremismus/rechtsextremismus/241438/die-identitaeren-mehr-als-nur-ein-internet-phaenomen (Stand: 09.03.2018).

Bruns, Julian/Glösl, Kathrin/Strobl, Natascha (2015): Die Identitären. Eine Bestandsaufnahme. Forum Wissenschaft, 02/2015. Online unter: http://www2.bdwi.de/uploads/doku_faschismustheorie_brunsgloesel-strobl_die_identitaeren.pdf (Stand: 05.03.2018).

Bruns, Julian/Glösl, Kathrin/Strobl, Natascha (2014): Die Identitären. Handbuch zur Jugendbewegung der Neuen Rechten in Europa. Münster: Unrast Verlag.

Carstensen, Tanja/Groß, Melanie (2006): Feminismen: Strömungen, Widersprüche und Herausforderungen. In: FAU-MAT (Hrsg.), Gender und Arbeit. Geschlechterverhältnisse im Kapitalismus (S. 11–32). Hamburg: Edition AV. Online verfügbar unter: https://www.fhkiel.de/fileadmin/data/sug/pdf-Dokument/Melanie_Gross/carstensen_gross_feminismen.pdf (Stand: 15.06.2018).

Culina, Kevin (2018): Verschwörungsdenken, Antifeminismus, Antisemitismus. Die Zeitschrift *Compact* als antifeministisches Diskursorgan. In: J. Lang/U. Peters (Hrsg.): Antifeminismus in Bewegung. Aktuelle Debatten um Geschlecht und sexuelle Vielfalt (S. 91–116). Hamburg: Marta Press.

Davis, Angela (1982): Vergesellschaftung der Hausarbeit. Perspektive der Arbeiterklasse. In: Dies. (Hrsg.), Rassismus und Sexismus. Schwarze Frauen und Klassenkampf in den USA (S. 212–232). Berlin: Elefanten Press.

de Beauvoir, Simone (1992 [1949]): Das andere Geschlecht. Sitte und Sexus der Frau. Reinbek: Rowohlt Verlag.

Debus, Katharina/Laumann, Vivien (2014): Rechtsextremismus, Prävention und Geschlecht. Arbeitspapier 302 der Hans-Böckler-Stiftung. Online verfügbar unter: https://www.boeckler.de/pdf/p_arbp_302.pdf (Stand: 21.06.2018).

Degele, Nina (2008): Zur Geschichte der Gender/Queer Studies. In: Dies. (Hrsg.), Gender/Queer Studies. Eine Einführung (S. 23–81). Paderborn: Wilhelm Fink Verlag.

Dingeldey, Irene (2006): Aktivierender Wohlfahrtsstaat und sozialpolitische Steuerung. Aus Politik und Zeitgeschichte (APuZ), Zeitschrift der Bundeszentrale für politische Bildung, 8, 9, S. 3–9.

Dinger, Alexander/Unger, Christian (2017): Die „Identitäre Bewegung“ ist jung, hip – und rechtsradikal. Die „Identitäre Bewegung“ hetzt gegen Muslime und kopiert Methoden der Linken. Der Verfassungsschutz beobachtet eine Radikalisierung. Erschienen am 20. März 2017 auf morgenpost.de. Online verfügbar unter: https://www.morgenpost.de/politik/article209990645/Die-Identitaere-Bewegung-ist-jung-hip-und-rechtsradikal.html (Stand: 07.03.2018).

Döhring, Kirsten/Feldmann, Renate (2005): Akteurinnen und Organisationen. Die Involviertheit von Frauen in der extremen Rechten. In: Antifaschistisches Frauennetzwerk/Forschungsnetzwerk Frauen und Rechtsextremismus (Hrsg.), Braune Schwestern? Feministische Analysen zu Frauen in der extremen Rechten (S. 17–33). Münster: Unrast Verlag.

Dörr, Julian (2018): Feminismus von rechts außen? Erschienen am 12.02.2018 auf sueddeutsche.de. Online verfügbar unter: http://www.sueddeutsche.de/kultur/metoo-debatte-feminismus-rechts-extremismus-1.3862040 (Stand: 28.06.2018).

Flachsenberg, Helene (2018): Mate, Sex und Neonazis – so ist das neue Magazin für junge AfD-Wähler. Erschienen am 05.01.2018 auf bento.de. Online verfügbar unter: http://www.bento.de/politik/arcadi-magazin-zeitschrift-fuer-neurechten-lifestyle-1983493/ (Stand: 07.07.2018).

Flieder, Fiona Katharina (2017): „Radikal feminin" – ein anti-feministischer Blog. Erschienen am 14.09.2017 auf belltower news-Netz für digitale Zivilgesellschaft. Online verfügbar unter: http://www.belltower.news/artikel/%E2%80%9Cradikal-feminin%E2%80%9D-%E2%80%93-ein-anti-feministischer-blog-12639 (Stand: 29.05.2018).

Frank, Arno (2017): Neue rechte Posterboys. Die Identitären setzen sich vom Muff der alten Rechten ab. Sie bedienen sich neuer Symbole – sowohl historischer als auch popkultureller. Erschienen am 20. Februar 2017 auf taz.de. Online verfügbar unter: http://www.taz.de/!5382279/ (Stand: 07.03.2018).

Fraser, Nancy (2009): Feminismus, Kapitalismus und die List der Geschichte. In: Blätter für deutsche und internationale Politik. Online verfügbar unter: https://www.blaetter.de/archiv/jahrgaenge/2009/august/feminismus-kapitalismus-und-die-list-der-geschichte (Stand: 29.05.2018).

Elverich, Gabi (2005): Zwischen Modernisierung und Retraditionalisierung. Extrem rechte Geschlechterpolitik am Beispiel des französischen Front National. In: Antifaschistisches Frauennetzwerk/Forschungsnetzwerk Frauen und Rechtsextremismus (Hrsg.), Braune Schwestern? Feministische Analysen zu Frauen in der extremen Rechten (S. 109–123). Münster: Unrast Verlag.

Europäische Kommission (Hrsg.) (2004): EQUAL-Leitfaden zu Gender Mainstreaming. Europäische Kommission „Beschäftigung, soziale Angelegenheiten und Chancengleichheit“. Online verfügbar unter: http://ec.europa.eu/employment_social/equal_consolidated/data/document/gendermain_de.pdf (Stand: 15.06.2018).

Facebook-Newsroom (2018): Seite des Unternehmens Facebook. Online verfügbar unter: https://newsroom.fb.com/company-info/ (Stand: 08.06.2018).

Fairclough, Norman/Wodak, Ruth (1997): Critical Discourse Analysis. In: T. van Dijk (Hrsg.), Discourse as Social Interaction (S. 258–284). London: Sage Verlag.

Faludi, Susan (1993) [1991]: Die Männer schlagen zurück. Wie die Siege des Feminismus sich in Niederlagen verwandeln und was Frauen dagegen tun können. Reinbek: Rowohlt Verlag.

Fichte, Paula (1997): Politische Aktivistinnen im militanten neofaschistischen Spektrum. In: R. Bitzan (Hrsg.), Rechte Frauen. Skingirls, Walküren und feine Damen (S. 131–146). Berlin: Elefanten Press.

Fraas, Claudia/Meier, Stefan/Pentzold, Christian (2013): Zur Einführung: Perspektiven einer interdisziplinären transmedialen Diskursforschung. In: D. Fraas/S. Meier/C. Pentzold (Hrsg.), Online-Diskurse. Theorien und Methoden transmedialer Online-Diskursforschung (S. 7–34). Köln: Halem Verlag.

Fraas, Claudia/Klemm, Michael (2005): Diskurse – Medien – Mediendiskurse. Begriffserklärungen und Ausgangsfragen. In: C. Fraas/M. Klemm (Hrsg.), Mediendiskurse. Bestandsaufnahme und Perspektiven (S. 1–8). Frankfurt am Main/Berlin/Bern/New York/Paris/Wien: Internationaler Verlag der Wissenschaften.

Frey, Regine (2003): Gender im Mainstreaming. Geschlechtertheorie und -praxis im internationalen Diskurs. Königstein/Taunus: Ulrike Helmer Verlag.

Frindte, Wolfgang/Geschke, Daniel/Haußecker, Nicole/Schmidtke, Franziska (2016): Vorwort. In: Dies. (Hrsg.), Rechtsextremismus und „Nationalsozialistischer Untergrund“. Interdisziplinäre Debatten, Befunde und Bilanzen (S. 9–21). Wiesbaden: Springer VS Verlag.

Garrel, Théo (2015): Kleidung von Identitären für Identitäre. Erschienen am 26.01.2015 auf belltower news-Netz für digitale Zivilgesellschaft. Online verfügbar unter: http://www.belltower.news/artikel/phalanx-europa-kleidung-von-identit%C3%A4ren-f%C3%BCr-identit%C3%A4re-10007 (Stand: 04.07.2018).

Gensing, Patrick (2018): Kampagne der „Identitären“. #MeToo von rechts. Erschienen am 01.02.2018 auf faktenfinder.tagesschau.de. Online verfügbar unter: https://faktenfinder.tagesschau.de/inland/metoo-von-rechts-101.html (Stand: 28.06.2018).

Glösl, Kathrin (2017): Funktionen und Handlungsräume von Frauen in der „Identitären Bewegung“. Transkript einer Diskussionsveranstaltung. Online verfügbar unter: https://biwaz.wordpress.com/2017/09/21/funktionen-und-handlungsraeume-von-frauen-in-der-identitaeren-bewegung/ (Stand: 10.04.2018).

Goetz, Judith/Sedlacek, Joseph Maria/Winkler, Alexander (2017): Untergangster des Abendlandes. Ideologie und Rezeption der rechtsextremen ‚Identitären‘. Hamburg: Marta Press.

Goetz, Judith (2017): „Aber wir haben die wahre Natur der Geschlechter erkannt…“. Geschlechterpolitiken, Antifeminismus und Homofeindlichkeit im Denken der ‚Identitären‘. In: J. Goetz/J. M. Sedlacek/A. Winkler (Hrsg.), Untergangster des Abendlandes. Ideologie und Rezeption der rechtsextremen ‚Identitären‘ (S. 253–284). Hamburg: Marta Press.

Grant, Melissa G. (2014): Hure spielen. Die Arbeit der Sexarbeit. Nautilus Flugschrift. Hamburg: Edition Nautilus.

Hark, Sabine (2005): Dissidente Partizipation. Eine Diskursgeschichte des Feminismus. Frankfurt am Main: Suhrkamp Verlag.

Hark, Sabine/Villa, Paula-Irene (2015a): Anti-Genderismus. Sexualität und Geschlecht als Schauplätze aktueller politischer Auseinandersetzungen. Bielefeld: transcript Verlag.

Hark, Sabine/Villa, Paula-Irene (2015b): „Anti-Genderismus“ – Warum dieses Buch?, in: Dies. (Hrsg.), Anti-Genderismus. Sexualität und Geschlecht als Schauplätze aktueller politischer Auseinandersetzungen (S. 7–14). Bielefeld: transcript Verlag.

Heitmeyer, Wilhelm (1992): Die Bielefelder Rechtsextremismus-Studie. Erste Langzeituntersuchung zur politischen Sozialisation männlicher Jugendlicher. Weinheim und München: Juventa Verlag.

Hentges, Gudrun/Kökgiran, Gürcan/Nottbohm, Kristina (2014): Die Identitäre Bewegung Deutschland (IBD) – Bewegung oder virtuelles Phänomen? In: Forschungsjournal Soziale Bewegungen, 3, S. 1–26.

Heß, Cordelia (2015): Rechte Frontkämpferinnen. Petry, Le Pen und weitere Hardlinerinnen: Die rechtspopulistischen Parteien Europas werden erstaunlich oft von Frauen geführt. Das hat Gründe – und ist trotzdem paradox. Erschienen am 28.09.2015 auf ZEIT Online. Online verfügbar unter: http://www.zeit.de/politik/deutschland/2015-09/frauen-dominieren-spitze-rechtspopulistische-parteien (Stand: 10.04.2018).

Holland-Cunz, Barbara (2018): Was ihr zusteht. Kurze Geschichte des Feminismus. In: Aus Politik und Zeitgeschichte (APuZ), Zeitschrift der Bundeszentrale für politische Bildung, 86, 17/2018, S. 4–11.

Holscher, Max (2017): Die rechten Nachbarn. Lange agierte die Identitäre Bewegung nur im Internet. Nun wollen die rechtsextremen Aktivisten in Halle ein Zentrum aufbauen. Die Anwohner protestieren, sie fürchten Gewaltausbrüche. Ein Besuch. Erschienen am 16.12.2017 auf spiegel.de. Online verfügbar unter: http://www.spiegel.de/politik/deutschland/identitaere-bewegung-will-in-halle-zentrum-aufbauen-anwohner-wehren-sich-a-1182062.html (Stand: 07.03.2018).

hooks, bell (1984): Rethinking the Nature of Work. In: Dies. (Hrsg.), Feminist Theory. From Margin to Center (S. 95–105). Boston: South End Press.

Hunke, Sigrid (1987): Die Zukunft unseres unvergänglichen Erbes in Mann und Frau. Elemente, 2, S. 27–34.

Illouz, Eva (2011): Warum Liebe weh tut. Eine soziologische Erklärung. Berlin: Suhrkamp Verlag.

Illouz, Eva (2007): Der Konsum der Romantik. Liebe und die kulturellen Widersprüche des Kapitalismus. Frankfurt am Main: Suhrkamp Verlag.

indymedia (2017): Die Dresdner Identitären und ihr Umfeld. Erschienen am 12.12.2017 auf indymedia.org. Online verfügbar unter: https://de.indymedia.org/node/15992 (Stand: 07.07.2018).

Jäger, Siegfried (2004). Kritische Diskursanalyse. Eine Einführung, 4, 89.

Jäger, Margret (1996): Fatale Effekte. Die Kritik am Patriarchat im Einwanderungsdiskurs. Duisburg: Institut für Sprach- und Sozialwissenschaft.

Jung, Anne (1997): Faschistische Feministinnen – ein Widerspruch?. In: R. Bitzan (Hrsg.), Rechte Frauen. Skingirls, Walküren und feine Damen (S. 30–42). Berlin: Elefanten Press.

Karig, Friedemann (2016): Die „Identitäre Bewegung" hetzt im Hipstergewand. Ihre Frauen mischen Propaganda in hübsche Instagram-Feeds. Erschienen am 23.10.2016 auf jetzt.de. Online verfügbar unter: https://www.jetzt.de/mischen/die-identitaere-bewegung-hetzt-im-hipstergewand (Stand: 04.07.2018).

Keller, Reiner (2011a): Wissenssoziologische Diskursanalyse. In: R. Keller/A. Hirseland/W. Schneider/W. Viehöver (Hrsg.), Handbuch Sozialwissenschaftliche Diskursanalyse. Band 1: Theorien und Methoden, 3. Auflage (S. 125–158). Wiesbaden: VS Verlag für Sozialwissenschaften.

Keller, Reiner (2011b): Wissenssoziologische Diskursanalyse. Grundlegung eines Forschungsprogramms, 3. Auflage. Wiesbaden: VS Verlag für Sozialwissenschaften.

Keller, Reiner (2009): Müll – die gesellschaftliche Konstruktion des Wertvollen. Die öffentliche Diskussion über Abfall in Deutschland und Frankreich. Wiesbaden: VS Verlag für Sozialwissenschaften.

Kemper, Andreas (2014): Keimzelle der Nation? Familien- und geschlechterpolitische Positionen der AfD – eine Expertise. Online verfügbar unter: http://library.fes.de/pdf-files/dialog/10641-20140414.pdf (Stand: 28.06.2018).

Kemper, Andreas (2011): [r]echte Kerle. Zur Kumpanei der Männer-RECHTSbewegung. Münster: Unrast Verlag.

Kenzo, Rena (2005): Bücherfrauen und Labelmädel. Von extrem rechten Händlerinnen. In: Antifaschistisches Frauennetzwerk/Forschungsnetzwerk Frauen und Rechtsextremismus (Hrsg.), Braune Schwestern? Feministische Analysen zu Frauen in der extremen Rechten (S. 35–56). Münster: Unrast Verlag.

Kopke, Christoph/Rensmann, Lars (2000): Die Extremismus-Formel. Zur politischen Karriere einer wissenschaftlichen Ideologie. In: Blätter für deutsche und internationale Politik, 45, 12/2000, 1451–1462.

Koppert, Claudia (2003): Post Feminismus: Eskalierende Anerkennungsbedürfnisse, Selbstabschaffungstendenzen und die Notwendigkeit aufgeklärter Konstruktionen. In: C. Koppert/B. Selders (Hrsg.), Hand aufs dekonstruierte Herz (S. 116–149). Königstein/Taunus: Ulrike Helmer Verlag.

Kökgiran, Gürcan/Nottbohm, Kristina (2014): Semiologische Guerilla von rechts? Diskursive Aneignungs- und Umdeutungsstrategien der Identitären Bewegung Deutschland. In: G. Hentges/K. Nottbohm/ M. Jansen/J. Adamou (Hrsg.), Sprache – Macht – Rassismus (S. 327–348). Berlin: Metropol Verlag.

Köneke, Judith (2016): Präna-dingsbums. Was ist eigentlich Social Freezing? Noch nie etwas von Chorionzotten gehört? Die wichtigsten medizinischen Begriffe aus unserem Dossier kurz erläutert. Online verfügbar unter: https://www.gwi-boell.de/de/2016/11/11/praena-dingsbums (Stand: 28.06.2018).

Köttig, Michaela (2006): Zur Entwicklung rechtsextremer Handlungs- und Orientierungsmuster von Mädchen und jungen Frauen. In: A. Klärner/M. Kohlstruck (Hrsg.), Moderner Rechts-extremismus in Deutschland (S. 257–274). Bonn: Bundeszentrale für politische Bildung.

Köttig, Michaela (2005): Mädchen und Frauen in der extremen Rechten. Ein Diskussionsbeitrag zu Erklärungskonzepten und Forschungsansätzen. In: Antifaschistisches Frauennetzwerk/Forschungsnetzwerk Frauen und Rechtsextremismus (Hrsg.), Braune Schwestern? Feministische Analysen zu Frauen in der extremen Rechten (S. 57–74). Münster: Unrast Verlag.

Köttig, Michaela (1997): „Mädchen sollen am besten ihre Klappe halten" – Mädchen in rechten Cliquen. In: R. Bitzan (Hrsg.), Rechte Frauen. Skingirls, Walküren und feine Damen (S. 147–156). Berlin: Elefanten Press.

Küpper, Beate/Zick, Andreas (2011): Gruppenbezogene Menschenfeindlichkeit bei Frauen und Männern. In: U. Birsl (Hrsg.), Rechtsextremismus und Gender (S. 187–210). Opladen/Farmington Hills: Barbara Budrich Verlag.

Landauer, Andreas (2017): Neurechtes Lifestyle-Magazin mit neonazistischen Werbepartnern. Erschienen am 03.12.2017 auf endstation-rechts.de. Online verfügbar unter: https://www.endstation-rechts.de/news/neurechtes-lifestyle-magazin-mit-neonazistischen-werbepartnern.html (Stand: 07.07.2018).

Lang, Juliane (2015): Familie und Vaterland in der Krise. Der extrem rechte Diskurs um Gender. In: S. Hark/P.-I. Villa (Hrsg.), Anti-Genderismus. Sexualität und Geschlecht als Schauplätze aktueller politischer Auseinandersetzungen (S. 167–182). Bielefeld: transcript Verlag.

Lang, Juliane/Peters, Ulrich (2015): Antifeministische Geschlechter- und Familienpolitiken von Rechts. In: MBT Hamburg (Hrsg.), Monitoring No. 4. Online verfügbar unter: https://hamburg.arbeitundleben.de/img/daten/D281485360.pdf (Stand: 11.04.2018).

Lang, Juliane/Peters, Ulrich (2018a): Antifeminismus in Bewegung. Aktuelle Debatten um Geschlecht und sexuelle Vielfalt. Hamburg: Marta Press.

Lang, Juliane/Peters, Ulrich (2018b): Antifeminismus in Deutschland. Einführung und Einordnung des Phänomens. In: Dies. (Hrsg.), Antifeminismus in Bewegung. Aktuelle Debatten um Geschlecht und sexuelle Vielfalt (S. 13–35). Hamburg: Marta Press.

Lau, Mariam (2018): „Nebenbei: knallrechts" Ellen Kositza lebt auf einem Rittergut, hat sieben Kinder und gilt als Frontfrau der Neuen Rechten. Sieht so ein nationalistischer Feminismus aus? Erschienen am 30. Januar 2018 auf ZEIT ONLINE. Online verfügbar unter: http://www.zeit.de/2018/05/ellen-kositza-neue-rechte-feminismus-rechte-frauenbewegung (Stand: 09.03.2018).

Lauer, Stefan (2018): #120db – Wie Rechtsradikale versuchen, die Sexismus-Debatte zu kapern. Erschienen am 06.02.2018 auf belltower news-Netz für digitale Zivilgesellschaft. Online verfügbar unter: http://www.belltower.news/artikel/120db-%E2%80%93-wie-rechtsradikale-versuchen-die-sexismus-debatte-zu-kapern-13299 (Stand: 07.07.2018).

Lauer, Stefan (2017): Rechtsextreme Frauen sind überrascht, dass rechtsextreme Männer Frauenfeinde sind. Erschienen am 07.12.2017 auf belltower news-Netz für digitale Zivilgesellschaft. Online verfügbar unter: https://www.belltower.news/rechtsextreme-frauen-sind-ueberrascht-dass-rechtsextreme-maenner-frauenfeinde-sind-46240/ (Stand: 27.10.2019).

Lenz, Ilse (2018): Von der Sorgearbeit bis #MeToo. Aktuelle feministische Themen und Debatten in Deutschland. In: Aus Politik und Zeitgeschichte (APuZ), Zeitschrift der Bundeszentrale für politische Bildung, 86, 17/2018, 20–27.

Lenz, Ilse (Hrsg.) (2009): Die Neue Frauenbewegung in Deutschland. Abschied vom kleinen Unterschied. Ausgewählte Quellen. Wiesbaden: VS Verlag für Sozialwissenschaften.

Lenz, Ilse (2001): Bewegungen und Veränderungen. Frauenforschung und Neue Frauenbewegungen in Deutschland. In: U. Hornung/S. Gümen/S. Weilandt (Hrsg.), Zwischen Emanzipationsvision und Gesellschaftskritik. ReKonstruktionen der Geschlechterordnung (S. 189–219). Münster: Westfälisches Dampfboot Verlag.

Lipp, Sebastian (2017): Interne Strategiepapiere der Identitären Bewegung geleaked. Erschienen am 28.02.2017 auf ZEIT ONLINE/Störungsmelder. Online verfügbar unter: https://blog.zeit.de/stoerungsmelder/2017/02/28/identitaere-bewegung-leak-straff-organisiert23168_23168 (Stand: 21.06.2018).

Lloyd, Trevor (1970): Suffragetten. Die Emanzipation der Frau in der westlichen Welt. Lausanne: Edition Rencontre.

Maihofer, Andrea (2002): *Gender Studies*: von der Frauen- zur Geschlechterforschung. Zeitschrift für schweizerische Archäologie und Kunstgeschichte, Vol 59, 2002, S. 83–88.

Mayer, Nonna (2013): From Jean-Marie to Marine Le Pen: Electoral Change on the Far Right. In: Parliamentary Affairs, 66, 1/2013, S. 160–178.

Mayrl, Manuel (2017): Männlichkeitskonstruktionen der Identitären Bewegung Österreich. In: Journal für Psychologie, Jg. 25, 2/2017, S. 179–204. Online verfügbar unter: https://www.journal-fuer-psychologie.de/index.php/jfp/article/viewFile/446/489 (Stand: 09.03.2018).

Mängel, Annett (2016): Sexualisierte Gewalt: Nein heißt Nein! In: Blätter für deutsche und internationale Politik, 2/2016, 9–12.

Müller, Ursel (1985): „Die Deutsche Frauenfront. Aus unserer Sicht zur Kenntnisnahme". In: DFF informiert, 1, (1. Jg.), S. 2f.

Müller, Ursula G. T. (2013): Dem Feminismus eine politische Heimat – der Linken die Hälfte der Welt. Die politische Verortung des Feminismus. Wiesbaden: Springer VS Verlag.

Naumann, Annelie (2017): „Salonfähiger als der klassische Rassismus". Interview mit Alexander Häusler. Erschienen am 16.06.2017 auf welt.de. Online verfügbar unter: https://www.welt.de/politik/deutschland/article165579826/Salonfaehiger-als-der-klassische-Rassismus.html (Stand: 07.03.2018).

Online-Marketing (2018): Influencer Marketing. Online verfügbar unter: https://onlinemarketing.de/lexikon/definition-influencer-marketing (Stand: 09.07.2018).

Penny, Laurie (2012): Fleischmarkt: Weibliche Körper im Kapitalismus. Nautilus Flugschrift. Hamburg: Edition Nautilus.

Pfahler, Lennart/Rinderspacher, Anna (2017): Die Postergirls der Neuen Nazis: Warum Frauen für die rechte Identitäre Bewegung immer wichtiger werden. Erschienen am 16.11.2017 auf huffingtonpost. War online verfügbar unter: https://www.huffingtonpost.de/2017/11/16/identitaere-bewegung-frauen_n_18564044.html (Stand: 11.04.2018).

Priester, Karin (2009): Die unterschätzte Rolle der Frauen im Rechtsextremismus. Wahlbewerberinnen für rechtsextreme Parteien und Wahlbündnisse. Leviathan, 37(1), S. 77–94.

Radvan, Heike (2013): Geschlechterreflektierende Rechtsextremismusprävention. Eine Leerstelle in Theorie und Praxis? In: Amadeu Antonio Stiftung und H. Radvan (Hrsg.), Gender und Rechtsextremismusprävention. Eine Publikation des Projektes "Lola für Lulu – Frauen für Demokratie im Landkreis Ludwigslust" (S. 9–36). Berlin: Metropol Verlag.

Rafael, Simone (2018): Frühjahrsputz bei Instagram und Facebook: Die Identitären verlieren viele Kanäle. Erschienen am 31.05.2018 auf belltower news-Netz für digitale Zivilgesellschaft. Online verfügbar unter:

http://www.belltower.news/artikel/fr%C3%BChjahrsputz-bei-instagram-und-facebook-die-identit%C3%A4ren-verlieren-kan%C3%A4le-13753 (Stand: 04.07.2018).

Rajal, Elke (2017): Offen, codiert, strukturell. Antisemitismus bei den ‚Identitären'. In: J. Goetz/J. M. Sedlacek/A. Winkler (Hrsg.), Untergangster des Abendlandes. Ideologie und Rezeption der rechtsextremen ‚Identitären' (S. 309–349). Hamburg: Marta Press.

Reese, Dagmar/Sachse, Carola (1990): Frauenforschung und Nationalsozialismus. Eine Bilanz. In: L. Gravenhorst/C. Tatschmurat (Hrsg.), Töchterfragen. NS-Frauengeschichte (S. 73–106). Freiburg: Kore Verlag.

Rommelspacher, Birgit (2011): Frauen und Männer im Rechtsextremismus – Motive, Konzepte und Rollenverständnisse. In: U. Birsl (Hrsg.), Rechtsextremismus und Gender (S. 43–68). Opladen/Farmington Hills: Barbara Budrich Verlag.

Rommelspacher, Birgit/Holzkamp, Christine (1991): Frauen und Rechtsextremismus. In: päd extra & demokratische erziehung, 1, S. 33–39.

Röpke, Andrea/Speit, Andreas (2011): Mädelsache! Frauen in der Neonazi-Szene. Berlin: Ch. Links Verlag.

Sanders, Eike/Achtelik, Kirsten/Jentsch, Ulli (2018): Kulturkampf und Gewissen. Medizinethische Strategien der „Lebensschutz"-Bewegung. Berlin: Verbrecher Verlag.

Schmidt, Jan-Hinrik (2013): Onlinebasierte Öffentlichkeiten: Praktiken, Arenen und Strukturen. In: D. Fraas/S. Meier/C. Pentzold (Hrsg.), Online-Diskurse. Theorien und Methoden transmedialer Online-Diskursforschung (S. 35–56). Köln: Halem Verlag.

Schmincke, Imke (2018): Frauenfeindlich, sexistisch, antifeministisch? Begriffe und Phänomene bis zum aktuellen Antigenderismus. In: Aus Politik und Zeitgeschichte (APuZ), Zeitschrift der Bundeszentrale für politische Bildung, 86, 17/2018, S. 28–33.

Schuhmacher, Nils (2011): „Mit den Leuten zusammen kann man wirklich schon was darstellen.“ Über verschiedene Wege in rechte Jugendcliquen. In: U. Birsl (Hrsg.), Rechtsextremismus und Gender (S. 265–280). Opladen/Farmington Hills: Barbara Budrich Verlag.

Scriba, Arnulf/Wosnitzka, Daniel (2014): Konservative Revolution. Online Eintrag vom 12.09.2014 auf „Lebendiges Museum online“ (Deutsches Historisches Museum Berlin). Online verfügbar unter: https://www.dhm.de/lemo/kapitel/weimarer-republik/innenpolitik/konservative-revolution.html (Stand: 08.03.2018).

Sigl, Johanna (2013): Mädchen und Frauen in der extremen Rechten. Baustein zum Einsatz in der Politischen Bildung. Online verfügbar unter: http://lola-fuer-lulu.de/w/files/pdfs/aul-hh-mbt-bildungsbaustein-frauen-und-macdchen-in-der-extremen-rechten.pdf (Stand: 04.03.2018).

Siller, Gertrud (1997). Rechtsextremismus bei Frauen. Zusammenhänge zwischen geschlechtsspezifischen Erfahrungen und politischen Orientierungen. Opladen: Westdeutscher Verlag.

Siri, Jasmin/Lewandowsky, Marcel (2015): Alternative für Frauen? Rollen, Netzwerke, geschlechterpolitische Positionen in der Alternative für Deutschland (AfD). Eine Publikation der Heinrich-Böll-Stiftung. Online verfügbar unter: https://www.boell.de/sites/default/files/policypaper_siri_lewandowsky.pdf?dimension1=ds_menschenfeindlichkeit (Stand: 28.06.2018).

Smykalla, Sandra (2006): Was ist „Gender“? Eine Ausarbeitung des GenderKompetenzZentrum der Humboldt-Universität zu Berlin. Online verfügbar unter: http://www.genderkompetenz.info/w/files/gkompzpdf/gkompz_was_ist_gender.pdf (Stand: 16.06.2018).

Statista (2018): Statistiken zu Instagram. Online verfügbar unter: https://de.statista.com/themen/2506/instagram/ (Stand: 08.06.2018).

Stempfle, Michael (2019): „Identitäre“ als rechtsextremistisch eingestuft. Artikel auf Tagesschau online. Online verfügbar unter: https://www.tagesschau.de/inland/identitaere-121.html (Stand: 20.07.2019).

Sternburg, Juri (2012): Nicht jeder darf Schlampe sein. Wieder einmal zog ein Slutwalk durch Berlin. Was als Protest gegen Sexismus begann, ist inzwischen eine Party geworden. Erschienen am 16.09.2012 auf taz.de. Online verfügbar unter: http://www.taz.de/!5083909/ (Stand: 18.06.2018).

Stiegler, Barbara (2012): Gender Mainstreaming: überflüssig oder kontraproduktiv? Eine Diskussion. Online verfügbar unter: http://www.bpb.de/gesellschaft/gender/gender-mainstreaming/147208/gender-mainstreaming-ueberfluessig-oder-kontraproduktiv-eine-diskussion (Stand: 15.06.2018).

Stopptdierechten (2015): Wer steckt hinter „Info-Direkt“? Erschienen am 14.04.2015 auf stopptdierechten.at. Online verfügbar unter: https://www.stopptdierechten.at/2015/04/14/wer-steckt-hinter-info-direkt/ (Stand: 07.07.2018).

Stöss, Richard (2009): Rechtsextremismus, Sexismus und Gender Gap. Herausgegeben von der FU Berlin. Online verfügbar unter: http://www.polsoz.fu-berlin.de/polwiss/forschung/systeme/empsoz/schriften/Arbeitshefte/ahosz16.pdf (Stand: 04.07.2018). https://refubium.fu-berlin.de/bitstream/handle/fub188/18377/ahosz16.pdf?sequence=1&isAllowed=y (Stand: 07.02.2020)

Stöss, Richard (2000): Rechtsextremismus im vereinten Deutschland. Herausgegeben von der Friedrich-Ebert-Stiftung. Online verfügbar unter: http://library.fes.de/pdf-files/ostdeutschland/00887.pdf (Stand: 14.06.2018).

Strübing, Jörg (2013): Qualitative Sozialforschung. Eine komprimierte Einführung für Studierende. München: Oldenbourg Verlag.

Sturhan, Katrin (1997): Zwischen Rechtskonservatismus und Neonazismus – Frauen in rechtsextremen Parteien und Organisationen. In: R. Bitzan (Hrsg.), Rechte Frauen. Skingirls, Walküren und feine Damen (S. 104–130). Berlin: Elefanten Press.

Süddeutsche Zeitung (2018): Femen. Eine Überblicks-Seite. Online verfügbar unter: http://www.sueddeutsche.de/thema/Femen (Stand: 28.06.2018).

Taskin, Serkan (2015): Was ist YouTube? Einfach erklärt. Erschienen am 12.06.2015 auf chip.de. Online verfügbar unter: https://praxistipps.chip.de/was-ist-youtube-einfach-erklaert_41471 (Stand: 08.06.2018).

Thiessen, Barbara (2010): Feminismus: Differenzen und Kontroversen, in Becker, Ruth/Kortendiek, Beate (Hrsg.): Handbuch Frauen- und Geschlechterforschung: Theorie, Methoden, Empirie. Wiesbaden, S. 37-44.

Thorwarth, Katja (2017): Rechtsextreme Grinsekatzen. Junge Frauen der „Identitären Bewegung" inszenieren sich im Internet als wehrhafte Patriotinnen, die dem Feminismus abschwören. Erschienen am 07.03.2017 auf Frankfurter Rundschau. Online verfügbar unter: http://www.fr.de/politik/gender/feminismus/identitaere-bewegung-rechtsextreme-grinsekatzen-a-1111035 (Stand: 10.04.2018).

Tübingen Rechtsaußen (2018a): Annika Stahn als Covergirl für extrem rechtes Lifestylemagazin. Erschienen am 04.03.2018 auf Tübingen Rechtsaußen. Online verfügbar unter: https://tuebingenrechtsaussen.wordpress.com/2018/03/04/annika-stahn-als-covergirl-fuer-extrem-rechtes-lifestylemagazin/ (Stand: 07.07.2018).

Tübingen Rechtsaußen (2018b): Franziska Annika Stahn ist wohl weg(gezogen). Erschienen am 20.03.2018 auf Tübingen Rechtsaußen. Online verfügbar unter: https://tuebingenrechtsaussen.wordpress.com/2018/03/20/franziska-annika-stahn-ist-wohl-weggezogen/ (Stand: 07.07.2018).

Tübingen Rechtsaußen (2017): Tübinger Identitäre umtriebig. Erschienen am 20.10.2017 auf Tübingen Rechtsaußen. Online verfügbar unter: https://tuebingenrechtsaussen.wordpress.com/2017/10/20/tuebinger-identitaere-umtriebig/ (Stand: 07.07.2018).

Wagner, Katharina (2016): Bericht zum Panel Angriffe auf die Geschlechterforschung. Von wem und warum? Online verfügbar unter:

http://www.gwi-boell.de/sites/default/files/uploads/2016/07/bericht_angriffe_auf_die_geschlechterforschung_katharina_wagner_neu.pdf (Stand: 06.06.2018).

Wagner, Thomas (2017): Die Angstmacher. 1968 und die Neuen Rechten. Berlin: Aufbau Verlag.

Weber, Regine (2012): Rechtsextremistinnen. Zwischen Kindererziehung und nationalem Kampfauftrag. Berlin: Metropol Verlag.

Weiß, Volker (2017): Die autoritäre Revolte. Die Neue Rechte und der Untergang des Abendlandes. Stuttgart: Klett Verlag.

Weiß, Volker (2013): Nicht links, nicht rechts – nur national. Heimat, Familie, Kultur, Volk, Staat: Mit den „Identitären" entsteht eine neue Bewegung am rechten Rand. Erschienen am 21.03.2013 auf ZEIT ONLINE. Online verfügbar unter: http://www.zeit.de/2013/13/Die-Identitaeren (Stand: 07.03.2018).

Werthschulte, Christian (2017): „Nach" Köln ist wie „vor" Köln. Die Silvesternacht und ihre Folgen. Online verfügbar unter: http://www.bpb.de/apuz/239696/die-silvesternacht-und-ihre-folgen?p=all (Stand: 17.10.2019).

Wimbauer, Christine/Motafek, Mona/Teschlade, Julia (2015): Prekäre Selbstverständlichkeiten. Neun Prekarisierungstheoretische Thesen zu Diskursen gegen Gleichstellungspolitik und Geschlechterforschung. In: S. Hark/P.-I. Villa (Hrsg.), Anti-Genderismus. Sexualität und Geschlecht als Schauplätze aktueller politischer Auseinandersetzungen (S. 41–58). Bielefeld: transcript Verlag.

Winter, Jakob (2017): Die FPÖ-nahe Zeitschrift „Info-Direkt" wettert gegen die „Lügenpresse" – und kopiert sie dreist. Erschienen am 18.03.2017 auf profil.at. Online verfügbar unter: https://www.profil.at/oesterreich/fpoe-nahe-zeitschrift-info-direkt-plagiatsverdacht-8037436 (Stand: 07.07.2018).

Winkler, Alexander (2017): „Aus dem Schatten des Nationalsozialismus." Die ‚Identitären' als modernisierte Form des Rechtsextremismus in Österreich (unter Mitwirkung von Judith Goetz und Joseph

Maria Sedlacek). In: J. Goetz/J. M. Sedlacek/A. Winkler (Hrsg.), Untergangster des Abendlandes. Ideologie und Rezeption der rechtsextremen ‚Identitären' (S. 31–90). Hamburg: Marta Press.

Wölk, Volkmar (2016): Zur Renaissance der europäischen Konservativen Revolution. Erschienen im November 2016 bei der Rosa Luxemburg Stiftung. Online verfügbar unter: https://www.rosalux.de/fileadmin/rls_uploads/pdfs/Analysen/Analysen31_KonservRevolution.pdf (Stand: 19.07.2018).

Würger, Takis (2017): Die unheimliche Frau Schmitz. In: Spiegel, 22/2017, S. 62–66.

Zartbitter (2018): Sexualisierte Gewalt. Der Begriff. Erschienen auf dem Internetauftritt von: Zartbitter Münster: Beratungsstelle gegen sexualisierte Gewalt für Jugendliche ab 14 Jahren, Frauen und Männer. Online verfügbar unter: http://www.muenster.org/zart-bitter/cms/wir/sexualisierte-gewalt (Stand: 28.06.2018). https://zartbittermuenster.de/wir/sexualisierte-gewalt (Stand: 07.02.2020).

ZEIT (2018): Ein Hashtag und die Folgen. Online verfügbar unter: https://www.zeit.de/thema/metoo (Stand: 28.06.2018).

Eine Auswahl von Marta Press-Büchern zu Antifeminismus, Rechtsextremismus, Nationalsozialismus …

Substanz
Judith Goetz, Joseph Maria Sedlacek, Alexander Winkler (Hg.):
Untergangster des Abendlandes
Ideologie und Rezeption der rechtsextremen ‚Identitären'
Marta press

Die rechtsextremen ‚Identitären' gehören ohne Zweifel zu den wichtigsten Akteur*innen des außerparlamentarischen Rechtsextremismus in Österreich. Ihr „Erfolgsrezept" liegt einerseits darin begründet, sich nach außen hin vom Nationalsozialismus abzugrenzen und so behördlicher Repression nach dem „Verbotsgesetz" aus dem Weg zu gehen und andererseits gesellschaftlich anschlussfähige Konzepte eines modernisierten völkischen Nationalismus zu propagieren. Dabei bedienen sie sich eines Straßenaktivismus, der geschickt mit Social-Media-Tools inszeniert und verbreitet wird.

Bisherige Auseinandersetzungen mit diesem relativ jungen Phänomen übernahmen nicht selten unkritisch Selbstbezeichnungen der ‚Identitären' als „weder links noch rechts" oder „Neue Rechte" und ließen dahinter stehende ideologische Denkmuster meist zu kurz kommen.

Der vorliegende Sammelband nimmt daher eine kritische Analyse dieser Selbstinszenierungen vor, indem die hinter dem ‚identitären' Denken stehenden Vordenker und Ideologeme wie (Neo-)Rassismus, Antisemitismus und Nationalismus analytisch durchdrungen und mit anderen Formen des Rechtsextremismus in Verbindung gesetzt werden. Ergänzend werden bislang vernachlässigte Themen wie subkulturelle Bezüge der ‚Identitären', propagierte Geschlechterbilder, Rhetoriken der Angst sowie ihr Verhältnis zu Islamismus und eurasischer Ideologie ins Zentrum der Analyse gerückt. Dabei wird auch der Frage nachgegangen, wie sich der rechtsextreme Charakter der ‚Identitären' begründen lässt und inwiefern von einer modernisierten Form des Rechtsextremismus gesprochen werden kann.

Judith Goetz, Joseph Maria Sedlacek, Alexander Winkler (Hg.):
Untergangster des Abendlandes
Ideologie und Rezeption der rechtsextremen ‚Identitären'

Marta Press 2017, 436 Seiten
ISBN: 978-3-944442-68-6
20,00 € (D), 20,00 € (AT), 22,00 CHF UVP (CH)

Der Antifeminismus formierte sich im deutschen Kaiserreich im Kampf gegen das Wahlrecht von Frauen und hat somit eine historische Kontinuität. In der Sozialforschung und in feministischen Bewegungen hat sich seit den 1990er Jahren der Begriff zunehmend etabliert, aber was und vor allem wer ist darunter zu fassen? Rebekka Blum schlägt die Brücke zwischen der Forschung zum historischen und gegenwärtigen Antifeminismus und arbeitet die Bedeutung von Antifeminismus als ideologische Klammer konservativer, christlich-fundamentalistischer und (extrem) rechter Strömungen heraus. Hierzu untersucht sie die Ergebnisse einschlägiger geschichts- und sozialwissenschaftlicher Forschung der Gegenwart und liefert so einen systematischen Überblick zur Entwicklung des Phänomens, seinen AkteurInnen und Diskursen sowie Erklärungen für das Erstarken antifeministischer Bewegungen. Auf diesem Weg gelingt es ihr, eine gebündelte Definition vom Begriff des Antifeminismus zu entwickeln, um von dort aus den Blick auf mögliche feministische Interventionen zu richten. Die Studie von Rebekka Blum eignet sich sowohl als Einstiegslektüre als auch zur Vertiefung zum Thema Antifeminismus.

Diese Studie wurde 2019 im Rahmen der FORENA-Nachwuchspreisverleihung mit einer Würdigung ausgezeichnet.

Rebekka Blum:
Angst um die Vormachtstellung
Zum Begriff und zur Geschichte des deutschen Antifeminismus

Marta Press 2019, 140 Seiten
ISBN: 978-3-944442-90-7
18,00 € (D), 20,00 € (AT), 22,00 CHF UVP (CH)

Juliane Lang, Ulrich Peters (Hg.):
Antifeminismus in Bewegung
Aktuelle Debatten um
Geschlecht und sexuelle Vielfalt
Marta press

Maskulist/innen, neurechte Populist/innen, christliche Fundamentalist/innen und organisierte Neonazis vertraten immer schon geschlechter- und familienfundamentalistische Positionen und nehmen aktuell stärker denn je aufeinander Bezug. Mit Erfolg: In Debatten um Geschlechter- und Gleichstellungspolitik finden sich zunehmend feindbildgesonnene, antifeministische Narrative davon, was „der Feminismus" oder an geschlechtlicher Vielfalt orientierte Gleichstellungspolitik denn sei.

Der Sammelband setzt sich mit dieser Entwicklung kritisch auseinander. Antifeminismus ist kein einheitliches politisches Projekt: viel mehr wird er von seinen Akteur/innen zu diesem gemacht. Die im Band versammelten Beiträge geben einen systematischen Einblick in die unterschiedlichen Strömungen und die sie tragenden Organisationen. In Anbetracht der Fülle antifeministischer Akteur/innen, Positionen und Aktionen, werden zentrale Themenfelder und Strategien benannt und kontextualisiert sowie Diskurse und Öffentlichkeitsfelder – in denen diese wirken – beleuchtet. Ziel ist es, die Tragweite des organisierten Antifeminismus zu illustrieren und einen Beitrag in der Diskussion um Gegenstrategien zu liefern.

Juliane Lang, Ulrich Peters (Hg.):
Antifeminismus in Bewegung
Aktuelle Debatten um Geschlecht und sexuelle Vielfalt

Marta Press 2018, 336 Seiten
ISBN: 978-3-944442-52-5
20,00 € (D), 22,00 € (AT), 24,00 CHF UVP (CH)

Substanz

Christopher Fritzsche

Geschlechts politische Debatten

in der neurechten Wochenzeitung *Junge Freiheit*

Marta press

Das Reden über Geschlechterverhältnisse, Familie und Kindeswohl nimmt seit jeher einen prominenten Raum in neurechten Debatten ein und verschafft diesen eine erhebliche Reichweite, weit über ihr Kernklientel hinaus. Die vorliegende Studie widmet sich diesem Phänomen und analysiert aus diskursanalytischer Perspektive die Berichterstattung der neurechten Wochenzeitung *Junge Freiheit*. Anhand ihrer Berichterstattung über die Kölner Silvesternacht 2015/16 und zur Reform des Bildungsplans in Baden-Württemberg ab 2014 wird exemplarisch gezeigt, wie ambivalente Argumentationsmuster rassistische und diskriminierende Positionen mit scheinbar feministischen oder liberalen Standpunkten verbinden. Diese uneindeutigen Argumentationen können als Teil einer diskursiven Strategie interpretiert werden, welche die Standpunkte der Neuen Rechten in den Debatten des gesellschaftlichen Mainstreams verankern soll. Aus diesem Grund ist es wichtig, die Bedeutung von geschlechtspolitischen Themen der Neuen Rechten nicht weiter zu unterschätzen.

Christopher Fritzsche:
Geschlechtspolitische Debatten in der neurechten Wochenzeitung *Junge Freiheit*

Marta Press, September 2019
192 Seiten
ISBN: 978-3-944442-89-1
24,00 € (D), 26,00 € (AT), 28,00 CHF UVP (CH), 34,00 US$, 24,00 GBP, 48,00 AUS$

Substanz

LERKE GRAVENHORST, INGEGERD SCHÄUBLE,
HANNE KIRCHER, JÜRGEN MÜLLER-HOHAGEN,
KARIN SCHREIFELDT

Fatale Männlichkeiten – Kollusive Weiblichkeiten

Zur Furorwelt des Münchner Hitler. Folgen über Generationen

Marta press

Der gigantische Zivilisationsbruch des Nationalsozialismus verstört weiterhin. Viele drängende Fragen sind geblieben, insbesondere im Hinblick auf die unvorstellbare Gewaltausübung. Wie konnten sich unsere Vorfahrinnen und Vorfahren, in der Mehrzahl „ganz normale" Menschen, so sehr daran beteiligen? Diese Abgründe haben wir immer noch auf der Ebene des Wissens zu bearbeiten. Wir müssen uns ihnen aber auch emotional stellen.
Die Resonanzgruppe taucht tief in Hitler`s Werdegang hinein, konzentriert sich auf seine Zeit als politischer Agitator zwischen 1919 und 1933, stellt Bezüge zur vorhergehenden und begleitenden gesellschaftlichen Gewalt her und hinterfragt, welche Rollenaufteilungen er in seiner Propaganda den Frauen und Männern zuschrieb. Aus dem historischen Material erschließt sich die zentrale und bisher eher wenig beachtete Dimension des Weltbilds Hitlers mit seinen „fatalen" (d. h. tötungsorientierten) Männlichkeiten und den damit eng verwobenen, kollusiven Weiblichkeiten. Die Autorinnen und der Autor fragen zudem nach dem untergründigen Weiterwirken der extremen – und vielfach von Begeisterung getragenen – NS-Gewaltorientierungen über 1945 hinaus.
Trotz aller Aufklärungsarbeit liegt noch viel verborgen. Wirklich ablösen können wir uns aber nur von etwas, das wir kennen.

Lerke Gravenhorst, Ingegerd Schäuble, Hanne Kircher, Jürgen Müller-Hohagen, Karin Schreifeldt:
Fatale Männlichkeiten - Kollusive Weiblichkeiten
Zur Furorwelt des Münchner Hitler.
Folgen über Generationen

Marta Press, Februar 2020
324 Seiten
ISBN: 978-3-944442-51-8
42,00 € (D), 44,00 € (AT), 46,00 CHF UVP (CH), 56,00 US$, 34,00 GBP, 78,00 AUS$

Bellevue
Emily Williams
TAG X
EIN GUT GEMACHTER FAKE
Wie ich die Facebookgruppen der AfD übernahm
Marta
press

Eine selbstbewusste, internetaffine Frau, fast 50, trifft sich aus purer Abenteuerlust mit einem populären Blogger, der verhaltensauffällig ist und mindestens ein Suchtproblem hat. Ihr Date endet weder mit Sex noch mit einer Beziehung, doch durch das Treffen wird sie inspiriert. Sie plant einen großen Coup am Tag X gegen die stetig wachsenden Facebook-Fangruppen der AfD vor der Bundestagswahl 2017. Trotz ihrer unterschiedlichen politischen Ansichten zeigt sie Emphatie bei dem Niedergang des Mannes. Und gleichzeitig ist sie Strategin: Sie beschreibt ihren Weg, die Hetze und die Fake News der AfD bei Facebook abzuschalten. Wenigstens zeitweise. Humorvoll und dennoch mit ernstem Hintergrund wird hier widerständige, linke Netzgeschichte dokumentiert.

„Der Autorin sollte sofort das Bundesverdienstkreuz verliehen werden."

Jutta Seliger in „der Freitag"

Emily Williams
Tag X. Ein gut gemachter Fake. Wie ich die Facebookgruppen der AfD übernahm

Marta Press, 2019
160 Seiten
ISBN: 978-3-944442-42-6
18,00 € (D), 20,00 € (AT), 22,00 CHF UVP (CH)